王智 著

辽宁人民出版社

© 王智　2024

图书在版编目（CIP）数据

你不了解的西汉史 / 王智著 . —沈阳：辽宁人民出版社，2024.1
ISBN 978-7-205-10741-3

Ⅰ .①你… Ⅱ .①王… Ⅲ .①中国历史—西汉时代—通俗读物 Ⅳ .① K234.109

中国国家版本馆 CIP 数据核字（2023）第 058369 号

出版发行：辽宁人民出版社
　　　　　地　址：沈阳市和平区十一纬路 25 号　邮编：110003
　　　　　电　话：024-23284191（发行部）　024-23284304（办公室）
　　　　　http：//www.lnpph.com.cn

印　　　刷：河北朗祥印刷有限公司
幅面尺寸：170mm×240mm
印　　张：20
字　　数：280 千字
出版时间：2024 年 1 月第 1 版
印刷时间：2024 年 1 月第 1 次印刷
责任编辑：贾　勇　赵维宁
封面设计：乐　翁
版式设计：一诺设计
责任校对：吴艳杰
书　　号：ISBN 978-7-205-10741-3
定　　价：59.80 元

序言 PREFACE

如果抛开夏商周这样的上古朝代的话,汉朝是中国历史上存在时间最久的大一统王朝,西汉加东汉一共407年。虽然中间夹杂着王莽篡汉所造成的十几年混乱时期,但直接灭掉王莽的绿林军仍然是打着汉朝的旗号,无论更始帝刘玄,还是赤眉军拥立的刘盆子,都是刘氏皇族的后裔,之所以称为东汉,是因为其国都由长安迁到了洛阳,而洛阳在长安以东。

像西汉这样一个深入人心的王朝,刘邦建立它只用了7年。7年之间,刘邦就从一个在芒砀山流亡的罪犯,成为一统天下的皇帝。他的成功与之前的人都不一样,在刘邦之前,所有的天子,哪怕如项羽这样的"霸王",都是贵族出身,虽然很多贵族在成为皇帝之前,过得也不怎么样,但他们毕竟是贵族。贵族有荣誉感,有仪式感,还有一套行为准则,被称作"周礼",所谓"礼不下庶人",如果放在周朝,像刘邦这样的人,连被要求"守礼"的资格都没有,可他后来成为了"礼"的制定者。叔孙通为他设计了天子的礼仪,执行之后,刘邦第一次品尝到了贵族的滋味,感叹道:"今日方知为皇帝之贵也!"

可汉朝从建立之初就面临着许多问题，武帝曾对卫青说汉家的制度"草创"，其实这等于是承认了汉朝在很多方面都没有成熟的制度，事情大都是摸着石头过河，有的问题在逐渐摸索中找到了解决的办法，比如匈奴问题，可还有许多问题，从始至终也没有得到有效的解决，比如外戚问题。汉朝最终还是灭亡了，从西汉到东汉，它甚至灭亡了两次。

黑格尔曾说中国的历史只不过是君主覆灭的一再重复。从结果上看，这一点当然没错，可如果仔细读来，每一次的覆灭原因又不尽相同。人们都说，西汉亡于外戚，这当然有一定的道理，但如果你走进故事发生的现场，你就会发现，其实外戚问题产生的根源是皇位继承的问题，或者说，是宗法制的缺陷问题。

"兄终弟及"还是"父死子继"？

周朝建立的时候，强化了宗法制。上自天子，下到诸侯，贵族的子嗣被分为大宗和小宗。于是就正式确立了"嫡长子继承制"，嫡长子就是在位者正妻所生的第一个儿子。周朝之所以强调这一点，很大程度上是因为根据现有的资料来看，商朝的皇位继承，大都是兄终弟及，有学者认为，这样的继承方式，给商朝带来了动乱，后来到了商王盘庚时，只好将国都迁到了殷这个地方，因此商朝也被称为"殷商"。

可周朝虽然明确了宗法制，但实际上执行得并不好，甚至连周天子都带头破坏——因为宠幸褒姒，周幽王就想改立小儿子伯服为天子，后来太子宜臼的外公申侯勾结犬戎，攻入镐京，灭亡了西周。所以当后世皇帝想要换掉嫡长子，改立别的继承人时，往往会招来大臣的反对。汉景帝有个一母同胞的弟弟，名叫刘武，兄弟感情很好，景帝曾在喝醉酒之后说想把皇位传给他，大臣袁盎马上就举出宋国"五世之乱"的故事来劝谏。

"五世之乱"说的是宋宣公临死前，将本该传给儿子的国君之位传给了自己的弟弟宋穆公。等到宋穆公临终之时，就决定要将君位传回给哥哥的儿子。于是他找来了孔子的先祖大司马孔父嘉，把哥哥的儿子公子与夷托付给他。可孔父嘉说，群臣都希望宋穆公的儿子公子冯继位，但宋穆公坚持认为，自己的哥哥把君位传给自己，自己当然要还回去，为了能让侄子顺利接班，他甚至放逐了自己的儿子公子冯，并告诉他说，你我父子活着时不要再相见了。后来公子与夷即位，十年后，宋国太宰华父督将孔父嘉杀死，又杀死公子与夷，并迎立公子冯做国君，此后的宋国一直内乱不止，孔子的家族就是在这段时间迁居到了鲁国。人们都认为这一切动乱的根源便是宋宣公没有传位给自己的儿子，而是传给了弟弟。所以必须是嫡长子继承皇位。因为这个"嫡长子"是有唯一性的，人选确定，才免得别人惦记。

可父死子继真的就完美吗？

从西汉的结果来看，也不一定。整个西汉，除了没有嫡长子的时候，皇位的继承都忠实地执行了这个制度，刘邦在娶吕后之前，曾经有过一个私生子刘肥，后来封为齐王。刘肥从来就没有被考虑过成为接班人。后来铲除吕后一党时，刘肥的儿子刘襄还想以皇长孙的身份去争夺大位，但事实上只要不是"嫡出"，其他的皇子无论年纪如何，都不具备让人信服的合法性，哪怕你是皇长孙，功臣们在铲除诸吕之后，还是迎立了代王刘恒为帝。可西汉将"嫡长子继承制"这套办法执行下来之后，父死子继的最大缺陷也就暴露了出来——这项制度最怕皇帝绝嗣。

天子一旦绝嗣，就需要按顺位寻找新的继承人，这会带来许多不确定的因素，西汉绝嗣的皇帝有三个，恰巧是西汉的最后三位皇帝：成帝、哀帝和平帝，这三个人执政时期，都伴随着朝廷的危机。其中，成帝是有子嗣的，但他的儿子大多要么夭折，要么被赵氏姐妹害死。同时，因为宠幸男宠和女色，贪图享受，成帝将朝政完全托付给自己的舅舅们，王氏家族控制朝政，就从这里开始。

汉哀帝时曾经试图打压外戚的势力，除了将王莽贬出朝廷之外，他还将自己的祖母傅氏、母亲丁氏的家族都安排在了一些没有什么实权的位置上，想通过这样的方式，避免外戚干政，从而将权力握在自己手中。可后来，哀帝遇见了自己的"真命天子"董贤，甚至一度想把皇位禅让给他——这就招来了天下的非议。在这样的时刻，王氏家族经营多年的效果逐渐显现，王莽被贬回封地的那三年，朝中为王莽请愿的人不计其数，哀帝迫于压力，最终只好将王莽请回了长安。

后来哀帝一死，王莽便在太皇太后王政君的帮助下，废黜了不经世事的大司马董贤，夺回了权力。此时，按照继承的规矩，汉元帝唯一的孙辈刘箕子即位，年仅9岁，王莽便放开手脚，很快就篡夺了汉家的天下。

从成帝到平帝，王氏家族作为外戚，夺权篡汉，所以我们很容易得出西汉是因为外戚灭亡的结论。但西汉的外戚，可不止王氏一家，从吕氏家族到卫氏家族，甚至霍氏家族，都是外戚。虽然霍光的情况比较复杂，但别忘了，他在废黜刘贺时，是借助皇太后上官氏的名义，上官太后正是霍光的外孙女，而继位的汉宣帝刘病已，最终也立了霍光的女儿为皇后。可是在这些外戚当权的时候，西汉不仅没有灭亡，反而北征匈奴，南灭百越，凿空西域，东平辽东，建立起了一个幅员辽阔的大帝国。在这一过程中，屡败匈奴的卫青，封狼居胥的霍去病，征服大宛的李广利，都是外戚，但他们更是汉武帝手下的百战名将。

所以一个王朝的兴起或灭亡，归根结底是皇帝本身的问题，汉元帝糊涂寡断，汉成帝荒淫无礼，汉哀帝偏狭乖戾，这才导致了朝政溃败、大权旁落和西汉最终的灭亡。

不过当我们回顾历史，会发现每个朝代都经历过它的治乱兴衰，或许黑格尔的话自有他的道理，可当我们翻开史书，走入一个个鲜活的故事中时，我们会发现西汉的历史格外精彩。

因为这时的人们还保留着上古时期的那一份"稚气"，还没有经历后世不断加码的"思想负担"，所有的制度都在"草创"阶段，阅读西汉的故事，能让我们知道我们这个民族来自何处，又为何会走到今天，而我们国家的文化，又为何是这样的格局。

时至今日，当我们以更自信的面貌出现在国际舞台上时，我们更需要清楚自己的来处，这正是历史赐予每一位中华儿女的敬意与温情。

目录 Contents

楔子

第一章　秦末风云

一、将门之后 …………………………………… 008

二、巨鹿之战 …………………………………… 014

三、赤帝之子 …………………………………… 021

四、鸿门之宴 …………………………………… 030

第二章　楚汉战争

一、霸王分封 …………………………………… 039

二、彭城初战 …………………………………… 045

三、韩信东征 …………………………………… 051

四、垓下之围 …………………………………… 055

第三章　汉初天下

一、布衣将相 …… 067

二、白登之围 …… 074

三、韩信之死 …… 080

四、非刘不王 …… 086

第四章　吕氏当国

一、女主临朝 …… 095

二、黄老治国 …… 100

三、诸吕末日 …… 106

第五章　文景之治

一、代王登基 …… 115

二、儒生贾谊 …… 120

三、景帝削藩 …… 125

四、七国之乱 …… 132

第六章　武帝宏图

一、夺嫡之争 …… 143

二、独尊儒术 …… 148

三、将星升起 …… 152

第七章　决战匈奴

一、甥舅建功 ……………………………………………… 161

二、一决雌雄 ……………………………………………… 167

三、李陵与苏武 …………………………………………… 172

第八章　万里开疆

一、凿空西域 ……………………………………………… 185

二、百年南越 ……………………………………………… 191

三、贰师将军 ……………………………………………… 198

第九章　盛极而衰

一、巫蛊之祸 ……………………………………………… 207

二、罪己托孤 ……………………………………………… 216

三、燕盖之乱 ……………………………………………… 221

第十章　宣帝中兴

一、废立天子 ……………………………………………… 231

二、权臣宿命 ……………………………………………… 238

三、西域都护 ……………………………………………… 245

四、单于入朝 ……………………………………………… 252

第十一章　儒宦之争

一、犯汉必诛⋯⋯⋯⋯⋯⋯⋯⋯⋯⋯⋯⋯⋯⋯⋯⋯⋯⋯⋯⋯ 262

二、儒臣之死⋯⋯⋯⋯⋯⋯⋯⋯⋯⋯⋯⋯⋯⋯⋯⋯⋯⋯⋯⋯ 268

三、阉宦沉浮⋯⋯⋯⋯⋯⋯⋯⋯⋯⋯⋯⋯⋯⋯⋯⋯⋯⋯⋯⋯ 276

第十二章　帝国斜阳

一、燕啄王孙⋯⋯⋯⋯⋯⋯⋯⋯⋯⋯⋯⋯⋯⋯⋯⋯⋯⋯⋯⋯ 285

二、断袖之癖⋯⋯⋯⋯⋯⋯⋯⋯⋯⋯⋯⋯⋯⋯⋯⋯⋯⋯⋯⋯ 292

三、王莽篡汉⋯⋯⋯⋯⋯⋯⋯⋯⋯⋯⋯⋯⋯⋯⋯⋯⋯⋯⋯⋯ 300

参考文献⋯⋯⋯⋯⋯⋯⋯⋯⋯⋯⋯⋯⋯⋯⋯⋯⋯⋯⋯⋯⋯⋯⋯ 309

楔　子

　　公元前206年，是秦二世皇帝胡亥被赵高的女婿阎乐杀死之后的第一年，刘邦的军队到达了霸上，继任胡亥的秦王子婴乘着白马拉的素车，身着丧服，脖子上系着表示认罪的绳子，手捧封好的皇帝玉玺和符节，伏在轵道旁向刘邦投降。虽然有人主张杀死子婴，但刘邦坚持以"杀降不祥"为由，将子婴交给专人看管，自己则率军向西，进入咸阳。

　　这件事发生在十月，是这一年的开端。之所以一年从十月开始，是因为秦始皇始终迷信五德相生的学说，周为火德，所以秦为水德，十、冬、腊三个月所属的冬季又是水德之始，所以秦以十月为岁首，而我们今日使用的以正月为岁首的立法，是直到汉武帝颁布太初历时才初步确定的。这件事要说在开头，秦末汉初的许多事持续的时间长短，我们都要用这样的历法来看。比如陈胜吴广的起义，是从七月开始，翌年十二月结束，一共是六个月的时间，因为十月就跨年了。

进入秦帝国的都城以后，刘邦看见秦国的宫殿巍峨华丽，各种珍禽异兽、珠玉珍宝，以及后宫数以千计的宫娥美人，想起当年秦始皇南巡时，自己曾在人群中对他的威仪啧啧称赞，于是就决定住进秦宫，好好享受一番皇帝的生活。

刘邦手下的诸将也都争先恐后地奔往大秦帝国的府库去搜罗金帛财物，只有萧何进入前丞相赵高的府邸，将大秦的山川图册、文书户籍等档案资料全部收集了起来，后来的汉朝也借此了解了天下的川泽要塞、户口财力的分布情况。但此刻的刘邦只想着赶紧进宫去享受一番，其他的事情想必都要往后放了。

正当局面将要失控的时候，刘邦的"连桥"樊哙说道："您是想争夺天下，还是只想做个富家翁呢？这些奢侈华丽之物，正是招致暴秦灭亡的原因，对您有什么用呢？我们应该赶紧还军霸上，万不可以留在宫中！"话说得在理，可樊哙毕竟是个屠夫出身，他的话对刘邦来说显然不够分量。

看刘邦听不进去樊哙的话，刘邦身边最重要的战略家张良便站出来，说了一番名言："秦王行无道之政，所以您才有机会来到这里。您为天下翦除奸凶，更应该布衣蔬食，现在刚一入咸阳，便贪图安乐，这实在是无道之举，且忠言逆耳利于行，良药苦口利于病，愿沛公听从樊哙之言！"刘邦这才将秦宫府库全部封存，率领诸将回到了霸上驻军。

要说刘邦想入主秦宫，其实也并不完全是胡闹的行为，因为根据"怀王之约"，将领中谁先进入关中，攻破咸阳，谁就可以在关中称王，只是经过张良和樊哙的提醒，刘邦意识到，要想在这里实行长期的统治，那就必须先安抚已经饱受秦二世和赵高暴政折磨的咸阳人民。好在刘邦很聪明，脑子转得快，最重要的一点是刘邦在承认错误这一方面并没有什么包袱。

于是在入咸阳一个月后，刘邦便召集关中各县的长老们开会，对大家解释道："天下苦秦久矣，秦法苛暴，想必大家也知道，之前我与诸侯约定，先入关中者为王，如此说来，我应为关中王，如今我与诸位约法三章：杀人者死，伤人及盗者抵罪。除此之外，过去的秦法全部废除！我到此处，不是为了抢掠而来，而是为了替大家出头，此刻我还军霸上，是为了等待天下诸侯的到来，之后我们必将订立新约。"会后，刘邦便派人与原来秦朝的官吏一同巡视各地，向人们宣传自己的主张，安抚百姓情绪。

秦地百姓听了刘邦的宣传后都非常高兴，争相带着牛羊、酒食来慰劳刘邦的官兵。而刘邦此时已经完全明白该怎么做了，赶紧推辞没有接受，并对众人说："我军中的粮食还有很多，实在不想让百姓们破费。"大家一听，更高兴了，唯恐刘邦不在关中称王。

也正是这一次接触，刘邦给关中百姓留下了很好的印象，在后来的楚汉之争中，关中地区也在萧何的治理下，成为不断为刘邦输送粮饷和兵源的稳定后方。

百姓这边刚稳定住，又有人对刘邦说："关中富庶，十倍于天下，易守难攻。听说项羽在河北取胜之后，已经将章邯封为雍王。如果真是那样，章邯就会占据关中，而您恐怕就要让位了。不如趁现在项羽大军未到，您派人守住函谷关，同时赶紧在关中招兵，以此来增加自己的实力，对抗各路诸侯。"刘邦觉得很有道理，不过招兵不是一时半会的事，当务之急，还是要守住函谷关。

刘邦企图防住的人正是刚刚平定河北的上将军项羽。此刻项羽刚刚坑杀了跟随秦将章邯投降的20万士兵，正率领40万楚军向西进发，不久就到达了函谷关外。可此时不可一世的项羽看到的却是紧闭的城门。同时，又听说刘邦已经平定了关中，项羽怒火中烧，派手下大将英布攻破函谷关。十二月时，项羽到达戏水。戏水是一条河，项羽所到的位置在临潼县南骊山，这条河最终北流注入渭水，今天已经不存在了。

这时，刘邦的左司马曹无伤派人告诉项羽说："刘邦想要在关中称王，并任用子婴为相，秦地的财宝已经都被其占有了。"曹无伤此举估计是为了在项羽手下谋得一个封赏，这也就解释了为什么他等到函谷关被攻破以后才去联系项羽。项羽此时正因函谷关的事情生气，听到这话更是勃然大怒，于是传令下去，命令各营将领犒赏士卒，准备与刘邦决一死战。

这是两位枭雄在秦末的农民起义中第一次针锋相对，不过众所周知，这一仗并没打起来，而是诞生了中国历史上著名的一次饭局——鸿门宴。可刘邦、项羽二人是如何走到这一步的，却需要从三年前说起。

第一章

秦末风云

秦二世元年（前209）七月，在今天安徽宿州的大泽乡，屯驻着一支准备去渔阳郡戍边的部队，一共有900人，都是闾左的贫民——"闾左"一词究竟指什么，有很多说法，一般认为，闾是秦代的地方单位，1闾有25户，有钱人住在右侧，称为闾右，而穷人住在左边，就称为闾左。在他们刚到大泽乡时，天就下起了大雨，道路断绝，大家一推算时间，已经来不及在规定期限之前赶到渔阳了。按照秦律，众人都是死罪。

这时，这支队伍的两位屯长陈胜和吴广在一起商议："如今逃走是死罪，造反也是死罪，总之是个死，我们为国而死如何？"这时，同为屯长，见识明显更高的陈胜对吴广说："天下苦秦久矣，我听说秦二世是始皇帝的小儿子，本不应即位，该即位的乃是公子扶苏。扶苏为人正直，由于数次劝谏秦始皇，所以被派往外地统领军队。如今有人听说他并没有罪，却被秦二世所杀。更多的百姓只是听说过他的贤名，并不知道他的死讯。而我们现在身处楚地，楚国的名将项燕爱护士卒，屡立战功，深受楚人爱戴。后来战乱，有人说他死了，也有人说他已经逃走。如今我们这些人干脆就打着公子扶苏和项燕的旗号，倡导天下与我们共同反秦，一定会有许多人响应！"

这一番话其实说得并不高明，扶苏和项燕压根儿不是一伙儿的，怎么能用他们的旗号呢？只是对于吴广这样的粗人，听完陈胜所说，已经佩服得五体投地，欣然同意，并且找来神汉占卜，占卜的人知道二人的意思，说："足下您的事情都可以成功，可你们问过鬼神吗？"陈胜、吴广二人很高兴，就开始考虑如何问卜鬼神，陈胜其实也不信鬼神，他对吴广说："这只是让我在众人中树立威信罢了!"

于是陈胜用丹砂在绢帛上写上"陈胜王"三个红字,又将其塞入用网捕获的鱼肚子里。别的戍卒买鱼来烹食,从鱼肚子里发现了这块绢帛,都觉得很奇怪。陈胜又暗中让吴广藏在戍卒屯驻附近的一处树丛环绕的祠堂旁边,夜里偷偷点燃篝火,学着狐狸的声音说:"大楚兴,陈胜王。"戍卒们听见了都非常害怕。第二天早上,戍卒们交头接耳,都对着陈胜指指点点,暗中议论。

至于具体操作,二人制定了一个苦肉计。吴广为人热心,乐于助人,在士兵中人缘很好,一次带队的县尉喝醉了,吴广故意再三说起自己要逃走云云,想激怒县尉,以此来煽动众人。结果县尉果然用竹板打了吴广,还拔出剑来,这时,吴广突然暴起,夺剑杀死县尉。同时,陈胜出手,协助吴广,将另外两名官差杀死,在大家惊魂未定之时,陈胜召集士兵,发表演说:"各位路遇大雨,都已错过了前往渔阳的期限,按法该斩。即使不被杀,而戍守边疆的人本来在10人中就会死去六七个。各位壮士,不死则已,死也要有一番名堂!王侯将相难道都是天生的吗!"这下,戍卒群情激昂,都说:"我们愿意听命!"

就这样,陈胜等人决定打着公子扶苏、项燕的旗号起义,参加的人都露出右臂作为标志,自称大楚。众人修筑高坛盟誓,以县尉的首级作为祭天的贡品。陈胜自封为将军,吴广担任都尉,开始攻打大泽乡。再后来,取得了一些小胜之后,陈胜便自立为王,定国号为张楚。

这件事史称"大泽乡起义",是中国历史上第一次真正意义的农民起义。虽然从战果上,这支部队并没有取得什么了不起的成就,但这次起义却点燃了秦末战争的烽火。两个月后,会稽郡的项梁、项羽叔侄俩起兵造反,跟陈胜的"诈称"不同,这两人可是名副其实的楚国项氏之后。与此同时,原来沛县的亭长刘邦也在萧何、曹参等人的推戴下,自称沛公,起兵反秦。

一、将门之后

秦二世元年（前209）九月，陈胜吴广起兵的消息传到了会稽郡，会稽郡的代理郡守殷通找项梁来商议。之所以要找项梁来商议，是因为项梁是前文提到的楚国名将项燕的儿子，而且抚养着兄长的儿子项羽，在楚地很有威望，深受楚地士绅的爱戴——这其实反映出当时社会的现状，秦始皇统一六国之后，在全国推行了郡县制，可是当时被秦灭掉的山东六国的后裔都还健在，虽然秦朝的郡县制可以依靠强权来维持，但这种郡县制的形式并不像后来的大一统王朝那样深入人心，这一点从秦末的战争中就可见一斑，后来项羽分封了十八位诸侯王，这些人有一半都是战国时期诸侯王的后裔，或者如项家这样的贵族世家。

所以郡守殷通的这次召见，恐怕不是像《资治通鉴》所说的想任命项梁为统帅，而更多的是听说了陈胜吴广的消息以后，找项梁来试探一下。可是对于项梁和项羽来说，这次召见显得危机四伏，郡守会不会趁机埋伏人将二人杀死，实在是打一个问号。于是二人干脆将计就计决定趁机除掉郡守起兵。

见了郡守，项梁说："现在长江以西遍地狼烟，这是天要亡秦。先发者制人，后发者制于人。"郡守一看项梁的态度，知道已无可挽回，叹气说："世人都说先生是楚国将门之后，现在会稽郡就看你的了。"殷通这个态度就像许许多多秦朝的地方官吏一样，知道大势不可阻挡，可又瞻前顾后，于是项梁建议："吴中县有位奇士桓楚，此刻在外逃亡，只有我侄子项羽知道他的藏身之处。"说罢项梁出来，示意守在门口的项羽做好准备，自己再次进入，对郡守说："请您让项羽进来，命他去找到桓楚。"殷通照办，项羽进屋。项梁一使眼色，只见 24 岁的项羽拔剑上前，一剑砍下了殷通的首级。

项羽在年少时一直跟随项梁，项家人本和楚王同姓，后来是因为封地为项县，才以之为姓。项羽年少时读书不认真，学剑法也不成功，叔叔项梁跟他发火，他却说："读书有什么用？不过记记姓名。剑也不过只能一人敌，要学，我就要学万人敌。"项梁觉得侄子很有志向，就教他兵法，这次对了项羽胃口，可又只看个大略，不肯深入研究。

后来秦始皇东巡，经过会稽郡，项梁和项羽去看热闹，看着威武的巡行队伍，项羽说："那人我们能取而代之！"吓得项梁赶紧捂住项羽的嘴，说："别胡说，要灭族的！"不过项梁也因此更觉得侄子胸怀大志。

等到此刻杀殷通时，项羽已经是一位身长八尺（约 1.84 米），力能扛鼎的青年才俊，面对殷通死后府中大乱的局面，项羽横冲直撞，砍杀数十人。而项梁则提着郡守的人头，佩戴郡守的印绶，这时，府里的人都已经被吓得魂飞魄散，纷纷趴在地上求饶，不敢抬头。

接下来，项梁将会稽郡与自己相熟的士绅都召集起来，给大家陈述利害关系，随后在吴中县起兵。派人占据整个会稽郡，募集精兵 8000 人，将自己熟悉的众人任命为校尉、司马等职务。众人都很佩服项梁知人善任的本事，项梁自封会稽将军，让项羽做自己的副将，之后率领义军巡视会稽郡下属的县邑。

当时的起义军可谓多如牛毛。齐王后裔田儋与几个弟弟在齐地起兵；韩广在北方燕地起兵；魏国后裔魏咎本是陈胜的部将，也被接回魏地割据，如此局面持续了几个月，到了第二年，秦二世多次责备丞相李斯，并在一些迎合上意之人的建议下加重对百姓的责罚，重用对百姓课以重税、杀人如麻的酷吏，结果造成秦都咸阳路上的行人有一半是受过刑的，街市中的尸体堆积如山，这让老百姓更加害怕，都在诅咒国家发生变乱。

与此同时，陈胜、吴广的进军并不顺利，作为反秦的先锋，这支军队战斗力不强，一方面，吴广率军攻击荥阳不克；另一方面秦将章邯正在扫荡叛军，连战连捷。不久，秦二世又增派长史司马欣、董翳辅助章邯攻打起义军，陈胜抵挡不住，腊月时返回汝阴，在到达下父城时，他的车夫庄贾将陈胜刺杀，之后投降了秦军。

广陵人召平受陈胜的命令攻夺广陵，但没能攻陷。这时他听说陈胜已经兵败，章邯的军队就要到了，便渡过长江，伪造陈胜的命令，授予项梁楚上柱国的官职，并对他说："长江以东都已平定，将军应火速率军向西攻打秦军！"之所以说"向西"，是因为长江虽然总体上自西向东入海，但九江到扬州这一段，则是自南向北流，因此在这一地区，长江西侧被称为江西，而长江以东则被称为江东，后来唐朝在这一地区设置了江南道，所以唐宋以后直到今天，才将这一地区称为江南。

项梁接受任命之后，就率领8000子弟渡过长江向西进发。在路上，项梁听说一个叫陈婴的人已经攻克了东阳县，就派出使者去联络，想要与陈婴联合起来共同西进。陈婴这个人做过东阳县的令史，就住在县城中，为人一向诚信谨慎，被称为长者。东阳县起事，杀掉了县令，聚众造反，人数达到两万，就想拥立陈婴为王。但陈婴的母亲很有远见，看陈婴犹豫，就对他说："自从我做了陈家的媳妇，还不曾听说过陈家祖上有什么显赫的人物，而今你暴得大名，恐怕不是好事。还不如你选个人依附他，这样事成可以封侯，即使失败了，也容易脱身。"

就这样，陈婴不敢称王，并召集手下人说："项氏世代将门，在楚国享有盛名，如今我们想要成事，将帅一定要是这样的人，我们依靠名门，肯定能灭亡秦国！"部下们觉得他的话有道理，就跟着他一起投靠了项梁，陈婴的这个决定也让陈氏一族在乱世中得到保全，而且一直到汉朝都享有殊荣。

得到了兵源的补充之后，项梁率军渡过淮河，此时又有英布和蒲将军率领本部人马前来投奔。这位英布因为犯罪受过黥刑（脸上刺字之后涂墨），因此也被人称作黥布。据说此人是皋陶的后裔。英布犯罪之后，被押送到骊山服刑。此时的骊山，有刑徒数十万人。在服刑期间，英布与刑徒的首领及当地豪杰交往甚密，后来看准机会，便一起逃跑，流落江湖，成为盗贼。

陈胜举兵之初，天下震动，英布前去番阳县拜见县令吴芮，这时英布手下已经聚集了数千人。这位吴芮也不是一般人，后来刘邦登基，他被封为长沙王，也是汉初唯一没有被废掉的异姓王。据传，他的妻子毛苹还是一位著名才女，为吴芮写下过《上邪》这样的名篇：

上邪！我欲与君相知，长命无绝衰，山无陵，江水为竭，冬雷震震，夏雨雪，天地合，乃敢与君绝。

此时的吴芮虽然只是县令，但在当地很得民心，被称为"番君"，他所在的番阳县（今江西鄱阳县）有许多越人军队，十分骁勇善战，吴芮见英布很有胆识，便把女儿嫁给了他，自己也率领越人举兵响应诸侯起义。

英布在得到了吴芮的帮助以后，率军北上，正遇到被秦军击败的陈胜部将吕臣，二人合兵，向秦军的左、右校尉发起进攻，占领了陈县。这时，陈胜已经死了，秦军实力强大，英布此时听说项梁已经渡过淮河，于是就把军队的指挥权交给了项梁，自己在军中担任先锋。至于蒲将军，则不见于史书记载。这时项梁的军队已经发展到了六七万人，驻扎在下邳县。

这么多军队不能光养着，得出战。正好此时就在下邳城东北方向的彭城附近驻扎着一支军队，首领叫秦嘉。他原本是陈胜的部将，后来因不满陈胜，自立为大司马，同时还拥立了楚王一位后裔景驹为王。于是项梁对手下说："陈王首先举事，战事不利，现在下落不明。秦嘉竟然背叛陈王，另立楚王，实在是大逆不道。"就这样，项梁率军攻打秦嘉，秦嘉向北败走。项梁的军队一直追到胡陵县，秦嘉只好回头再战，两军大战一天，秦嘉战死，他的军队也都归降了项梁，景驹则死在了逃亡的路上。

项梁吞并了秦嘉的部队后，进抵胡陵，而此时秦军大将章邯，也抵达栗县。项梁听闻，就派将领朱鸡石、余樊君前去进攻，这很明显是试探一下，结果余樊君战死，朱鸡石大败，又逃回胡陵。试探结束，项梁率军向东撤了一点，进驻薛县，斩杀了朱鸡石。这时项梁得到消息，证实陈胜确实已经死了，就召集诸路义军在薛县盟会，讨论下一步的行动计划。沛公刘邦此时也从沛县赶来。

就在这时，有一位年逾七旬的老人前来游说项梁。此人名叫范增，是居鄛人，他说："陈胜失败，没有什么稀奇。秦灭六国，楚国最为无辜（怀王受了张仪的骗）。自从怀王被骗入武关，不能回国，国人至今都很怀念他，所以南公先生有言，'楚虽三户，亡秦必楚'。陈胜首先发难，却不拥立楚国后裔，而自立为王，所以不得长久。您起兵江东，项氏世为楚将，所以天下人争相归附，您也最有资格拥立新的楚王。"项梁听罢很佩服他的见解，马上着手寻找楚王后裔，很快就找到了楚怀王的孙子熊心。熊心当时正在民间替人放羊，项梁和义军此时共同拥立熊心为楚怀王，以此来争取百姓归心。

这位楚怀王当时的年纪多大不得而知，但从他做的几件事来看，这个人应该有一定的政治头脑。他做的第一件事，就是封陈婴做了上柱国，享受五县的封邑。陈婴这个人实在不简单，首先他对项梁有恩，其次没有野心，而且据说颇有才干。就这样，陈婴随同楚怀王，定都盱眙。而项梁则自称武信君，率军进攻亢父县。

这里需要说明的是，当时遵奉楚怀王的主要都是楚地的义军，而天下其他的势力还有很多。自从在栗县击败了项梁派出的小部队之后，章邯就回师西北方向，在临济围困了当时的魏王咎。魏咎派周市出临济城，前往齐、楚两国求援。

此时的齐王田儋亲自率军，会同楚军将领项它，前去救援。章邯派军队，人马衔枚，乘夜突袭，在临济城下大破齐楚联军，田儋和周市同时阵亡。魏咎自焚而死，他的弟弟魏豹则投靠了楚国，在楚怀王的支持下，继续领兵作战。

田儋战死的消息传回齐国，田儋的弟弟田荣则收拾哥哥的残兵败将，败逃至东阿县，章邯随后赶到，包围了东阿。齐国官员这时拥立了齐国最后一位国君田建的弟弟田假做了齐王，田角为相，田角的弟弟田间则做了将军。

秋七月，天降大雨，连绵不绝，项梁正率军攻击亢父县，得到田荣被围的消息，就掉头去进攻章邯，在东阿城下大败秦军，章邯只好向西撤退。解围后，田荣率军返回齐地，田假逃往楚国，田角、田间兄弟逃往赵国。项梁则继续追击秦军，并催促田荣一起出兵抗秦，此时田荣提出条件，要求赵、楚两国杀掉田假、田角等人，两国不肯，于是田荣便拒绝出兵帮助楚军。而这道裂痕，也让田氏后来成为项羽的重要对手。

此时的项羽，正奉命和刘邦一起率领一支楚军进攻城阳县，城破之后还下令屠城——这种情况在楚军中经常发生，楚军之所以战斗力强，是因为项家的班底都是楚国子弟兵，而这些人，包括项羽本人，从来不觉得自己对天下有什么责任，屠城的原因从根本上来说，就是认为城中都是敌人，这种观念是贵族社会的遗留，也决定了这支军队基本的思维方式。这支楚军一路西进，在濮阳东边击败秦军，秦军退入濮阳城。刘邦和项羽又继续进攻定陶，但没有攻下，转而攻打雍丘县，大败秦军，斩杀郡守李由。

项梁率领主力从东阿县出发，一路向西进攻定陶。再次大败秦军。随着战局进展，项梁开始轻视秦军，举止间显露出骄傲的神色。手下部将宋义劝谏道："打了胜仗后，如若将领骄傲轻敌，士兵就会怠惰，这是失败的征兆。现在我军士兵已有此征兆，而秦兵又日益增多，我实在为您担心啊！"但项梁不但不听从劝告，还把宋义给支走了，派他出使齐国。

宋义在途中正好遇到齐国的使者高陵君，这位使者名字叫显（姓不详）。

宋义问他："您将要去会见武信君吗？"

显回答说："是的。"

宋义又说："我判断武信君必会失败。您慢点走，晚点去，可免遭一死，走快了恐怕要大祸临头了。"这时秦二世果然向章邯增兵，得到兵源补充的章邯率军进攻楚军，在定陶大败项梁，项梁战死，就此退出了这场乱世争霸。

二、巨鹿之战

就在项梁与秦军血战不敌的这段时间，双方的交战地崤山以东地区大雨瓢泼，从七月到九月，雨势连绵不停。项羽、刘邦正在攻击外黄，但不能攻克，又转攻陈留，此时得到项梁死讯，军心震恐，二人只好跟另一位将领吕臣商议，率军向东撤退。同时，众人将楚怀王从盱眙北迁，定都彭城。吕臣驻扎彭城东，项羽驻扎彭城西，刘邦稍远，驻扎在砀县。

章邯在击败项梁之后，楚国的名将已经损失殆尽，章邯认为楚地的义军已经不足为虑，便率军北渡黄河，进攻赵国。当时的赵国国君也是原来赵国的后裔，名叫赵歇，赵国的国相则是后来刘邦分封的异姓王之一，名叫张耳，担任将军的则是张耳的好友陈馀。

现在的赵国根本无法抵御秦军，章邯接连大破赵军后，一鼓作气攻陷了邯郸，将人口尽数迁往河内郡，将城墙也拆毁殆尽。赵王歇和张耳战败，退往巨鹿，章邯则派手下将领王离率军将巨鹿城团团围住，赵国不支，只好向楚国求援。

之前那位齐国使者高陵君显应该是听了宋义的话，这时才到达彭城。项梁已死，他便拜见楚怀王，说："宋义说武信君必败，几日之后果然战败，仗还没打，就能看出失败的征兆，可谓知兵！"就这样，楚怀王召见宋义，与他谈起军事谋略，很欣赏宋义的才能，因此，拜宋义为上将军，拜项羽为鲁公，作为宋义的副将，同时还任命范增为末将，三军同受宋义指挥，宋义也加封号为"卿子冠军"。

从楚怀王的这个任命可以看出，他其实一直想摆脱自己的傀儡地位。当初怀王曾和诸将约定：先入关中者为王。可是一直到此时，秦军势力都很强大，各路义军别说深入秦地，就是正常的作战，都是胜少负多，还经常被秦军追得到处逃窜。此时，项羽深恨叔父项梁被杀，就向楚怀王建议，自己愿和刘邦一起西向攻秦。

楚怀王跟几位老将交换意见，大家一致认为项羽为人太过残暴，之前的几次战役中多次屠城，而如果真的派兵西向，还是应该选择一位年高德劭的长者，一路收揽人心。天下苦秦久矣，如果真能有如此将领出面，则沿途百姓有可能望风归降。项羽显然不符合这一要求，诸将之中，只有刘邦素来宽厚，可当此任。于是楚怀王便把项羽派入宋义军中，而命刘邦向西攻秦。

转年十月（岁首），上将军宋义率军北上，救援赵国。可大军行至安阳（今山东曹县），便按兵不动，这里距离战场巨鹿直线距离200多公里，宋义率大军在此处一共停留了46天。项羽作为副将，对宋义说："在秦军重重包围下，赵国十分危急，我们应该率大军北渡黄河，楚军在外，赵军在内，前后夹击，必能大破秦军！"但宋义不以为然，说："拍打牛虻的方法不可用来对付虱子！现在秦军攻赵，如胜，则军队就会疲惫，我们即可乘势发起进攻，若不胜，我们就率军擂鼓西进，一举就可灭秦。所以不如先让秦、赵两军相斗。身披铠甲、手持利器冲锋陷阵，我不如将军；但运筹帷幄，制定策略，将军则不如我了。"

之后宋义竟颁布军令："凡猛如虎，狠如狼，贪如羊，桀骜不驯，不服从命令之辈，一律诛杀。"同时，宋义还派他的儿子宋襄，前往齐国担任宰相，合。待到楚军与秦军接战时，诸将还是紧闭营垒，作壁上观。可是诸将眼见楚军士兵无不以一当十，喊杀声响彻云霄，吓得人人自危，惊恐不已。等到秦军彻底被击败之后，项羽便召见各路将领，这些人踏入楚军辕门时，没有一个不是跪着前行的，谁也不敢仰视。项羽从此就由楚国的上将军成为天下各路诸侯的统帅。

巨鹿之围已解，赵王歇与张耳出城，向各路援军致谢。张耳也得以与陈馀相见，见面之后，张耳再度责备陈馀不肯发兵攻秦，同时又质问陈馀，张黡、陈泽的下落，无论陈馀如何解释，张耳都不相信，坚持认为是陈馀将二人杀死。陈馀忍无可忍，大怒道："想不到你竟怨恨我到这个地步，难道你认为我陈馀忍气吞声，是为了这将军的印信吗？"说罢，将自己的印信掷还给张耳，张耳正在数落陈馀，见状吃了一惊，但没有接受陈馀的印信。当时正好陈馀起身如厕，一位门客便趁机对张耳说："上天给予您的东西，如果拒绝便会遭受惩罚，如今陈馀将印信交出，您不接受，便是违反天意，还是尽快将其收下吧。"张耳就收下印信，接管了陈馀的军队。等陈馀如厕归来，发现印信不在，对张耳不加谦让十分痛心，于是率领亲信百余人，不告而别。二人也就此决裂。

从挚友到仇雠，千百年来二人的反目也让人们唏嘘不已。

巨鹿之战后，秦军统帅章邯退守棘原。项羽则在漳水之南筑营，双方相持不下，战场暂时归于平静。可秦军屡次战败，秦二世便派人前来责备章邯。章邯非常害怕，就命手下长史司马欣回都城咸阳，主要是陈述军情，同时也探听一下，看看朝廷的风向。这时的章邯已经离开咸阳两年多了，丞相李斯被灭族，朝政已然全然落入赵高手中。

司马欣回到咸阳，第一时间就去晋谒丞相赵高，在皇宫的外门司马门等了三天，但赵高拒绝接见。这很明显已经对司马欣表现出不信任的态度。司马欣也算机灵，见势不妙赶紧逃走，准备返回营地，但不敢走原路。后来赵高果然派人来追，但由于走错了路，没追上。司马欣得以回到军中向章邯报告，说："赵高在朝中专权，手下根本没有能做事的人。我们如果战胜，赵高一定嫉妒；如若战败，更是一条死路，望将军三思而行。"

这时，已经离开赵国的陈馀也给章邯写信，说："白起为秦将，向南，攻陷过楚国都城鄢都，向北，在长平坑杀马服君赵括的降卒四十万，攻城略地，不计其数，结果最终被逼自杀；蒙恬祖孙三代为秦将，北驱匈奴，开辟榆中之地数千里，最后竟在阳周被处死。为什么会这样？还不是因为功勋太多，功劳太大，大秦已无法封赏他们，只好趁机设计诛杀。将军已为统帅三年了，在您手下丧命的将士以十万计，而天下诸侯仍然蜂拥而起，他赵高靠谄媚功夫，官居高位，可现在事态紧急，他也怕被秦二世处分，所以就想用您的项上人头来推卸责任。再派人接替您的位置，解除他的压力。将军您长久在外，朝廷内多有仇怨，有功也死，无功也亡。况且天要亡秦，无论智者愚人都知道这个道理。如今您对内不能直言进谏，在外又是亡国之将，孤立无援，却又想要长存活命，难道不可悲吗？将军您为何不与诸侯合兵，勠力攻秦，裂土封王，南向称孤，这与伏身于案板之上，妻儿同被杀害，哪一种更好呢？"

陈馀的这番话基本说出了章邯最有可能遭遇的结局，但章邯仍犹豫不决，决定派人去项羽那里见面，谈一谈投降条件，顺便也是试探一下。

这时的项羽展现出了一位优秀军事统帅的素质。此刻虽然楚军屡屡获胜，但之前的粮草问题并没有得到有效的解决，秦军此时仍有数十万大军，不是一朝一夕可以攻灭的，如果就这样与章邯谈判，必然旷日持久，一旦楚军断粮，到时别说谈判了，弄不好就会前功尽弃。

于是项羽一边与章邯派来的使者谈条件，一边命蒲将军率兵日夜行军，从三户津渡过漳水，向南岸的秦军发动攻击，再破秦军。紧接着，项羽率主力部队追至汙水，三度大破秦军。这时的章邯自知无法抵挡，再次派人秘密晋见项羽，请求准许秦军投降。

这时项羽召开军事会议，向众将宣布说："我们的粮草不足，不如接受秦军投降吧。"大家一致赞成。项羽就在洹水南岸的殷墟（今河南省安阳市西北，因出土众多甲骨闻名），举行盟誓。盟誓后，章邯晋见项羽，悲痛流涕，陈述被赵高迫害的经过，项羽遂加封章邯为雍王，留在身边，同时任命长史司马欣担任上将军，率领投降的秦军在前，作为向导，直指函谷关。

不过秦军与诸侯联军的矛盾很快显现出来，过去各国的将士很多都有在关中做苦工的经历，像英布等人就是骊山苦役。那时秦政府的官员凶残，对待他们很不好，现在章邯率军投降，各国将士就乘机报复，把他们当作俘虏奴隶般驱使，肆意凌辱。对此秦军上下一片怨恨之声，纷纷耳语说："章将军逼着我们投降，如果能西入函谷关，攻灭暴秦，当然很好；可如果战而不胜，各国将领就会胁迫我们向东撤退，到那时，朝廷必会杀掉我们的父母妻儿，该如何是好？"

各路将领们听到风声，就来禀告项羽。项羽召集英布、蒲将军几人，商议决定："秦军人数众多，虽然投降，但并不心服。等到了函谷关，跟守关的秦军对战，这些人一旦作鸟兽散，再去投奔守关的秦军（此时函谷关的守军已经是刘邦的人了），我们必将陷于险境，不如干脆将这些人格杀，只留下章邯、司马欣、董翳等几位高级将领，再一起进入秦土。"不知此时的范增在做什么，总之这几位武将说干就干，在新安城南，将二十万秦军降卒全部坑杀。

随后项羽率军攻破函谷关，40万大军驻扎在新丰鸿门，号称百万。

三、赤帝之子

几乎与项羽同时,在陈胜吴广起义的两个月之后,当时的沛县县令坐立不安,他已经听说,许多郡县都在响应陈胜吴广,这些义军往往会杀死地方官。因此他决定先下手为强,这时他手下的主吏萧何、狱掾曹参建议他,说:"您身为秦朝官吏,现在想叛秦以自救,沛县的青年恐怕不会听从您的号令。不如把沛县那些逃亡在外的人召集起来,可得数百人,让他们出面起兵,则众人便不敢不服从了。"

县令觉得很有道理,而沛县在外逃亡的人,首推刘邦。于是县令就找来刘邦的连桥加好友屠夫樊哙,去召刘邦前来,此时的刘邦正在芒砀山逃亡,手下已经有部众上百人,其中还有很多沛县子弟,樊哙前来召见,这些人都很高兴,就跟着刘邦回到了沛县。

可樊哙前脚刚走,县令就后悔了,刘邦在沛县子弟中颇有威望,如果一下来人太多,自己实在是难以控制。想到这儿,干脆下令关闭城门,不让刘邦等人进来,还要诛杀给他提建议的萧何、曹参。其实这俩人当初提议时就是有所指的,他们都和刘邦颇有私交。听说县令想杀自己,二人大为惊恐,直接翻过城墙,去投奔刘邦了。刘邦见城门紧闭,就在绢帛上写了封信,陈述利害关系,之后用箭将其射到城上。结果沛县父老们率领年轻人杀掉了县令,开门迎接刘邦入城,并拥立他为沛公。

之后沛县人在刘邦的带领下,向黄帝的神位祭拜,又在县衙祭祀了蚩尤。随后,众人斩杀牲畜,用这些牺牲的血涂在战鼓和旗帜上,萧何、曹参、樊哙等沛县子弟纷纷加入,这支义军此时共计有 3000 人。

刘邦是沛县丰邑中阳里人,据说他的母亲刘媪曾在湖边睡觉,睡梦里与神灵交合。正在这时，天要下雨，电闪雷鸣，刘邦的父亲刘太公来接妻子，却看见有条龙正盘绕在妻子身上。回家后不久，刘媪怀孕，就生下了刘邦。

据说刘邦的长相非常潇洒，高鼻梁，龙形的眉宇，还有漂亮的胡须。为人宽厚，不拘小节。后来通过试用，做了泗上亭长。秦时十里为一亭，亭有亭长，主要负责治安，十亭才为一乡。刘邦曾押送服徭役的人去咸阳，见秦始皇出巡，被皇帝的盛大排场所震惊，叹息说："哎呀，大丈夫当如是矣。"

与沛县相隔不远的单父县有位吕公，和沛县县令是好友，为躲避仇家，客居沛县。沛县的豪绅、官员都知道吕公是县令的朋友，所以都来拜访，吕公也就设宴款待。萧何作为沛县的文吏，自然负责在酒宴上接待来宾，来的人很多，萧何就命人告知宾客："贺礼不满1000钱，在堂下就座。"但刘邦素来不把这些官吏放在眼里，在自己的拜帖上写下"贺钱万"。其实他没钱，但吕公接过拜帖，大吃一惊，就从座位起身，迎出门外。

一见刘邦的面相，吕公就格外敬重，把刘邦引入上座。萧何看吕公不知实情，便在旁说："这刘季喜欢吹牛，您可不要当真。"但刘邦不以为意，直接坐了上座。宴会结束，吕公示意刘邦留下，对他说："我年轻时喜欢相面，看过很多人，还从来没有见过像您这样富贵的相貌，请您多加保重。我有一个女儿，愿意嫁给你为妻。"虽然吕公的妻子反对，但最终吕公还是把女儿吕雉嫁给了刘邦，后来为刘邦生下了汉惠帝和鲁元公主。

刘邦之所以在芒砀山逃亡是因为一次出差。作为亭长，刘邦有次押解沛县的刑徒去骊山服徭役。结果队伍一路上不停有人逃亡。刘邦心想，照这个逃法，等到了骊山，这些刑徒也就逃得差不多了。就这样，队伍刚走到沛县以西不远的丰邑泽中亭，刘邦就让队伍停下，自己开怀畅饮，喝到半夜。之后刘邦将诸刑徒的绑绳尽数解开，对大家说："诸位都走吧，我也就从这里逃亡了。"在刑徒之中，有十几个人愿意跟随刘邦。

这时刘邦已经喝醉了，带着这些人走到湖边，让一个人在前方探路，结果这位一会儿就回来，说："前方有大蛇拦路，我们还是绕开吧。"刘邦醉醺醺地说："咱这么多壮汉，有啥可怕的！"于是径直向前，拔剑将大蛇斩为两段。众人又走了一段，刘邦困了，便躺在路边睡去。

走在后边的人逐渐赶上来，走到斩蛇的地方，看到一位老妪坐在地上哭泣，众人问之，老妪回答："我的儿子是白帝的儿子，今天化为蛇，挡在路上，被赤帝的儿子杀了。"众人都笑说老妪撒谎，可这位老妪竟突然消失了。众人继续前行，赶上刘邦，刘邦此时酒醒，众人把刚才的事告诉刘邦，刘邦暗自高兴，认为自己很了不起，而众人听刘邦说起斩蛇一事，也对刘邦更加敬重。

这件事非常有名，除了证明刘邦是天选之子外，也对两汉影响深远，汉朝人无论是服装还是漆器都崇尚红色，并认为自己属于火德，都与这个"赤帝之子斩蛇起义"的故事脱不开干系，同时，这件事也侧面说明了刘邦这人是比较迷信的，之前曾有位过路的老人看着在田间干活的吕雉，说吕雉母子将来富贵非凡，刘邦听说后还特地追上老者为自己看相，老者说富贵皆来自刘邦，这也让刘邦非常得意，崇拜鬼神也是楚地一贯的风俗，两汉的皇帝也大都迷信这些。

在秦始皇生前，曾有人告诉他，东南方向有天子气。秦始皇就向东南方巡游，借此来压住这股力量。在这一时间，刘邦一直藏匿在芒砀山。吕雉带人来找丈夫送饭，每次都能找到刘邦，刘邦问她是如何找到的，吕雉说："你待的地方上方有云气，我循着云气，便能找到你。"刘邦听了心中暗喜，很多沛县子弟听说后，也纷纷来芒砀山投奔刘邦，直到沛县举兵反秦，这些人才跟着刘邦出山造反。

刘邦起兵后，在秦二世元年（前209）十月，率领义军向北，相继攻占了薛郡的胡陵、方与两县，之后返回泗水郡的丰邑固守。这时秦朝泗水郡监，名字叫平的将军，率秦军前来兴师问罪，包围丰邑。两天之后，刘邦率军出城迎战，秦军败北。于是刘邦留下同郡的雍齿守丰邑，自己则率军北上，继续与秦军作战。

十一月，刘邦率军抵达薛县，击败了秦朝泗水郡的郡首壮（姓不详）。壮逃亡戚县，被刘邦的手下追上斩杀，之后刘邦率军回到方与县。这时，各地消息传来，首先是自立为赵王的陈胜军将领武臣被部下杀死，接着刚称楚王的陈胜也被部下所杀。天下群龙无首，进入了一段各自为战的时期。

十二月，魏国的将领周市率军抵达丰、沛地区，派人对雍齿说："丰邑过去做过魏国的都城，现在魏地已经悉数平定，如果你雍齿现在投降，魏国将封你为侯，让你继续守丰邑；如果不降，魏军攻下丰邑，就会屠城。"丰邑守将雍齿平时就瞧不起刘邦，现在遇魏国招降，两方一拍即合，雍齿投降魏国，并改替魏国守丰邑。刘邦闻讯大怒，立即回军攻打丰邑，但没有攻下，只好退回沛县。丰邑的失去让刘邦实在恼火，但眼下却并没有好办法。

秦二世二年（前208）正月，张耳等人立原赵王的后裔赵歇为赵王。东阳人宁军、秦嘉则立楚国贵族的后裔景驹为楚王，驻扎留县。留县在沛县南方，距离很近。此时刘邦老家被占，得不到兵员的补充，便决定去投奔景驹。此时韩国的贵族后裔张良也打算归附景驹，但他手下只有100来人。二人在途中相遇，张良便归附了刘邦。刘邦对张良赏识有加，张良也投桃报李，常用《太公兵法》中的计策为刘邦谋划，多数都能被刘邦采纳。可当张良与军中其他人说起此书，却没有人能听得懂。张良私下里感叹："沛公大概是天赋之才吧！"于是也就不再考虑去别处效力了。

之后，刘邦与张良按原计划去拜见景驹，想让景驹为刘邦增拨兵力，去收复丰邑。但这时秦二世已经派章邯率军出函谷关来讨伐关东的义军。秦军势如破竹，抵达砀郡。刘邦见求援无望，只好率军配合景驹手下的将领在萧县以西与秦军作战，但这一仗并没打赢，于是义军各部退守留县。到了二月，各路人马再次攻打砀郡郡城，这一次用了三天，终于攻下郡城。此番作战，刘邦收获颇丰，砀郡的降卒有6000人被他收编，加上之前的老班底，共有9000人。三月，刘邦率军攻克下邑，之后再回击丰邑，却仍然未能攻下。

到了四月，局势发生了变化，项梁领兵击败了景驹、秦嘉，大军进驻薛县。刘邦便率军去与项梁会合。项梁很慷慨地为刘邦增加精锐5000人，战将十员。刘邦就率领这支部队，回军进攻丰邑，终于攻克了这个地方。雍齿战败，逃到了魏国。

六月份时，项梁召集楚地各路将领到薛县，拥立熊心为楚怀王。刘邦也在这一时期受到信任，与项羽配合，攻打城阳，可没过多久，噩耗传来，项梁战死。于是刘邦等人也就退回砀县，好在章邯认为项梁已死，楚国已经不足为虑，也没有再继续进攻。

楚怀王见项梁战败，非常害怕。刘邦也大约就是在这一时期，获得了他"武安侯"的封号。此时没有人认为入关攻秦是件有利的好事，只有项羽报仇心切，提出跟刘邦同去攻秦，但楚怀王综合考虑之下，还是派项羽和宋义北上救赵，而西向攻秦的任务就落到了"长者"刘邦的身上。

同时，楚怀王还为诸侯立下约定——"先入定关中者王之"。

但刘邦离开自己的大本营砀县之后，并没有一路向西，直奔咸阳，而是先率军向北去攻击城阳、杠里两地的秦军营垒，取得了两场胜利，紧接着又在转过年来的十月（岁首），在成武县击败了秦朝的东郡都尉，在十二月时，刘邦率军南返至栗县，遇到了刚武侯柴武，将他的手下4000多人并入了自己麾下，再随后返回砀县。

二月，刘邦和魏将皇欣、魏司徒武蒲的军队会合，再次率军从砀县北上，去攻打昌邑。本地的义军彭越派人来帮刘邦攻城，彭越本人早先曾在钜野泽中捕鱼，后来纠集了一伙人，成为盗贼，陈胜吴广起兵的时候，他也拉起了一支人马，现在听说刘邦到了，便派兵相助，但城还是没有攻下来。于是刘邦便引军南去，彭越也收拾残部，退回钜野。正是这次短暂的合作，才有了后面二人的渊源。

攻击昌邑失败后，刘邦便放弃昌邑，转而向西进发，到达高阳县，在这里，刘邦又遇到了对他很重要的两位人才——郦食其及他的弟弟郦商。

郦食其出身于高阳本地的一户贫苦人家，之前在家乡做一个看门的小吏。刚好他有位同乡在刘邦手下做骑兵。郦食其就找到此人，对他说："经过高阳的各路将领也有几十个了，我与之交谈，全都是些不堪之辈，心胸狭小，不光讲究那些琐碎无用的礼节，还都自命不凡，沾沾自喜，盛气凌人，对于那些有见识的意见，都听不进去。我听说刘邦虽然傲慢，却平易近人，喜爱大的谋略，这正是我愿追随之人，可惜无缘相识。你若见到他就对他说，你的同乡中有个郦某人，年已六十有余，身长八尺，人们都说他是疯子，他自己却说他不是疯子。"

骑兵回答道："刘邦最烦那些酸腐文人，有一次，他甚至拿下一个儒生的帽子往里面撒了泡尿。还有就是刘邦跟人说话动辄破口大骂，你可千万不要用你们知识分子那一套去跟他讲大道理啊。"

郦食其说："你就按我说的做吧。"不久，这位骑兵见到刘邦，就把郦食其托他说的话一五一十地转达了。

等到刘邦抵达高阳县驿站的传舍，就派人召见郦食其，郦食其见到刘邦时，这位"赤帝之子"正两腿叉开，踞坐在床上，有两名女子正给他洗脚。郦食其见状，没有下拜，只是作了个揖，说："你是帮秦朝攻击各国，还是打算率领各国攻击秦朝呢？"这话一出，刘邦直接开骂，道："你这腐儒！天下早已受够了秦王暴政，所以诸侯才纷纷起兵攻秦，你在这说什么蠢话！"郦食其接着说："既要集结义兵，诛灭无道暴秦，就不应该用你这种态度来见长者。"刘邦一听，就令洗脚的侍女退下，赶紧起来把衣帽穿戴整齐，请郦食其上坐，并向他谢罪——这是刘邦的一个非常大的优点，就是知错能改，认错没有包袱。郦食其于是就向他讲述了战国时代合纵抗秦跟连横和秦的各种往事，刘邦从来没有听说过，非常兴奋，就请郦食其与自己一同进餐，并问他说："先生看我们现在该当如何？"郦食其便说了一番很重要的话：

> 足下起纠合之众，收散乱之兵，不满万人，欲以径入强秦，此所谓探虎口者也。夫陈留，天下之冲，四通五达之郊也，今其城中又多积粟。臣善其令，请得使之，令下足下。即不听，足下引兵攻之，臣为内应。

现在大家可以拿起地图，回头想想刘邦之前的所作所为——刘邦接受楚怀王"西向攻秦"的任务大概是在秦二世二年（前208）九月，到现在已经过去了半年多，刘邦的军队虽然多次出兵，但看看这些战斗，一直集中在砀郡、薛郡和东郡这几个地方。直到刘邦收编了刚武侯和魏国的一些军队，大军才开始向西开进。郦食其在这里其实为我们解答了刘邦一直来回兜圈的原因——军力不足，之前的种种作为实际上是为了收拢各地的散兵游勇，可虽然这样，刘邦手下现在还不满万人，郦食其也告诉刘邦，想凭这点儿兵力攻秦是不现实的，所以建议刘邦先取陈留，站稳脚跟，再向西发展。

方略已定，既然郦食其愿意出使，刘邦就派他去了，自己则率大军在后，果然一举拿下陈留。此役之后，刘邦加封郦食其为广野君。同时，郦食其还将自己的弟弟郦商拉入刘邦阵营。郦商不光自己加入，还带来了4000人，刘邦马上命郦商统率原陈留的军队。郦食其虽说死得有些早，却为刘邦立下汗马功劳；而郦商更是在后世"诸吕之乱"时发挥过重要的作用，郦氏家族也是汉初朝廷上不可忽视的一支力量。

得到了兵力补充，刘邦在三月就率军攻打开封，但没能攻克，只好向北绕行，在白马县与秦将杨熊遭遇，后追至曲遇县东，又打了一仗，秦军大败。杨熊逃到荥阳，之后被秦二世派使者斩首。夏四月，刘邦从砀郡向南进攻颍川，很明显刘邦的目标是韩国故地，在这里，刘邦因得到张良的辅助，很快攻克了这一地区。

这时，刘邦距函谷关已经不远了，但听说赵军所属部将司马卬正要渡过黄河去进攻函谷关，刘邦怕被抢功，干脆亲自率军北上，攻取了阴平县，封锁了黄河渡口。随后率军在洛阳城东与秦军交战，但战事不利。于是刘邦率军向南翻越轘辕山，进抵阳城，开始征集军马。这时，张良带领韩地的军队与刘邦会合，刘邦即命韩王成留守阳翟，自己则与张良一起南下。

想要进入关中地区，有两条路可选，其一是走函谷关，第二则是走南方的武关，当年晋文公重耳去秦国向秦穆公求助，后来绿林军击杀王莽，都是走的武关，刘邦在洛阳被秦军击败，就知道西进函谷关阻力太大，断然改变策略，选择从武关进入关中地区。

想走武关，则必须攻南阳郡，南阳郡最大的城市便是宛城。于是刘邦率军渡过汝水，向南阳郡进发。六月，刘邦军在犨县（犨，音 chōu，在今河南省鲁山县东南，秦时是南阳郡与颍川郡边界）和秦南阳郡守吕齮（yǐ）遭遇，大破秦军，吕齮率军退回宛城，刘邦则带兵进入南阳郡。

宛城这个地方居于南阳郡正中，地理位置非常重要，后来王莽改制，选择六个特大城市作为"六莞之地"，其中就有宛城，刘邦此时兵力至多也就是一万多人，所以刘邦决定绕过宛城西进，直接去攻击武关。

大军刚绕过宛县，张良见刘邦不准备攻城，便告诫刘邦说："您虽然急着要进武关，可现在秦军仍然很多，而且扼据险要。倘若不攻克宛县，我们与秦军交战之时，一旦宛县的军队从我们背后袭来，那就危险了。"刘邦觉得有理，于是马上命将士偃旗息鼓，连夜从另外的道路返回，天刚亮，便将宛城重重包围，此前那位南阳郡守吕齮见状惊慌失措，举剑就要自杀，这时他的舍人陈恢说："且慢，我有一计，如若不成，再死不迟。"

于是陈恢就翻出城墙，晋见刘邦，说："我听说楚怀王承诺，先入咸阳者封王。而今足下围攻宛县，宛县不过是南阳郡中几十座城池之一，城内军民固守的原因是认为投降必死。现在您攻城则伤亡必重，撤军则又恐后方不稳，这样势必会误了您先入咸阳、称王关中的大事。依我之见，不如您招降宛城中的南阳郡守，仍使其留在南阳，同时将他的部队改编，与足下大军一同西进，这样那些未降之地必定效仿，到时您的大军自然就通行无阻了。"刘邦闻言马上同意，几天之后，南阳郡守吕齮投降，被刘邦封为殷侯，同时加封陈恢食邑千户。

对宛城的招降成为刘邦西进的一个转折点，从宛城开始至武关外的丹水县，沿途城池相继归降，秦政府的高武侯鳃（姓不详）投降，沛县豪族王陵此时也派兵支持了刘邦，可这时的刘邦却没有向北去攻占武关的门户析县，反而是率军向东，回师胡阳。刘邦路上遇到了番县县长吴芮手下的别将梅鋗，这个人颇具传奇色彩，据说中国南方带"梅"字的地名大多与之相关。

与梅鋗合兵之后，刘邦这才西进去进攻郦县和析县，与之前的地方不同，这南阳郡在秦始皇统一六国之前就已经是秦国的旧地，刘邦的大军在南阳的一路上表现得军纪严明，此时刘邦也下令沿途严禁掳掠，所以秦地百姓都很高兴，郦县和析县都相继投降。

大约也就在这时，刘邦得到了章邯率军投降项羽的消息，便直接向武关发起攻击，八月，武关被攻破，刘邦大军进入关中地区。

这时的秦王朝内部，正在经历一场变乱，秦相赵高指使女婿咸阳令阎乐在望夷宫杀死了秦二世嬴胡亥，并召集群臣，改立子婴为秦王，取消了皇帝的称号，并派人来跟刘邦谈判，希望与他瓜分关中，被刘邦拒绝。之后不久，子婴设计杀了赵高，并派秦将增援峣关，准备做困兽之斗。

刘邦大军沿丹水而上，很快来到峣关，这时刘邦热血冲头，决定整顿士兵，发起攻击。张良说："此时秦军仍然强大，不可轻敌。我们应双管齐下，先派人在附近山上，竖立楚军旗帜作为疑兵，混淆敌人视听。再派郦食其、陆贾两位激辩之才,去游说秦军将领,以重利诱之。"

刘邦依计而行,秦军将领果然表示愿缔约休战。刘邦正准备答复同意,张良又说:"这不过是那些将领愿意投降,他们的士卒恐怕未必会服从。不如我们趁秦军懈怠,直接发起总攻。"刘邦又率领大军绕过峣关,翻越蒉山(蒉,音 kuài,在今陕西蓝田县南),发动突袭,在蓝田县南郊,大败秦军,又追击到北郊,再次大破秦军。

汉元年(前206)十月(岁首),刘邦的军队挺进霸上,子婴便素车白马,奉上玺绶,出城投降。

秦始皇建立的大秦帝国,就此宣告覆灭。

四、鸿门之宴

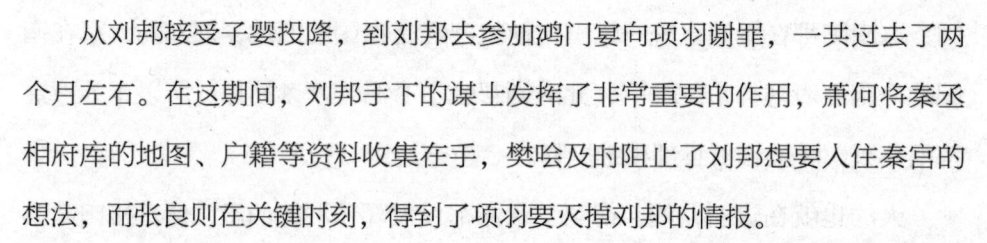

从刘邦接受子婴投降,到刘邦去参加鸿门宴向项羽谢罪,一共过去了两个月左右。在这期间,刘邦手下的谋士发挥了非常重要的作用,萧何将秦丞相府库的地图、户籍等资料收集在手,樊哙及时阻止了刘邦想要入住秦宫的想法,而张良则在关键时刻,得到了项羽要灭掉刘邦的情报。

当时刘邦在霸上驻军,还没有机会见到项羽。在接到曹无伤的告密后,项羽怒不可遏,对手下说:"明早犒劳士卒,让我们一举击溃刘邦的军队!"其实这里的曹无伤完全是在搬弄是非,刘邦肯定想在关中称王,但很明显他自己也知道不具备这个实力,所以刘邦没有入住秦宫,实际上也是为了给自己留条后路。

这时,项羽的军师范增出面说:"刘邦这人之前在山东时,贪恋财物、美色,现在进了关,既不掠取财物,也不沉溺女色,这说明他的志向不小。我命人观望刘邦头上的云气,皆为龙虎之气,呈五彩之色,这是天子的云气啊！我们还是应该尽快攻打他，不要错过机会。"范增的这段话说得非常明白，前半部分其实已经点出了事情的本质，后面的"望气"之说只是当时流行的一种迷信，是为了坚定项羽的决心。但其实范增这些话可能并没有起作用，真正让项羽生气的还是之前曹无伤告密的内容，这也就解释了项羽之后的种种表现。

同时，我们要想理解项羽对刘邦的态度，还必须明白一点，那就是项羽理解的天下是什么样的，或者说，项羽究竟想要什么。这就要请大家看看项羽之后都做了什么。

就在项羽决定灭掉刘邦的当晚，告密者出现了。

楚军的左尹项伯是项羽的叔父，楚国的宰相称作"令尹"，而左尹就是令尹的副手，相当于副宰相。项伯这个人一向同张良关系很好，知道此时张良正在刘邦军中，便连夜骑马到刘邦的军营，私下求见张良，把项羽的计划告诉了他，并对张良说："跟我走吧，不要为这些人陪葬。"张良此时已经抱定了跟随刘邦的决心，同时他也了解项伯的为人，便对他说："我替韩王护送刘邦入关，现在他有难，我这样逃走，实在是不义，我一定要告诉他。"项伯这人就像项家的其他人一样，比较重视贵族的荣誉感，而且认为大家都应该有起码的荣誉感，张良用"义"这个说法，一下就把项伯拿捏得死死的。

稳住项伯之后，张良赶紧来见刘邦，把事情详细告诉了他。刘邦大惊，问："那可怎么办呢？"张良又问："是谁给你出的这条计策？"刘邦回答："鲰生（浅陋无知的小人）劝我说，守住函谷关，不要放诸侯来，就可以占有秦地而称王，我就听了他的话。"张良这个问题很明显带有质问的性质，言下之意是告诉刘邦以后别人说话要谨慎听取。

看刘邦意识到问题所在，张良步步紧逼，接着问："您觉得您的军队足以抵挡项王吗？"这是在逼着刘邦承认自己的不足，当时项羽的军队有40万，刘邦的军队只有10万，而且项羽的军队是经历过与秦军巨鹿决战的百战之师，而刘邦的军队则是东拼西凑的杂牌队伍。这时逼刘邦"认怂"实际上是为了接下来的谋划，果然，刘邦沉默半晌，说："当然抵挡不了，可又该怎么办呢？"这时张良看刘邦已经明白局势的严峻性了，就说出了自己的计策："请让我去告诉项伯，说沛公您不敢背叛项王。"

刘邦听到这儿，应该已经明白了，项伯此时是他唯一的"救命稻草"，只要通过项伯传话，那么就还有机会。明白之后，刘邦又问："您怎么和项伯有旧交情呢？"这话有两个意思，一是确认项伯是否值得信任；二是不露声色地质疑了张良的立场。张良何等聪明，同时回答这两重疑问的方法只有一个——说实话，张良说："秦时我与他交往，项伯杀了人，我救过他的命，所以现在事情危急，他才来特意告知我。"

问题解释清楚，剩下就要坚决执行张良的计划，刘邦又问："他和您谁更年长？"张良说："他比我年长。"刘邦回答："请您替我请他进来，我要像对待兄长一样对待他。"张良一看刘邦明白了自己的意思，就去邀请项伯。此时的项伯已经骑虎难下，只好跟张良去见刘邦。

刚一见面，刘邦就捧上一杯酒敬项伯，这是表示尊敬，同时还约定与项伯结为儿女亲家，并进一步解释说："我进入关中，所有珍宝、财物，一点都不敢据为己有，登记人口，封闭府库，就是为了等着将军到来。之所以派遣将领把守函谷关，也是为了防备其他盗贼于非常时期出入。我日夜都在盼望项王到来，怎么敢反叛呢？希望您把我的话带给项王，我刘邦实在不敢背叛项王的恩德。"项伯答应了，并嘱咐刘邦说："明早您一定早些亲自来向项王道歉。"刘邦同意后，项伯便连夜离去。

等回到军营之中，项伯便把刘邦的话报告了项羽，并趁机说："沛公如不先攻破关中，你怎么敢进关来呢？现在人家有大功却要被攻打，这是不讲道义。不如趁这个机会好好对待他。"这番话其实并不高明，项伯这人比较认死理，不管是劝人还是听人劝，原则就是一个"义"字。关键是此时项羽的反应，和刘邦问张良的那一句"君安与项伯有故"相比，项羽听完项伯的话后，并没有质疑项伯的通风报信，也没有觉得刘邦说话是在狡辩，只是答应了接受刘邦的投降。这件事要么说明项羽糊涂，要么就说明项羽从一开始就对攻击刘邦心存犹豫。

第二天一大早，刘邦亲自率领100多随从到鸿门来向项羽谢罪，从后面来看，这一百多人可谓精挑细选，其中有刘邦的参乘樊哙、太仆夏侯婴、后来的汾阳侯靳疆以及为刘邦而死的纪信。

下马之后，刘邦赶紧上前给项羽赔罪说："我和将军合力攻秦，将军在黄河以北作战，我在黄河以南作战，我自己也没料到能先进入关中，灭掉暴秦，能够在这里与将军见面。现在有小人进谗言，让您和我发生误会。"刘邦这几句话不知道是否排练过，说得实在高明，一下就将自己和项羽说成了自己人。

此时项羽很明显被刘邦拍马屁拍得很舒服，直接就说："这是沛公的左司马曹无伤告诉我的，如果不是这样，我怎么会这么生气？"此时曹无伤还在刘邦军中，也不知他眼皮跳了没有。

误会基本消除，项羽当天就留下刘邦，和他饮酒。项羽、项伯朝东坐，亚父范增朝南坐；刘邦朝北坐，张良朝西陪侍。这个座次不是项羽傲慢，而是按照官职来的，项羽此时是上将军，范增是末将，刘邦只是砀郡郡首，官职在二人之下，至于张良则作为刘邦的随行在末位作陪。

席间范增多次跟项羽使眼色，再三举起他佩戴的玉玦暗示项羽，所谓玉玦类似玉环，只不过缺了个口，范增是为了让项羽赶紧下定决心。但项羽也不知是没看到还是不理会，根本没有反应。范增便起身出帐，并召来项庄，对他说："项王对待他人太过仁慈。你进去给刘邦敬酒，敬酒完毕，就请求舞剑，趁机将沛公杀死在座位上。否则，你们将来都得成了他的俘虏！"

项庄领命，进去敬酒。敬完酒，说："大王和沛公饮酒，军营里没有什么可以作为娱乐的，请让我为大家舞剑助兴。"项羽点头同意，项庄便拔剑起舞，项伯一看，也拔剑加入"舞池"，还常常张开双臂像翅膀一样，用自己的身体掩护刘邦，项庄因此没有机会下手。

张良见势不好，赶紧出帐到营门外去找樊哙，樊哙一见便问："今日之事如何？"

张良说："营中危急！现在项庄拔剑起舞，明显是冲沛公来的！"

樊哙说："既然如此危急，请让我进去，跟沛公同生死。"说罢樊哙一手持剑，一手举着盾牌，冲入军门。持戟卫士想阻止他，樊哙直接持盾撞击，卫士应声倒地，樊哙进入，掀开帷帐朝西站在张良的侍者位上，瞪着眼睛看着项羽，头发直竖起来，眼角仿佛要瞪裂一般。

项羽手按佩剑，身体微微抬起，问道："来客何人？"张良赶紧介绍："是沛公的参乘樊哙。"项羽说："真是位壮士！赐他一杯酒。"左右就递给樊哙一大杯酒，樊哙拜谢后，起身，一饮而尽。项羽又说："赏他一条猪前腿。"左右就又递给樊哙一条没煮熟的猪前腿。樊哙反手将盾牌扣在地上，把猪腿放在盾上，拔出剑就切肉来吃，项羽见状，说："壮士！还能喝酒吗？"此时，樊哙抓住机会，说了一番话：

臣死且不避，卮酒安足辞！夫秦王有虎狼之心，杀人如不能举，刑人如恐不胜，天下皆叛之。怀王与诸将约曰"先破秦入咸阳者王之"。今沛公先破秦入咸阳，毫毛不敢有所近，封闭宫室，还军霸上，以待大王来。故遣将守关者，备他盗出入与非常也。劳苦而功高如此，未有封侯之赏，而听细说，欲诛有功之人。此亡秦之续耳，窃为大王不取也。

这段话跟刘邦对项伯说的话可谓如出一辙，这说明刘邦军臣在来时已经商量好了，樊哙此时慷慨激昂，更是将项羽欲杀刘邦比作"亡秦之续"，这一下把项羽说得没词儿了，只对樊哙说了个"坐"字，樊哙便挨着张良坐下，局面暂时稳住，刘邦赶紧借机起身上厕所，顺便把樊哙也叫了出去。

刘邦出去后，项羽还派都尉陈平去叫刘邦，对，这就是后来刘邦的大谋士陈平，此时在项羽军中。

刘邦对樊哙说："现在我们出来，还没有来得及告辞，该怎么办啊？"樊哙说："做大事不必顾及小节，讲大礼不需躲避小责备。现在人家正好比是菜刀和砧板，我们则好像是砧板上的鱼和肉，还告什么辞呢？"

就这样，刘邦决定离开是非之地，就唤出张良，让他留下来道歉。张良便问："大王来时带了什么礼物？"刘邦说："我带了一对玉璧，想献给项王；一双玉斗，想送给亚父。正碰上项王发怒，不敢亲自献上。您替我把它们献上去吧。"张良答应。

这时，项羽的军营在鸿门，距离刘邦的驻军地霸上四十里。刘邦就留下车辆和随行人员，独自骑马脱身，持剑、盾的樊哙、夏侯婴、靳疆、纪信四人徒步随行，准备从郦山脚下经芷阳小路去霸上。

刘邦对张良说："从此路到军营，不过 20 里路，你估计我已回到军营，再进去拜见项羽。"说罢，刘邦上马，从小路返回。张良等了一会儿，便进去辞别，说："沛公不胜酒力，已经醉了，不能当面告辞。特命我奉上白璧一双，敬献大王；玉斗一双，献给范增将军。"

此时的项羽尚在梦中，还问："沛公安在？"

张良回答："沛公听说大王有意责备他，实在害怕，已经独自回营了。"项羽于是就接受了玉璧，放在座位上。而亚父范增接过玉斗，扔在地上，拔出剑来击碎了它们，说："唉！这混小子不值得和他一起谋大事！夺项王天下的人一定是刘邦，我们这些人都要被俘虏了！"而刘邦回到军中，便立即诛杀了告密的左司马曹无伤。

这就是鸿门宴的全过程，可是有一个问题——项羽为什么不杀刘邦？

这个问题可以从两个方面来回答，第一是代价大，第二是没必要。

这里我们先说第一个问题，项羽如果在鸿门宴上杀掉刘邦会有什么后果。

第一是失信于诸侯。刘邦作为怀王之约的践行者，本应直接享受关中称王的待遇，如果被项羽杀掉，那么就意味着项羽已经背弃怀王之约和楚国的政权，这样一来，在巨鹿之战后听从楚国号令的天下诸侯必然会分崩离析，这显然是不可接受的。

第二则是楚国内部会出现动荡。刘邦和天下其他诸侯还不一样，他是项梁时代的追随者，在没有拥立楚怀王的时候就投靠了项家，还曾和项羽并肩作战，从项羽跟怀王提出想跟从刘邦出征的建议来看，说不定项羽还把刘邦当成自己人，项羽在楚国内部并非只手遮天，之后他将楚怀王迁到长沙尚且有许多人背叛他，何况是在这时杀害法理上的关中王呢？

第三则涉及项羽做这件事之前的想法。如果此时项羽杀了刘邦，那必然是项羽已经认为刘邦是自己前进路上的绊脚石，或者巨大的威胁，就像宋义那样，可刘邦是吗？显然不是，山东有一直没有出兵攻秦的田荣，赵国有丢弃印信没有随军入关的陈馀。天下的威胁还多着呢，刘邦此时不管怎么说都算是项羽的"自己人"，我们不能因为刘邦后来得了天下，就倒推项羽应该杀了他。要知道在当时，别说项羽，恐怕刘邦自己也不会相信自己将来会成为皇帝吧。

至于第二个问题，笔者之所以觉得项羽没必要杀死刘邦，主要是从项羽后面的一系列动作来看的，这个问题我们下一章再说。

第二章

楚汉战争

秦朝已经灭亡，压在天下诸侯头上的阴影已经散去，此时天下最强的人是项羽，所以，天下该向何处去的问题自然就落在了项羽的身上，不过此时的项羽，心思却不在这件事上。

就在鸿门宴结束的几天之后，项羽率军进入咸阳，纵兵屠城。并把囚禁在监狱里，已经投降的秦王子婴斩首，纵火烧毁了包括未完工的阿房宫在内的秦王朝宫殿，据说大火三个月都没有熄灭。同时项羽还大肆掠夺财宝和美女，随后准备撤军，东返楚国，项羽的一系列行为给关中百姓带来了深重的灾难，可这也从一个侧面说明，项羽作战经常屠城，其背后的原因是没有把这些地方当作自己的地盘，当然也就没有把这些百姓当作自己的子民了。

这时有一位姓韩的读书人劝项羽，说："关中地区，山川险要，有四座要塞（四塞指北方萧关、南方武关、东方函谷关、西方散关）保护，土地肥沃，在此建都即可称霸天下！"这时的项羽看秦宫已成焦土，而自己又急于回到关东，便回答说："富贵不归故乡，好像穿着锦绣的衣裳，在黑夜里走路，谁又能看见呢？"这位韩生退出后说："人家都说楚国人只是沐猴而冠罢了，今日看来果然不假。"没想到项羽听到了这句话，直接将这位韩生烹杀了。

一、霸王分封

项羽离开咸阳之前，派人去请示楚怀王关中的问题怎么解决，项羽既然这么问了，很明显就是不希望封刘邦为关中王，但楚怀王不知是有意为之，还是情商堪忧，竟然回信告诉项羽按盟约办。项羽听说后大怒，对部下讲："怀王是我们项家立的，并不是他有什么功劳，关中之事岂是他一人能做主的！天下反秦之时，只不过是暂借过去六国后裔的旗号，真正披坚执锐，东挡西杀的是我们，三年来，风餐露宿，终于平定天下的，也是我们！这怀王，就分他些土地，尊他为王吧。"

这番话说得可谓情商智商双输，也能看出来项羽在政治上非常幼稚，他贬低楚王，这样就得罪了最初拥立怀王的项梁等旧臣，这些人后来大多投靠了刘邦；他又说是因为反秦才暂时立六国后裔为王，这又得罪了天下诸侯，因为六国后裔并不是项羽立的，而是各地自己的选择，因此这一举动也招致了后来的天下反叛；同时他认为应该按功劳分封，这几乎是不可能的，功劳这件事看着公平，但实则最怕比较，陈馀和张耳就是最明显的例子，而且按功劳分封，就意味着不能看亲疏远近，而项羽这人偏又是个任人唯亲的人，所以，这种策略也就注定了项羽分封的失败。

另外，之所以会有所谓"分封"，其实还跟当时人的观念有关。想当年赵高派人杀死秦二世的时候，曾经召集群臣，说了这样一番话：

秦故王国，始皇君天下，故称帝。今六国复自立，秦地益小，乃以空名为帝，不可。宜为王如故，便。

这段话大意是说秦本来是个王国,是始皇帝统一天下后才称帝,现在六国又重新各自独立,秦的地盘越来越小,就不能再保有"皇帝"的虚名,还应该像过去一样称王。所以子婴的头衔就不再是皇帝,而是秦王。赵高的话其实从另一个侧面印证了项羽的想法——对于天下来说,始终是由多个"王国"构成的,而秦始皇虽然利用强权推行了郡县制,可实际上这种制度算不上深入人心。因此封天下诸侯为王不光是项羽的操作,也是后来刘邦在开国时的选择。

要想分封,摆在项羽面前的首要问题,就是这位"楚怀王",既然要分封,楚怀王的地位就一定要比项羽高,项家世代为楚将,这时无论从哪个角度来说,也没有自立的道理,所以项羽直接把"皇帝"这个称号给了他,称他为义帝,但同时说道:"古代的帝王辖地千里,必定要住在江河的上游。"于是就把义帝迁移到长江以南,定都在长江中游的长沙郡郴县地区。可没过几个月,项羽就指使英布刺杀了这位义帝。

分封的第二个麻烦是刘邦,毕竟按照怀王之约,刘邦是先入咸阳的人,且刘邦人缘不错,这么多人看着总得给个说法,但项羽和范增都怀疑刘邦有夺取天下的野心,现在虽说误会说开了,但终究还是心里忌惮,可项羽又不愿意背上"违约"的罪名,于是就暗地里策划道:"巴、蜀两地道路艰险,秦朝流放的人都住在此处。"随后又对外宣扬:"巴、蜀两郡也算是关中的土地。"因此立刘邦为汉王,统辖巴、蜀两地,就这样,刘邦在南郑(今陕西省汉中市辖区)建都,史书上也将项羽分封汉王的这一年称为汉元年(前206)。

接着项羽把本该封给刘邦的关中分割为雍、塞、翟三部分,分封了三个秦朝的降将为王,想以此作为屏障,抵御刘邦。其中章邯为雍王,管制咸阳以西地区,建都废丘;长史司马欣曾是栎阳县的狱掾,并对项梁有恩,因此项羽封司马欣为塞王,统领咸阳以东至黄河一带,建都栎阳;而都尉董翳,曾力劝章邯归降楚军，封董翳为翟王，领有上郡地区，建都高奴。

解决了刘邦的问题，接下来便是关东各地的分封，由于等待受封的人很多，传统的封法根本不够分，而且项羽似乎也有"众建诸侯而少其力"的想法，所以东边则以分割六国故地的思路来进行。

首先，是最北方的燕国，燕将臧荼跟随楚军解除巨鹿之围，而后又随项羽入关，有功，因此封臧荼为燕王，建都蓟地。而原来的燕王韩广则被改封为辽东王，建都无终。这样燕国就被一分为二。

其次则是传统意义上的三晋地区，即赵、魏、韩三国。其中项羽打算自己占有魏地，就干脆把魏王豹改封为西魏王，只统辖河东郡，建都平阳；赵将司马卬平定河内郡有功，封司马卬为殷王，管理河内地区，建都朝歌；而项羽自己占据魏国东部，这样将魏国一分为三。

赵国的相国张耳向来贤能，又一路跟随项羽入关，所以张耳获封常山王，统领赵地，建都襄国。而原来张耳、陈馀拥立的赵王歇则被改封到了代地，为代王。成安君陈馀抛弃将军的印信离去，不追随联军入关，项羽本不想封他，但宾客中有多人劝说项羽道："张耳、陈馀都对赵有功，如今既封张耳为王，陈馀也就不可不封。"项羽不得已，听说陈馀在南皮，就把南皮周围的三个县封给了他。

至于韩国，项羽将最富庶的洛阳地区封给了申阳，申阳本是张耳的宠臣，率先攻下河南郡，并在黄河边迎接楚军，项羽认为他忠勇可嘉，所以立申阳为河南王，建都洛阳。而原来的韩王成则仍居旧都阳翟，但项羽认为他没有军功，所以就没有让他回到封国，而是跟从自己回到彭城，并废之为侯，不久又将其杀害，而张良也趁机逃往刘邦的阵营。

在三晋之后，最乱的，也是被项羽处理得最糟糕则是齐地的分封。首先，项羽改封田儋的儿子、原来的齐王田市为胶东王，建都即墨。齐将田都随楚军救赵，并追随大军入关灭秦，所以封田都为齐王，建都临淄。当初项羽正要渡河救赵时，齐王田建的孙子田安攻下济北数城，率军投降项羽，因此项羽封田安为济北王，建都博阳。而现在齐地的实际控制人田荣因多次背叛项梁，同时拒绝出兵随楚军攻秦，所以项羽没有加封田荣。看起来最乱、分封最不合理的齐地，也是最先出问题的地方。

而在南方，项羽则加封了自己的部曲——当阳君英布为九江王，建都六县；番君吴芮率领百越部族协助诸侯军，也随从进关，因此封吴芮为衡山王，建都邾县；义帝楚怀王的柱国共敖领兵攻打南郡，功劳卓著，故封共敖为临江王，建都江陵。番君吴芮的部将梅鋗功劳颇多，项羽特封他为十万户侯。

最后，项羽自封西楚霸王，管辖原魏国和楚国的九个郡，并定都彭城。

这次分封，可谓"迷之操作"。这份名单不只不公平，还非常不合理。首先燕王韩广根本就没有去无终县当什么辽东王，而后被臧荼直接攻灭诛杀；陈馀则与另一位没有被封的田荣走到了一起，引发混乱，可要说最憋屈的，则要数先破咸阳的汉王刘邦了。

刘邦听到被封汉中的消息，气得几乎发疯，竟下令备战，要攻击项羽。而手下的周勃、灌婴、樊哙等将领还都支持这项决定。关键时刻，萧何站出来说："即使到汉中当王，也总比死好吧！"

刘邦问："不去汉中，如何就会死？"

萧何回答说："我们不去汉中当王，就要跟项羽作战。而我们的军队又没有他多，百战百败，不死又能怎么样呢？能够屈居于一人之下，而施展于万乘大国之上的，是商汤王和周武王那样的人。我希望大王您立足汉中，安抚百姓，吸纳贤才，收用巴、蜀二郡的资财，然后挥师东进，平定三秦之地，如此就可以夺取天下了。"这段话完美地体现了萧何的大局观，萧何在出谋划策方面显然不如张良、陈平那样有办法，但他的大局观和执行力绝对是刘邦最后能夺取天下的重要依凭。

刘邦这人最擅长接受意见，于是他听从了萧何的劝说，并任命萧何做了丞相，之后动身前往他的封国去了。

而天下分封已定，张良也就打算离开刘邦，回韩国去找韩王成复命。刘邦赐给他金百镒，珠二斗，张良把这些赏赐悉数转赠给项伯，让他再为刘邦说情，请求项羽将汉中地区封给刘邦。项伯立即前去说服项羽，得到同意后，刘邦便建都南郑，大家打开地图就知道，汉中的地理位置对于巴蜀来说太重要，这里后来也成为刘邦攻占三秦地区的跳板。

汉元年（前206）夏四月，各路诸侯都离开主帅项羽，回各自的封国去就封。项羽即派3万士兵随汉王刘邦前往他的封国。楚军与其他诸侯军中因仰慕而追随刘邦的有好几万人，他们从杜县南进入蚀中道（即子午道），张良一直送刘邦到褒中，并劝说刘邦烧断他们来时的栈道，以防诸侯的军队来犯，而且也以此向项羽表示自己没有东还之心。刘邦照办，之后，张良就向刘邦告辞，起身回韩王成那里了。

很显然项羽的分封并不会带来和平。首先出问题的便是齐国。

当时的齐王田市是田儋的儿子，而齐国的国相则是田儋的弟弟田荣，听说项羽改封田市做胶东王，而原来的齐将田都竟然要来做齐王，手下变成了自己的主君，田荣怒火中烧。五月，便出兵截击田都，田都兵败逃往楚国。

而至于自己的侄子田市，田荣则不准他到胶东去。但田市却惧怕项羽威势，便偷偷地逃到了自己的封国胶东。田荣恼怒之极，一路追杀，在即墨杀了田市，之后自立为齐王。田荣自知势单力孤，便找到了当年帮助过刘邦的彭越，彭越此时在巨野，拥兵10000多人，尚无归属。田荣就授予彭越将军官印，命他攻打齐地的另一位诸侯济北王田安。秋七月，彭越杀了田安。田荣就这样把项羽分封的齐地三王全部兼并，随即田荣又让彭越攻打楚国。项羽命部将萧公角率军迎击，被彭越击败。

除了齐地的问题，分封还埋下了一个隐患就是张耳与陈馀。四月，张耳到了封国，陈馀见状更加愤怒，对手下说："张耳与我功劳相同，现在张耳为王，我却为侯，这是项羽分封不公平！"于是暗中派张同、夏说去游说齐王田荣，说："项羽作为天下的主宰太不公平，把好的地方全都分给了亲信将领，而把原来的诸侯王改封到坏的地方。现在赵王就往北住到代郡去了，我认为行不通。听说大王您起兵抗楚，反对项羽不公的命令，因此希望您能资助陈馀一些兵力去攻打常山国，恢复赵王之位，并请求以赵国作为齐国的屏障！"田荣闻听马上同意，旋即派兵增援陈馀。

转过年来，陈馀动员了他所管辖的三个县的民兵，会同田荣派来的军队，对常山王张耳的首府襄国发动攻击，张耳溃败，去投奔了刘邦，刘邦给了他优厚的礼遇。

击败张耳后，陈馀把代王赵歇从代地接回襄国，恢复赵国的领土。赵王歇非常感谢陈馀，直接封陈馀做代王。陈馀顾念赵国刚刚复国，力量薄弱，所以没有前往他的封地，而留在赵国，辅佐赵王，只任命夏说做了国相，去代国处理政事。

除了赵国和齐国，燕王韩广也不肯到辽东去做辽东王，就这样他被自己曾经的部将、新晋的燕王臧荼杀害，原本一分为二的燕地便都被臧荼兼并了，后来他也是汉初八大异姓王之一。

可是面对这样的局面，项羽却并没有在第一时间出兵。而是在这一时间，项羽做了一件大事——密令他分封的九江王英布、衡山王吴芮、临江王共敖，在义帝迁往长沙的路上谋杀了他。

而楚怀王的死也就标志着一个时代的结束，而在这时，有一位英才加入了刘邦的阵营——韩信。

二、彭城初战

刘邦向西回自己的封地汉中，路上有一位叫韩信的人来投奔自己，但当时刘邦的阵营几乎每天都有来投奔的人，刘邦并没有重视他，授予了他一个叫连敖的职位，基本相当于仓库管理员。后来不知为何韩信犯了罪，要被杀头，在刑场上，和他一起受刑的三个人都被杀死，轮到他时，韩信的目光正好与监斩官夏侯婴相对，就大叫说："汉王难道不打算统一天下吗？为什么要杀壮士？"夏侯婴吃了一惊，又看他相貌堂堂，于是就放了他，与韩信交谈之下，非常高兴，就向刘邦推荐了他，刘邦没觉得他有啥特别，但还是任命他做了治粟都尉，这个官职在丞相萧何的手下，因此韩信与萧何相交，二人论及军国大事，萧何很钦佩他。

韩信是淮阴人，家里很穷，而且品行一贯放荡不羁，因此虽然读书，但并没有被举荐什么官职，经常寄居在别人家，同乡们都很讨厌他。韩信去得最多的是下乡县一位亭长的家里，亭长妻子很讨厌他，于是每天早上做好饭就先吃了，等到吃饭时，韩信来了，看见亭长家并没有准备他的饭食，明白了人家的用意，便转头离去。

实在没饭吃，韩信就去城下钓鱼，几位老妇人在河边漂洗衣物，有一位妇人见韩信饥渴难耐，便把自己的饭给他吃，一连数十天，韩信高兴，便说："我日后必报重恩。"妇人生气说："大丈夫不能养活自己，我可怜你才给你饭吃，难道是希望你报答吗？"

这时的韩信，也实在是看不出来有什么本事。同乡有小流氓嘲笑他说："你虽然高大，成天佩剑，其实是个懦夫。"众人起哄，为首的又说："如果有种，尽管用剑刺我，如若不然，就从我的胯下钻过去！"韩信仔细打量了一番后,伏下身子从年轻人的胯下钻了过去。在场的人都讥笑韩信,认为他胆小如鼠。

再后来,韩信在项梁渡过淮河之际去仗剑投奔,而后又投了项羽,这次在刘邦手下,本来对萧何抱有希望,可迟迟没有萧何举荐自己的消息。这时,刘邦到达了自己封国的首府南郑,手下许多将领都在途中逃亡,韩信认为,肯定是萧何已经推荐过自己,但刘邦没有任用,既然得不到重用,韩信就打算干脆也趁机逃走算了。

韩信前脚刚走,萧何便得到了消息,急忙骑马去追,现在戏曲中还有一出戏叫"萧何月下追韩信"。但萧何走得急,并没有告诉刘邦,以致很多人认为萧何像其他人一样逃亡了。后来消息传到刘邦这里,刘邦感觉一下失去了臂膀,大怒不止。两天之后萧何回来拜见刘邦,刘邦先喜后怒,大骂萧何不该逃走。萧何从容解释自己是为了追人,刘邦忙问追的是谁,萧何回答:"韩信。"刘邦大骂道:"逃亡之将,数以十计,哪个你也不追,偏偏追这个韩信,简直是胡说!"萧何这才正式对刘邦推荐韩信说:

诸将易得耳。至如信者,国士无双。王必欲长王汉中,无所事信;必欲争天下,非信无所与计事者。顾王策安所决耳。

萧何为人持重,他这一番话引起了刘邦的重视。于是刘邦说:"我当然要返回东方故土,不会在巴蜀之地终老一生!"

萧何说:"如果您有意东归,就要重用韩信,他也自然会留下,如若不然,恐怕我追得了这次,下次他就真的走了。"

刘邦说:"既然这么说,看在你推荐的分儿上,让他当将军吧。"

萧何回答:"如果只做将军,恐怕韩信还是会走。"

刘邦又说:"那我拜他为大将军如何?"萧何这才同意,之后刘邦下令请韩信晋见。这时萧何又说："大王您这人素来傲慢无礼，现在要任命大将军，派人去叫，像叫小孩一样随意，韩信逃亡，还不是因为这些？您如果决定任命他为大将军，就应该择吉日，沐浴更衣，亲自登台拜将，并昭告三军将士。"刘邦听罢也就同意了。

消息传来，诸将欢欣鼓舞，很多人都觉得这大将军一职"非我莫属"，等最后到答案揭晓的那一天，众人才发现大将军竟是这位名不见经传的韩信。

拜将已毕，君臣入座。刘邦迫不及待地问："萧丞相数次推荐将军，您有什么良策指教我呢？"韩信谦让了一番后，问刘邦："如今向东去夺取天下，我们的对手可是项羽？"刘邦说："是的。"韩信又问："大王自己估计，在勇敢、强悍、仁德和军力等方面与项王相较，谁更胜一筹？"汉王沉默良久，答："我不如也。"韩信起身再拜，之后说了一番话，这段话真正体现了一个战略家和军事家的眼光。

首先韩信肯定了刘邦的自我认识，赞许地说："我也认为大王比不上项王。"随后，韩信指出了项羽为人的问题，第一，项羽盛怒咆哮之时，能让千百人心惊胆战，但他不懂得用人，所以不过是匹夫之勇；第二，有人生病，项羽心疼得不得了，把自己的食物分给人吃，但有人立功，他却舍不得封赏官爵，这是妇人之仁。

其次，除了为人之外，项羽也不懂得如何称霸。他放弃关中有利的地势，在彭城建都，而且违背盟约，将自己的亲信全封了王，诸侯都很愤怒。同时大家眼看着项羽将义帝迁到偏僻之地，所以也回国驱逐自己的国君，自立为王。项羽的军队所到之处，当地即遭到毁灭，天下都很怨恨他，如今只不过是形势所迫，项羽早已失去民心。由强变弱，只不过是时间问题。

再次，韩信告诉刘邦，只要针对项羽的做法反其道而行之，任用天下骁勇善战之人，还有什么不能消灭呢？将天下的城邑分封给立下大功的臣子，还有何人不心服呢？率领正义之师，顺从将士们东归的志愿，还有什么样的敌人能不被击溃呢？

最后，给刘邦鼓完劲儿，韩信说了下一步的计划——袭取关中。理由有三：一是关中的三个诸侯王章邯、司马欣和董翳都是秦朝降将，在新安，害得20万秦军将士被项羽坑杀，这些人大多是关中子弟，因此关中父老对这三人恨之入骨；二是大王您在关中约法三章，秋毫无犯，废除秦朝的严刑峻法，深得百姓爱戴，百姓希望您能在关中称王；三是您的这个汉王，本身就是"怀王之约"被撕毁的结果。因此只要您向东进军，三秦地区唾手可得。刘邦听了非常高兴，觉得与韩信相见恨晚，就这样，攻打关中的目标算是基本敲定。

汉元年（前206）八月，刘邦率大军绕过栈道，翻山越岭，从小路向雍王章邯的首府废丘发动突袭，章邯率军迎战，双方在陈仓（今宝鸡市东）交手，章邯大败，率军后撤，两军又在好畤（今乾县）会战，章邯再败，只好退回废丘城内，刘邦便率军将废丘包围，同时派兵去夺取其他城市，塞王司马欣、翟王董翳自知无法抵抗，先后投降，几个月后，章邯也城破被杀。至此，汉军已经基本控制了秦国故地，刘邦在新得的地盘设置渭南、河上、上郡三郡管辖。此时的萧何，被刘邦留在巴蜀，筹措大军的粮饷，等到刘邦出关去作战，萧何便留守关中，除了军粮之外，还负责为刘邦征兵，以便随时补充兵源。

项羽听说刘邦占领关中，就封曾担任过吴县县长的郑昌为韩王，让他代替被杀的韩王成，去抵御刘邦。这时担任韩国丞相的张良上书项羽说："刘邦占领关中，不过是想要回失去的封爵，如今既已得到，不会再有异动，更不敢东出函谷关。"同时张良还把在齐、魏之间作战的彭越发布的文告送给项羽，并警告说："齐国欲联合赵国，共灭西楚！"这样一来，项羽便没有进攻刘邦，转而先去对付齐国。出完这个主意后，张良便从韩国逃走，乔装改扮，从小路投奔刘邦，刘邦封他为成信侯，但由于他从没带过兵，再加上体弱多病，所以只作为谋臣，跟在刘邦身边。

占领关中的这几个月，刘邦一直在休整军队，并把都城从南郑迁到了栎阳。汉二年（前205）春正月，项羽率军攻齐，刘邦在三月便从临晋东渡黄河，西魏王豹投降，紧接着刘邦率领"魏汉联军"，兵锋直指河内，殷王司马卬率军迎战，被刘邦生擒，刘邦又在此设立了河内郡。

司马卬被俘后投降刘邦，项羽闻讯大怒，要将先前平定殷国的人全部诛杀。其中有位叫陈平的都尉感到非常恐慌，把自己的官印和项羽赏赐他的黄金包好，派人还给项羽，仅带佩剑，北渡黄河，去投刘邦。在魏无知的引荐下，刘邦与他相谈甚欢，便任命他为护军都尉，监督众将。

接下来，刘邦从孟津南渡，来到洛阳附近，有位姓董的三老拦住刘邦，建议他为刚死不久的义帝穿戴丧服，并昭告天下共同讨伐项羽。刘邦接受，并为义帝设置了祭台，在祭坛上，刘邦放声大哭，并宣告："天下共同拥戴义帝，向他称臣，而今他却被项羽谋害，所以我才征召'三河'（指河南、河东、河内三地）壮士南下讨伐。"文书送到各国，陈馀回信说，只有刘邦杀掉张耳，自己才出兵，后来刘邦找了一个很像张耳的人，并将他斩杀，将人头送给陈馀，赵国才出兵，参加了反项羽的战争。

而此时的项羽一直在齐国作战。其实项羽的战斗挺顺利，大军刚一到就击溃了齐军，田荣兵败被杀，项羽又立了一直在秦国接受保护的田假为齐王，本来事情已经解决了。但楚军军纪败坏，行军到北海（今山东省昌乐县东南），沿途杀人放火，摧毁城郭、民房，将投降的齐军一律坑杀，掳掠美女，囚禁老弱。所过之处，如蝗虫过境。齐国百姓无法生存，只有聚集反抗。这时，田荣的弟弟田横站了出来，集结田荣的溃兵数万人，在城阳起兵，拥立田荣的儿子田广为齐王，跟田假对抗。

此时齐国内外一片混乱，满目疮痍，项羽在齐地不断战斗，虽然听说刘邦的军队步步紧逼，却无法抽身，项羽此时只想赶紧稳定齐国，再去攻击刘邦。就是趁着这个间隙，刘邦率领各路联军56万，抵达外黄，彭越此时也率部众3万人前来归附。刘邦任命他做魏国相，彭越于是就率军去夺取魏国的故地。而刘邦则攻陷了项羽的首都彭城。刘邦也没想到胜利来得如此容易，还以为万事大吉，就把项羽库藏的金银财宝和楚国的宫殿美女照单全收，每天饮酒高歌。

而此时的项羽听说彭城陷落，赶紧留下大军继续在齐地扫荡，自己则亲率3万精锐南下，从鲁县穿越胡陵，直抵萧县，不加休整，拂晓时分，直接向汉军杀来，刚到中午，3万骑兵已经到达彭城城下，汉军四散溃逃，甚至无法列阵。而楚军在后紧追不舍，誓要报彭城陷落之仇，追得汉军无路可逃，许多人都跳入谷水、泗水之中，光是淹死的就有数万。楚军一路追到灵璧东方的睢水北岸，最终还是追上了汉军，楚军下令纵马冲阵，汉军本来就已经无力防守，又加上骑兵践踏，剩下的残兵败将10多万人全部被赶下睢水，尸体阻塞河道，睢水为之不流，两岸河水暴涨。

楚军主力此时由项羽统领，将刘邦围困得里三层外三层，眼看刘邦就要落入敌手。突然从西北方向刮来一阵狂风，霎时间飞沙走石，树倒屋塌，正午时天色黑得如同夜晚。在一片混乱之中，刘邦亲率几十名骑兵趁乱突围。逃跑路上途经沛县，刘邦本想带上家眷，怎奈楚军穷追不舍，家眷也联系不上，刘邦便果断决定向西跑，在途中，遇到了儿子刘盈和女儿鲁元公主，刘邦就顺势将他们拉到车上。

此时楚军追兵越来越近，刘邦又急又怕，竟以马跑得慢为由将自己的亲生儿女推下车去，想减轻重量。驾车的太仆夏侯婴见状，便跳下车把二人抱上来。不久，刘邦再推这俩孩子下车，夏侯婴再跳下车抱回，反复几次，夏侯婴停车，正色说道："今日逃亡虽然凶险，但这驾车的马已经跑累了，为何您连自己的骨肉都要丢掉？"于是夏侯婴干脆将速度放慢，刘邦怒不可遏，几次想要杀掉夏侯婴，但夏侯婴不躲不闪，最终算保住了这两个孩子。

刘邦的家眷在舍人审食其的保护下从小路追赶刘邦，但没追上，反而碰到楚军，被生擒后送往彭城，项羽将几人押在军营中，当作人质。刘邦从小路逃往下邑，吕雉的哥哥吕泽在此驻军。一夜之间，刘邦的五十多万大军灰飞烟灭，属下封国全部背叛，重新归附西楚。塞王司马欣、翟王董翳也抓住机会逃走，再次投降了项羽。

三、韩信东征

刘邦兵败之后，困守下邑，对群臣说："我想放弃函谷关以东地区并以此为封赏，你们看有谁可以为我效力呢？"张良说了三个人："九江王英布是楚国猛将，他同项羽之间有些隔阂，项羽攻齐，他只派了几千弱卒助战；另外彭越此时正在梁地起兵反楚。这两人可以急用。再就是汉王您的将领中，唯有韩信可以独当一面。如果您要把关东的地方作为封地给这三个人，楚国必败！"彭越此时身在梁地作战，刘邦派谋士随何去游说九江王英布，自己则率军向西，退守荥阳。

这时刘邦之前溃散的军队逐渐集结了一些，同时，萧何在关中征集的老弱残兵也到达荥阳，经过整训后，汉军的士气渐渐得到了恢复。在荥阳一线，汉军经常受到楚军的袭扰，刘邦派灌婴为中大夫令，率领原秦军的骑士李必、骆甲等人，大败西楚骑兵，楚汉两国便在荥阳相持下来。之所以选择荥阳，是因为这里有一座叫做敖仓的粮库，刘邦在荥阳修建一条道路，直通黄河渡口，这样敖仓的粮食便可以供应荥阳的军队。

这时，一直跟随刘邦的魏王豹提出返回家乡，看望老母，但一到他的首府平阳，便立即封锁了黄河渡口，投降了项羽。同时，关中也爆发了饥荒。

六月，刘邦回到栎阳，灭掉了困守数月的章邯。刘邦立儿子刘盈为太子，并鼓励受灾的百姓去巴、蜀等地求生。八月，刘邦在任命萧何管理关中之后，自己返回了荥阳前线。

刘邦首先派郦食其前往劝说魏王豹返回荥阳，但被魏王豹拒绝，主要的理由就是刘邦动辄侮辱别人，自己不想再见到他。刘邦见游说不成，便任命韩信为左丞相，灌婴、曹参为副，率军向魏国首府平阳攻击。这也是韩信独当一面的开始。

汉军自栎阳东征，魏王豹以重兵扼守黄河东侧的蒲坂，监视临晋。韩信在黄河西岸集结部队船只，宣称要强渡黄河，暗地中派出一支精兵北进，在百里之外的夏阳渡过黄河，对蒲坂后方的基地安邑发动突袭，魏王豹正在蒲坂，得到消息后大惊，赶紧回军迎战。九月，韩信从正面发动猛攻，生擒魏王豹，押送至荥阳交给刘邦处置，魏国就此全部平定了。

魏国的东北方向，便是赵国。之前刘邦曾经杀过一个假张耳，骗陈馀出兵。彭城溃败之时，陈馀察觉到张耳并没有死，一怒之下，便脱离了刘邦的阵营。此刻韩信灭掉魏国之后，派人晋见，要求刘邦为自己增兵3万，好趁势征服燕、赵、齐，然后再向南断绝楚军粮道。刘邦同意，随即派张耳率军增援，二人共同行动，先向北去攻赵、代两国。

汉二年（前205）闰九月，韩信在赵国与前来增援的代国军队相遇，此时代国的国君是陈馀，但其身在赵国，所以统帅是代国国相夏说，韩信军大破代军，生擒夏说，而刘邦听说韩信连破魏、代两国，便立刻派人去征调韩信的精兵，到荥阳来对抗项羽。

汉三年（前204）冬十月（岁首），韩信、张耳率东征汉军数万人继续挺进赵国。赵王歇和陈馀得到情报，在井陉口囤积重兵，严密防守，号称20万。此时，赵广武君李左车向陈馀提出建议："韩信等人乘胜前进，远离汉土，进则生，退则死，所以才势不可当。不过，如此进军粮草转运要经过数千里，每到一地，必先砍柴抢粮，才能生火做饭。井陉关的道路甚至不能容二马并行，汉军一入井陉口，部队就会拉长到数百里，粮草必然在后，如果你给我3万人，绕小路出击，截断他们的补给线。将军您只需坚壁清野，拒不出战。汉军前不能战，后不能退，又无粮可抢，不出一日，韩信、张耳的人头就可放在赵国的军旗之下。否则，我们就会被敌人所掳！"李左车的建议可谓鞭辟入里，但陈馀一向自称"仁义之师"，认为这是奇谋诡计，同时他也没把韩信放在眼里，说："韩信兵少，又远道而来，对这样的敌人，不给他一个迎头痛击，各国都会看不起赵国，从而打我们的主意。"

韩信得知陈馀没有采纳李左车的建议，非常高兴，直接率军进入了井陉故道，在离井陉口30里处安营，稍事休息。古代步兵行军，每天大概能走15公里，也就是30里，这个数字直到拿破仑战争时都几乎没有改变。30里的距离是攻击距离，保证行军一日，即可接战。夜半，韩信下令行军备战，同时选精锐骑兵2000人，每人手持一面红旗（汉军自认为是火德，崇拜红色），从小路爬上附近山头埋伏好，韩信对这2000人说，一旦发现赵军"击败"我们，倾巢而出，你们就迅速冲进赵军大营，拔掉赵王军旗，换上我们的旗帜。

之后韩信传令，让将领们在原地草草吃过早饭，并对大家说："等击溃赵军后，三军再行会餐。"这时韩信手下将军们的内心想必是崩溃的，明明觉得不可能取胜，还要假意逢迎，齐声称是。接下来韩信又说："赵军以逸待劳，占据有利地势，如果没见到我们统帅的旗鼓，不会贸然出击，那样就会把我吓走。"随即韩信开始派兵，先出10000人渡过桃河，过河后在水边结阵——这背水列阵乃是兵家大忌，战场上的人都一目了然，所以远处营垒中的赵军看到这一幕，纷纷露出鄙夷的笑容。

天色微明，韩信竖起统帅大旗，擂响"统帅在营"的战鼓，直出井陉口。果不出所料，赵军见到韩信的大旗，大开辕门迎击。两军大战，韩信、张耳诈败，丢下旗鼓，向河边狼狈撤退。这时河边的汉军打开营门，将二人接入营中，然后再组织反扑。

赵军见汉军败退，果然倾巢而出，纷纷去争夺汉军统帅的旗鼓，还有一些则进攻河边的汉军营垒。此时的汉军，背水一战，退无可退，无不以一当十，双方一时间不分胜负。两侧埋伏的2000骑兵，见赵营已空，当即飞奔进入，完成了赵营的旗帜更换。

赵军在河边激战，发现一时无法取胜，正准备收兵，却看到本方的大营已竖起汉军红旗，都以为赵王已经被擒，惊恐万分，军心动摇，阵脚大乱，继而引发溃败，士兵四散奔逃，赵军将领手刃数名逃兵也不能阻止，汉军趁势反攻，一路追杀到泜水之滨，斩杀陈馀，生擒了赵王歇。

此时的汉军将领们都对韩信佩服得五体投地，纷纷请教说："兵法有云：'右倍山陵，前左水泽。'而这次您却让我们背水列阵，还说'待打败赵军后再会餐'，当时我们都不服，可最后却取胜了，这究竟是何战术啊？"

韩信回答："这战术兵法上也是有的，只不过诸位没注意罢了！兵法云：'陷之死地而后生，置之亡地而后存。'我率领的并非训练有素的劲旅，只不过是些市井小民组成的乌合之众，这样的军队，势必要将他们置之死地，才能爆发出战斗力。倘若在平原，他们早就作鸟兽散了，还能为我们所用吗？"

将领们听罢心悦诚服："对啊，您的谋略我们实在比不了啊。"

占领赵地之后，韩信下令，凡生擒李左车的，赏千金。不久，就有官兵将李左车抓获，送到大营，韩信赶忙走下座位，为他松绑，并请他坐在右侧尊位，问他北图燕国，东击齐国的办法。李左车觉得自己是被俘之人，不愿多谈，二人谦让一番，直到韩信将其比作秦国的百里奚，李左车这才对韩信说出了自己的意见。

李左车认为，韩信的军队此时已是筋疲力尽。如果出兵伐燕，必然被困在燕国坚城之下，粮食枯竭，想战而不能战，想和又不能和，到那时，齐国势必会在边境驻军，严密防守。一旦变成那样，刘邦和项羽谁能取胜就难说了，这也是韩信的弱点。

韩信又问："既然如此，我该怎么做呢？"

李左车说："假如我是将军，应按兵不动，充分休整，同时竭力安抚赵国人民。您会发现，百里以内的父老，都会争着为您送上牛羊美酒，以表拥护。然后大军挥师北上，只需一位能言善辩的说客，就能让燕国屈服在将军的声威之下。燕国一旦屈服，大军即可东进，到那时，纵有再高妙的计谋，也救不了齐国了。如此一来，则天下大事，尽在掌握之中。用兵之道，先造声势，再行实践，就是这个道理。"韩信向李左车道谢，并按计行事，站稳脚跟后，韩信派人前往燕国游说，燕国果然投降。韩信便向刘邦报告了好消息，同时，请求封张耳为赵王，刘邦也答应了。

这一时期，楚国屡次派兵渡过黄河袭击赵国，张耳、韩信往来奔波，乘势夺取所经过的赵国城邑，同时，还不时抽调士兵去荥阳前线增援刘邦——刘邦此时的日子并不好过。

四、垓下之围

刘邦之所以能够撑到现在，是因为之前张良的计策成功。汉使随何前往九江，成功策反了英布，英布便率军攻楚，项羽派项声、龙且率军进攻九江国，战争打了几个月，龙且获胜，英布和随何从小路逃回汉地。刘邦又命他回九江召集旧部，并增拨军队给英布，和他一起驻扎在成皋。

这时的刘邦可谓看不到任何取胜的希望。楚军屡次截断汉军粮道，使汉军粮食短缺。刘邦因此与郦食其商议如何削弱楚国的实力。郦食其便建议刘邦，应重新扶立六国的后裔，这样六国军臣百姓都会对刘邦感恩戴德，这样便可以登上帝位，称霸天下，楚军也就不足为虑了。刘邦认为有道理，还派人刻制了六国的印玺，准备派郦食其出使各国。

郦食其尚未起程，张良从外面回来拜见刘邦。刘邦正在吃饭，见张良进来，便说："子房过来！宾客中有人为我想了个削弱楚国的办法。"随即将计策告诉张良，并问他怎么看。张良回答："何人为陛下出此下策，陛下统一天下的大事要完了！"刘邦问："为何？"张良接连陈述了分封六国的8条害处，这8条归结起来无非就是几点，首先是分封六国，刘邦得有这个本钱，这六国得在掌控之中；其次，分封六国得在一统天下以后，而不是乱世之中；第三，一旦分封六国，那各国的豪杰就会回到自己的国家去，谁还为刘邦效力；最后，如果重立的诸侯国倒向项羽，又该如何是好？这番话说完，刘邦气得将口中的饭吐出，骂道："这个书呆子险些坏了我的大事！"旋即下令，将所有印玺全部销毁。

计策不成，刘邦非常郁闷，这一日他对陈平抱怨说："天下纷纷，何时可定？"陈平回答："项羽身边所依仗的，无非就是范增、钟离眛、龙且几人，如果您能拿出一笔钱，施行反间计，以项羽的多疑，必定能离间他们君臣的关系，然后我们便可乘势攻击，楚军可破。"刘邦深以为然，便拿出四万金交给陈平，陈平拿了钱，先是雇人到楚军中散布谣言，扬言说像钟离眛这样的功臣，却不得封王，心存怨恨，早想借汉军灭掉项氏，瓜分楚地来称王。项羽听说之后，果然不再信任钟离眛。

汉三年（前204）夏四月，楚军围困荥阳，形势危急，刘邦只好派人去找项羽议和，请求以荥阳为界，划分楚汉。但范增却极力劝说项羽，火速攻打荥阳，刘邦对此非常担忧。这时正好项羽派使者前来汉军，陈平便置办了好酒好菜款待，等楚使一到，便假装诧异说："我们还以为是亚父的使者呢！"说罢便将酒菜撤下，换上粗劣的饭食。楚使大怒，回国后将此事禀明项羽，项羽又猜忌范增，范增越是建议攻城，项羽便越不听从他的意见，范增一气之下，拂袖而走，还没有到达彭城便去世了。

坚持到五月，将军纪信来找刘邦，说："势态紧急！让我迷惑一下楚军，您便可以趁机悄悄溜出荥阳了。"随即由陈平趁夜把2000多妇女放出城东门，纪信乘坐汉王车驾，各类装饰一应俱全，驶到楚军前，说："我军粮食已尽，汉王前来乞降。"楚军将士山呼万岁，纷纷涌到城东观望。刘邦便趁此机会带领十几名骑兵从西门出城，后经成皋，回到关中。

临走时，刘邦命韩王信（与韩信重名，以下称韩王信）与周苛、魏王豹、枞公继续把守荥阳。项羽听说汉王投降，便前来查看，发现是纪信，便问："汉王何在？"纪信说："早已出城！"项羽就烧死了纪信，而城中几人此时商议，认为魏王豹反复无常，不值得信任，便将其杀死。一个月后城破，周苛、枞公被杀，韩王信也被项羽俘虏。

刘邦回到关中之后，一位叫辕生的谋士建议说："汉、楚在荥阳相持多年，汉军常常陷入困境。此次希望您能从武关出兵，项羽必带兵向南，您就坚壁勿战，让荥阳、成皋等地也得以喘息。再派韩信去安抚赵地，联合燕、齐两国，之后您再奔赴荥阳。如此一来，楚军需多处设防，兵力分散，汉军却得到了休整，再与其交锋，则一定能获胜！"刘邦采纳了建议，从武关出兵到宛城、叶城一带，并与英布一路上收集兵马。项羽听说刘邦在宛城，果然领兵南下，刘邦便坚守营垒，不与楚军交战。

虽然刘邦不出战，但彭越一直在项羽的后方骚扰，就在刘邦出武关的同月，彭越率军渡过睢河，与项声、薛公在下邳交战，大败楚军，斩杀薛公。项羽再派终公守卫成皋，自己则率军向东去打彭越。而项羽一走，刘邦便趁机北进，击溃终公，夺回了成皋。六月，项羽终于击退彭越，又听说成皋失陷，赶紧回军攻下荥阳，又包围了成皋。

刘邦听说项羽回军，便只身与夏侯婴共乘一辆车逃出成皋，北渡黄河，投宿在修武的驿站中。次日清晨，刘邦自称汉之使者，进入赵军营地。此时张耳、韩信还没起床。刘邦直接闯入内室，夺了他们的印信兵符，并召集诸将，调换了诸将的职位。韩信、张耳起床后才知道汉王来了，大吃一惊。刘邦夺了两人的军队之后，又命张耳去巡行守备赵地。同时，拜韩信为相，让他集结赵军去攻打齐国。这一系列的操作可谓雷厉风行，刘邦刚从关中出来不久，恐怕也知道关中兵源不足，此时可供刘邦调遣的只有韩信的军队，但此时韩信拥兵在外，恐怕他不服从调遣，刘邦竟直接用这样的方式得到了这支军队，足以看出刘邦的智计和反应。

得到韩信、张耳的生力军，汉军士气大振，开始在巩县设防。八月，刘邦率军渡黄河南下，行前在修武大会官兵，打算跟项羽再战。这时郎中郑忠进言刘邦最好只作拦阻，不要进攻。刘邦接受，随即派将军刘贾、卢绾，率步兵2万、骑兵数百，从白马津渡黄河南下，去后方协助彭越骚扰，烧毁楚军的粮草，并劫掠补给的车辆，让楚军无粮可用。西楚军攻击刘贾，刘贾就严守不出，跟彭越遥相声援，不与楚军决战。就这样，在汉军配合下，彭越连夺睢阳、外黄等十七座城邑。

见彭越势大，项羽决定亲征，于是找来大司马曹咎说："你要严守成皋，不管刘邦如何挑衅，你也不要出击，只要截住他，不准他东进即可。我15天内，必平乱而归。"于是项羽率军东进，攻击陈留、外黄、睢阳，将城池一一收复，彭越再次撤军。

本来刘邦打算放弃荥阳、成皋，退到巩县防守，但郦食其警告刘邦说："敖仓还有大量的粮食，荥阳、成皋放弃不得，何况现在防守成皋的只有曹咎率领的一支杂牌军。所以，汉军应该立即反攻，夺回荥阳，一面取得敖仓粮食，一面扼守成皋要塞，再在白马津驻屯重兵，向天下展示军威，也让天下英雄知道谁才值得归附！"同时，郦食其还向刘邦进言："如今北方除了齐国，都已平定，但田姓王族强大，地势又易守难攻，同时齐地南方与西楚接壤，容易生变，纵使数万大军，短时间也难以征服，所以，我愿意前去游说齐王，让他做您东方的屏障。"刘邦同意，一面进军成皋，另一面派郦食其去齐国游说。

汉四年（前203）十月（岁首），汉军陈兵成皋城下，楚国大司马曹咎按项羽的指示高挂免战牌，不做反应。汉军便开始在城下诟骂，几天下来，曹咎气得浑身发抖，早就把项羽的嘱咐抛在脑后，大开城门，率军渡汜水出战，大军渡河刚到一半，就遭到汉军袭击，西楚军首尾不能相顾，当即崩溃，汉军乘势占领成皋，曹咎和司马欣，在汜水河畔双双自刎。刘邦随后从修武赶到，再入成皋，占领了敖仓。

此时项羽正在魏地作战，连下十余城，闻听成皋失守，即行回师，汉军听说项羽来了，都很害怕，纷纷退守险要之地，项羽赶到荥阳附近，在广武扎营，与汉军对峙。但此时敖仓失陷的问题开始显现，楚军开始缺粮，项羽十分忧虑，于是开始使用流氓手段，将之前俘虏的刘邦父亲放到一个大号砧板上，并派人告知刘邦："如不投降，我就烹了你爹！"

这种流氓手段对别人可能有效，但很显然刘邦不吃这一套，他回复项羽说："我俩同受义帝之命，情如兄弟，我爹就是你爹，如果你一定要杀你爹，一定分我一杯羹。"项羽见威胁无效，大怒，下令行刑，但在项伯的劝阻下，也没有执行。

一计不行，项羽又提出和刘邦单挑，决一雌雄，项羽此时30岁，刘邦45岁（刘邦年龄有两种算法，此时应为45岁或54岁），这种说法证明项羽已经无计可施。刘邦拒绝后，项羽派出三员战将挑战，汉军命神射手将三人射杀。项羽大怒，亲自披甲挑战，汉军射手都被项羽的威势震慑，不敢放箭，刘邦大为惊骇。

最后，刘邦和项羽约定在广武涧当面对话，项羽再提单挑，但刘邦不应，而且忽然大声宣布项羽的十大罪状，从杀宋义开始，陈芝麻烂谷子一顿输出，项羽被气得暴跳如雷，张弓搭箭，一箭射中刘邦前胸，刘邦应声落马，还忍着疼，抱着脚说："敌人射中了我的脚趾！"可回营之后，刘邦已经不能下床，这时军心动摇，张良要求刘邦出面到营区巡视，稳定军心，刘邦强忍疼痛，巡视一番后，伤势更重，便返回成皋大营。双方也在荥阳、成皋一线相持下来。

虽然楚汉相持不下，但齐国的局势已是翻天覆地。刘邦之前曾派韩信讨伐齐国，后又派郦食其去齐国游说。郦食其到齐国之后，为齐王田广陈述利弊，田广决定降汉，于是命驻防在历下的齐军解除戒备，齐国上下整日与郦食其饮酒高会。

而另一方面，韩信听说郦食其的游说计划已经成功，便想放弃攻齐，但他的谋士蒯彻说："将军的任务是攻打齐国，虽然汉王派了郦食其前往，但并未要求你放弃，现在你却要擅自罢兵。而且退一步说，郦食其靠着三寸之舌，以一人之力就收服齐国70余城。而您统率数万精锐，只不过夺取赵国50余城而已。将军为将数年，难道还不如一个书生吗？"韩信认可了他的分析，便率军渡过黄河。

就在汉军占领成皋的同月，韩信率大军抵达历下，发动猛攻，大破齐军，长驱直入，直逼临淄。齐王田广既恐惧又愤怒，认为郦食其是个骗子，便下令将其烹杀，之后田广逃到高密，派使者向项羽求救。国相田横逃到博阳，守相田光逃到城阳，将军田既逃到胶东，纷纷集结残军。

项羽收到田广的求救后，派龙且率20万大军来援，双方在高密会合。有人向龙且建议："汉军远道而来，势必求战，我们应该坚守不战，让齐王号召各地残兵反击，那时汉军粮草必断，我军可不战而胜。"龙且说的话跟项羽好似一个模子刻出来的："我与韩信久识，这人靠洗衣服的老妪养活，曾受胯下之辱，毫无气概可言，何谈指挥大军？况且我奉命救齐，当需建功立业，如能一战功成，大王可能把一半的国土都封给我。"于是十一月，双方在潍水大战。

齐楚联军在水边列阵,韩信在半夜下令,让士兵缝了上万个布袋,装满沙土,在潍水上游筑坝。这样一来,下游水位便迅速下降,韩信再命大军涉水过河,龙且迎战,汉军佯装败退,龙且大喜,挥军追击,等齐楚联军进入潍水河床,韩信命令上游撤坝,一时间洪水如狂怒的巨兽,从天而降,齐楚联军被一分为二,汉军趁势反击,龙且被杀,而潍水对岸的楚军见状便作鸟兽散。

齐王田广逃至城阳被俘,同时灌婴还抓住了齐国守相田光。田横听说田广已死,便自称齐王,反攻灌婴,双方在嬴县会战,田横大败,逃到魏地,灌婴乘势攻占千乘,斩杀田吸;曹参进攻胶东,斩杀田既。齐国就这样被完全平定。

韩信此时派人给刘邦上书,说:"齐国伪诈多变,反复无常,南方又与楚国接壤,请您让我暂时代理齐王(假齐王)。"刘邦此时箭伤刚刚痊愈,驻扎在广武,见信大怒,骂道:"我困在这,日夜等着你来辅佐我,你小子却要自立为王!"这时张良、陈平赶紧踩刘邦的脚,在他耳边说:"此时汉军不利,哪能阻止韩信称王呢!不如趁机立他为王,让他镇守齐国,否则只恐生变。"这时刘邦也反应过来,继续骂道:"大丈夫建功立业,要做就做真王,做什么假王呢!"等来年二月,刘邦派张良带着印信,亲自去封韩信,并征调他南击楚国。这件事后来也就注定了韩信的悲剧结局。

项羽听说龙且战死,非常害怕,立刻派谋士武涉去游说韩信,武涉的游说主要说了两点:第一,刘邦这人多次背叛项羽,靠不住;第二,当今刘、项之争,全在韩信,其投刘邦则刘邦胜,投项羽则项羽胜,但你韩信之所以还存在,是因为有项王,如果项羽覆灭,则韩信也难逃灭亡。对此,韩信回答得很干脆——自己不可能背叛刘邦。武涉于是失望离去。如果说武涉还是站在项羽的立场上说话,那么韩信的谋士蒯彻则完全是站在韩信的角度来说了。

蒯彻这人很有见识，之前劝韩信攻齐的就是他。这次他说服韩信的理由与武涉别无二致，基本都是建议韩信不应该助刘邦击楚，而应该与刘、项二王鼎足而立。韩信还是觉得不能背叛刘邦，于是蒯彻便说了两点，其一，他引用了张耳和陈馀的例子，告诉韩信，情义这东西不可信；其二，他又引用了越王勾践与大夫文种的例子，告诉韩信，君臣的关系靠不住。但韩信考虑再三，还是没有答应他，认为刘邦不会夺走自己的齐国，之后蒯彻干脆装疯做起了巫师，也就此离开了韩信。

刘邦此时可谓困难重重，楚汉之争中，只要有项羽出战，刘邦基本一次也没赢过，战略上只能采用守势。所以刘邦能做的，也只是采用心理战：先是在七月，册封英布为淮南王，接着刘邦又下令，凡官兵在战争中不幸阵亡的，官吏要为他们用衣、被、棺木殓尸，并转送回死者家中。此令一施行，四面八方的人都心甘情愿地来归附汉王了，甚至远在北方的貉人和燕人都派来骑兵相助。

而此时项羽的日子也不好过，最主要的问题是缺粮，除此之外，就是担心韩信。恰巧，这时刘邦派人来劝说项羽，请求释放自己的家小，项羽就趁机和刘邦定下盟约：中分天下，以战国时魏惠王所开之运河"鸿沟"为界，鸿沟以西归汉王，鸿沟以东归项王。

九月，项羽将刘太公、王后吕雉送归汉军后，旋即率军解围东归。刘邦一看，也想西行回国，这时，张良、陈平站出来了，这俩人在刘邦接刘太公和吕雉回来时都没有说话，但此时见刘邦要走，便劝道："汉已有大半天下，诸侯皆来归附；而楚军兵疲粮尽，此乃天要亡楚，如今放走楚军，却不追击，是为'养虎遗自患'耳！"刘邦觉得有理，便尾随楚军向东，一路追至固陵（今河南省周口市太康县南）。

这时，刘邦与齐王韩信、魏国相彭越约定日期合击楚军，但二人都没来，刘邦反而被楚军杀了个回马枪，大败。随后汉军高筑营垒，熟悉的一幕眼看要重演。刘邦这时对张良抱怨，说："诸侯都不听从我调派，如何是好？"这里的诸侯主要指韩信和彭越，张良也没客气，回答说："楚军眼看要被击败，而韩信、彭越都没有分到领地，他们当然不来，如果大王您能与他们瓜分天下，他们自然会来的。韩信的齐王是自己求的，他心里没底；而彭越只不过是魏国相，他平定梁地，也想封王。现在您可以把从睢阳以北到谷城的地区都封给彭越，把从陈县以东到沿海地区的地盘划给韩信。韩信是楚人，自然想在楚地称王，如果您能这样做，而后再催促他们出战，那么楚国必败！"于是刘邦照做，不久，韩信、彭越果然各领大军，前来会合。

汉五年（前202）十一月，刘邦的堂兄刘贾南渡淮河，包围寿春，楚国大司马周殷投降。随后周殷征调九江兵来迎接英布，二人与刘贾会合，之后大军北上，与刘邦、彭越、韩信三路大军一道，对项羽形成了包围之势。

十二月，项羽率军退到了垓下（今安徽省宿州市灵璧县），兵少食尽。此时汉军六路出击，韩信率30万大军正面抵挡，蓼侯孔聚为左翼，费侯陈贺为右翼，刘邦在中路，绛侯周勃和棘蒲侯柴武则分居刘邦身后两侧，这个阵法被称为"韩信五军阵"。韩信初战项羽不利，后撤，随后孔聚、陈贺从两翼出击，双方战平，这时，韩信再次回军进击，在垓下大败楚军。

项羽退入营垒坚守。韩信此时命令包围，同时让士兵唱起楚地民谣，项羽听到楚歌从四面传来，大惊失色，说："难道汉军已经占领楚地了吗？为何有这么多楚人？"此刻项羽在营中饮酒，慷慨悲歌，泪下数行，左右皆泣，不敢抬头。随后，项羽骑上自己的宝马乌骓，率800骑兵突围，直至乌江岸边，最终不肯渡河回到江东，自刎身亡。

至此，历时八年的秦末乱世也落下帷幕。

第三章

汉初天下

战争结束之后,刘邦便下令说:"军队得不到休息已经八年了,百姓饱受战乱之苦。现在天下战事已毕,赦免天下所有斩刑以下的犯人。"之后,在众人的推戴之下,刘邦于汜水之北即皇帝位。更王后为皇后,太子为皇太子,追尊自己已故的母亲刘媪为昭灵夫人,并下诏定都洛阳,同时,汉五年（前202）夏五月,各地的士兵被要求复员回乡,战争基本宣告结束。

对于那些过去的敌对势力,刘邦基本采取了既往不咎的态度,但结果却并不相同。

齐国的田横,因为害怕被杀,就率领他部下的500人入海,住在一个岛上。刘邦觉得田横兄弟几人平定齐地,贤才归附,在海上流亡,早晚必成祸患。于是就派人赦免田横的罪,召他入京,田横起初顾虑自己曾烹杀了郦食其,而此刻郦食其的弟弟郦商正在朝为官,不敢前往。后刘邦下令郦商不可妄动。田横知道后,就带着两人前来觐见,但最终,田横在离洛阳30里时,终因不愿再侍奉汉天子而自刎身亡,刘邦闻言大惊,下诏以诸王礼仪厚葬,田横的两位随从在安葬了田横之后,也在旁挖了坑,自刎而死,消息传到海岛上,500余人全部自杀,为田横尽忠,这就是著名的"田横五百士"。

楚人季布是项羽的部将,曾多次围困过刘邦。项羽死后,刘邦曾悬赏千金捉拿季布,并下令凡窝藏季布的,夷三族。季布听说后就剃掉了头发,用铁箍套在脖子上,把自己当作奴隶卖给了鲁地的游侠朱家。项羽曾受封鲁公,在鲁地很有威信,所以朱家虽然知道这奴隶就是季布,但还是将他买下,并安置在自己的庄园之中,之后便亲自到洛阳去晋见滕公夏侯婴,对他说:"季布何罪!人臣各为其主,这是本分!项羽之臣难道可以都杀掉吗?如今皇上刚得天下,却因私怨去搜捕一个人,这是一个坏的示范。况且以季布的贤能,朝廷如此急迫地通缉他,这不是逼他投靠匈奴或南越吗?猜忌壮士而以之资敌,这正是伍子胥鞭笞楚平王尸体的缘由啊,您应该为陛下说明这个道理。"夏侯婴闻言,就找机会按朱家的话向刘邦进言,刘邦便赦免季布,并拜他为郎中。按照秦汉时期游侠的作风,朱家从此也就不再与季布相见。

季布有位舅父叫丁公,也在项羽手下为将,曾在彭城西追击刘邦。短兵相接之际,刘邦感到形势危急,便回头对丁公说:"你我贤才之间,何必相互为难!"丁公听罢率军退走。等到项羽覆灭,丁公前来拜见刘邦,刘邦却将他拉到军营中示众,说:"丁公为项王臣子却不忠,是让项王失去天下的罪人!"随即将丁公杀死,并说:"让后世无人臣效丁公也!"

总之,在这一时期,有人自杀殉节,有人改换门庭,有人得意,也有人失意,但六国最后的"王冠"就这样被彻底打翻在地。新立的汉朝则是一个之前从未出现过的"平民朝代",这也恰好呼应了陈胜吴广起义时的那句"王侯将相宁有种乎"的宣言。

一、布衣将相

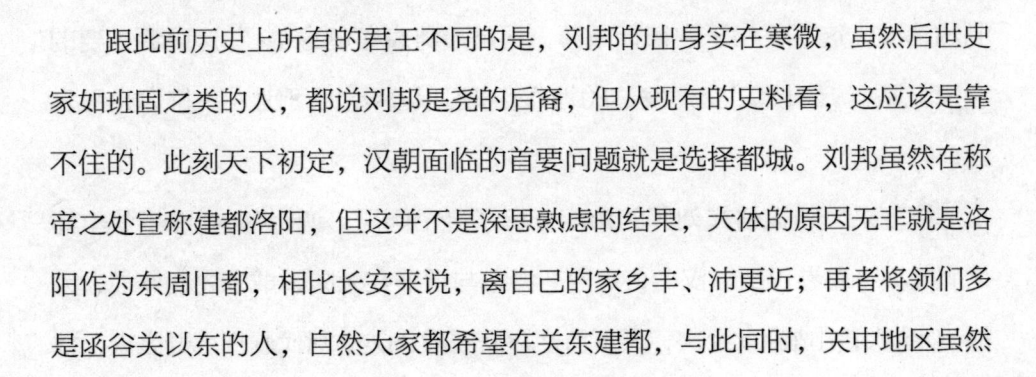

跟此前历史上所有的君王不同的是,刘邦的出身实在寒微,虽然后世史家如班固之类的人,都说刘邦是尧的后裔,但从现有的史料看,这应该是靠不住的。此刻天下初定,汉朝面临的首要问题就是选择都城。刘邦虽然在称帝之处宣称建都洛阳,但这并不是深思熟虑的结果,大体的原因无非就是洛阳作为东周旧都,相比长安来说,离自己的家乡丰、沛更近;再者将领们多是函谷关以东的人,自然大家都希望在关东建都,与此同时,关中地区虽然萧何经营了几年，但项羽一把火烧了咸阳，此时已是一片废墟，而洛阳此时还有一些宫殿和城墙，建都的基础也比较好。可就在这时，洛阳城来了一位齐国人，向刘邦提出了不同看法，之后刘邦便决定迁都长安，这个人一生多次为刘邦提出战略性意见，他就是娄敬。

此时来到洛阳的娄敬，还只是一个普通的士兵，被征调到陇西去服役，从齐地到陇西，途经洛阳，娄敬挣脱绳索，穿着羊皮袄，投奔他的同乡虞将军，并请求拜见刘邦。虞将军让他换一身体面的衣服，娄敬却说："我此时穿绸缎，就穿绸缎见天子；我穿粗布，就穿粗布见天子。不用换！"虞将军无奈，向刘邦报告，刘邦召见了他。

一见面，娄敬单刀直入，问："陛下建都洛阳，是否想与周朝一较高下，看谁立国更久呢？"

刘邦说："是的。"

娄敬便开始阐述自己的观点，说："陛下夺取天下的方式，与周不同。周的先祖，从后稷被唐尧封在邰地起，十几代间积累德行，以至到太王、王季、文王、武王时，诸侯自行归附，终于灭掉殷商，当上天子。到了成王即位，周公辅佐他，才营建了洛阳城，当时认为这里是天下之正中，诸侯到这里缴纳贡赋，所走的路程基本相同。有德之人在此则可以统治天下，无德之人在此则会招致亡国之祸，所以周朝强盛之时，天下和睦，诸侯、四夷没有不服从的。等到周朝衰弱时，天下根本没人来朝贡。这时的周王室已经无法制约诸侯，这不仅在于它德行微薄，更是形势衰落的缘故。"这段话主要的意思就是告诉刘邦，交通发达的地方，管别人容易，可别人来打你也很容易。

接下来，娄敬站在刘邦的角度分析了这个问题，说："如今陛下从丰沛之间起兵，席卷巴蜀、汉中，平定三秦，与项羽在荥阳、成皋之间作战，大战70余次，小战40余次，天下百姓惨遭屠戮，父子两代暴尸荒野之人，数不胜数。这些哭泣之声还没停止，战场上受伤的士兵还不能离床，就想与周平王、周康王时代的兴盛相比美，我私下认为这是不相称的。而秦之故地，左有高山为屏，右有黄河天堑，四境皆有要塞，万一发生危难，立刻可征召百万雄师。依靠秦地原有的基础，凭借富饶肥沃的土地，这就是人称的天府之国。陛下入函谷关在那里建都，崤山以东就算乱了，秦地也仍然完整。与人争斗，如果不扼其咽喉，从后背下手，是不能取得完全胜利的。现在如果陛下能占据秦地，这就是扼住了天下的咽喉，去攻击天下的项背。"

刘邦听罢觉得有点道理，就去征求各位高官的意见。这些人大部分是崤山以东的人，都不愿意去关中，争着发言说："周王室享国数百年，秦朝二世而亡。洛阳东有成皋，西有崤山、渑池，北靠黄河，南有伊水、洛水，坚若磐石，足可信赖！"

刘邦再去问张良，张良认可了娄敬的观点，说："洛阳固然有这些优点，但它的中心地区不过数百里，土地贫瘠，田产微薄，且四面受攻，确实不是建都首选。关中则不然，左有崤山、函谷关，右有陇山、蜀郡，沃野千里。南有巴、蜀的财富，北方与胡人相交，可行畜牧之便。北、西、南三面都没有被攻击的危险，只要注意如何控制东方就够了。若是诸侯安定，黄河、渭水可以通过漕运连接天下，向西供给京师；一旦诸侯生变，大军便可顺流而下，军粮也一定充足，这正是人们所说的，金城千里，天府之国，娄敬说得很有道理。"刘邦听了张良的话，决定迁都，而且立即出发，并任命娄敬为郎中，号奉春君，还赐他姓刘。

从迁都之后，一直到汉六年（前201）的十二月，汉朝发生了一系列变故，首先是燕王臧荼谋反，被刘邦平定，接着赵王张耳和长沙王吴芮相继去世，刘邦还抽空去收拾了韩信，这些问题我们以后再讲，等到汉六年十二月刘邦回到京城，才开始着手对功臣进行分封。

在首批封侯的人中，萧何被刘邦封为酂侯，享受的食邑户数最多，这一点引起了功臣的不满，众人纷纷抗议说："我们披坚执锐，效力疆场，大战百余次，小战数十场，萧何既没流血，也没流汗，只靠着舞文弄墨，可采邑却多过我们，却是为何？"

刘邦回答说："你们都会打猎吧，那我就用打猎打个比方。在山林中追逐猎物的是狗，而发号施令的是人。各位追逐猎物，可谓'功狗'。而萧何发号施令，是'功人'。"大家也就不敢再说话了。

张良是刘邦的谋士，也未曾带兵上战场，因此没有什么血汗战功。但刘邦非常重视他，请他在齐国内选择 30000 户采邑。张良推辞说："当初，我在下邳起事，跟陛下在留县相会，陛下采用我的建议，偶尔也有侥幸成功的时候，这是上天把我交给陛下。为了这份情义，请您将留县封给我就够了，不敢受 30000 户。"刘邦也就顺水推舟，封张良为留侯。

接下来，陈平获封户牖侯，但他也推辞说："微臣并无功劳。"刘邦回答说："我用先生之计得胜，还不算有功吗？"陈平又说："当初要是没有魏无知引荐，我哪有机会见到陛下呢？"刘邦听罢，称赞陈平说："像先生这样的人才算是富贵不忘出处啊。"于是也重赏了魏无知。

在分封列侯的同时，刘邦还认为，秦之所以亡，与其不分封同姓为王有关，但刘邦的孩子大多还小，而自己的兄弟也少，就决定扩大分封的范围，许多刘姓的宗亲被封到了全国各地，刘邦希望以此来镇压变乱，安抚百姓。

总之，刘邦大封 20 余位功臣，其他有功的将领，日夜都在争论谁的功劳最大，根本无法论定，也就没有封赏。有一天，刘邦还在洛阳南宫时，从复道上望见许多将领在洛水的沙滩上交头接耳，刘邦便去问张良："这些人在聊些什么？"

张良回答："这些人想造反。"

刘邦又问："天下已定，为何要反？"

张良便回答："陛下原为一介布衣，靠着众人辅佐，才取得天下。而今您做了天子，封赏的全是刘姓宗亲和您的老友，您的仇家悉数被杀。那些官员计算自己的功劳，认为就算把全国都划为封地，也封不完。这些将领怕您不封，又怕您想起他们过去的什么小错，会起杀心，所以军心不稳，这才聚在一起，密谋造反。"刘邦很担心，问张良该怎么办。张良又问："您平素里最讨厌的人是谁？"刘邦说："有个叫雍齿的人，与我有仇，他曾多次羞辱我。我本想杀他，但他功劳很大，所以我迟迟未动手。"张良便告诉刘邦："那现在您就赶快先封赏雍齿，这样一来，群臣也就不必担心不受封了。"

刘邦听罢赶紧设宴，席间封雍齿为什邡侯，并催丞相、御史赶快论功行赏。宴后，群臣都放了心，说道："雍齿尚且封侯，我们这些人也没有什么可担忧的了！"

等到封爵已毕，刘邦下诏再定功劳最大的18人名单（按功劳大小为：萧何、曹参、张敖、周勃、樊哙、郦商、奚涓、夏侯婴、灌婴、傅宽、靳歙、王陵、陈武、王吸、薛欧、周昌、丁复、虫达）。大家一见，又一片哗然，说："平阳侯曹参，身上受伤70余处，攻城略地，功劳最大，理应排名第一。"

这时谒者关内侯鄂千秋说："非也，曹参虽有攻城略地之功，但那是在战场上，为时短暂。而陛下与西楚拉锯五年，不知多少次兵马尽失，群臣星散，只身逃亡。是萧何不断从关中补充军队，动辄数万人；转运粮草，使军中得以维系，这是万世之功。假若没有几百个曹参，对汉室也无害，汉室得到他们，也不必等他们来保全，怎能将一时之功与万世之功相比呢？因此，我觉得萧何第一，曹参第二。"

刘邦说："很好。"于是赐给萧何入朝不趋、剑履上殿的特权，并对群臣说："我听说'进贤受上赏'。萧何的功劳虽然很大，是得到鄂君的申辩才得以确认。"因此加封鄂千秋为安平侯。这一天，刘邦封赏了萧何家族10多人，又加封给萧何2000户的采邑。

汉初的这些功臣除了个别如韩王信曾是旧时贵族之外，绝大多数的功臣过去都是布衣百姓，刘邦最初也不过是位亭长，萧何、曹参都是沛县的小吏，至于剩下的许多将领，更是三教九流，什么人都有，所以这些人得了天下之后，对于过去秦时那种贵族式的礼仪制度很排斥，君臣之间也非常自如，这一点从上文臣子与刘邦的对话就能看出来，所以，刘邦称帝之后，便下令撤销秦时的烦琐仪式，一切政务力求简明。

可这样也带来许多的问题，每次天子主持的宴会，群臣总是喝酒争功，醉后大喊大叫，甚至拔出佩剑，对着大殿的柱子猛砍，搞得刘邦十分恼火。这时儒生叔孙通建议说："儒家学者，不擅长开创新局，却可用他们来安定天下。臣愿前往鲁县（今曲阜），征召儒家饱学之士，跟臣和臣的学生，共同议定皇家礼仪。"

刘邦就问："这礼仪做起来会不会很麻烦？"

叔孙通答道："五帝不听同样的音乐，三王不用同样的礼仪。礼乐之事，因时代、社会、观念的不同而不断变化。臣希望吸纳一些古礼，再参照秦时的礼仪，试着做做看。"

刘邦说："那您就请试试看，但要让这些礼仪容易为人们所了解，您估计我能做到的，就可以设计了。"

就这样，叔孙通到鲁县征召了儒家学者三十余人，但其中两位不肯接受，并对叔孙通说："您所奉之主，有十人之多，您都是靠着当面阿谀，得到高官厚禄，如今天下刚刚安定，死者还没有埋葬，伤者还未离床，又打算制定礼乐。礼乐之事，必须积累德行，百年之后才能兴旺。我不忍心去做您所为之事，请您走吧，不要玷污了我的名声。"

叔孙通哑然失笑，说："你可真是个腐儒，不知时移世易！"于是叔孙通就带着选出来的30人返回长安，又邀请皇帝身边有点学问的近臣，加上自己的学生，共100多人，用绳索围出演习场所，插立茅草代指尊卑次序，在野外演习。一个多月后，叔孙通上奏刘邦说："您可以试观了。"刘邦看后说："这些我可以做到。"之后就下令群臣开始演习。

汉七年（前200）冬十月（岁首），耗时两年修建的长乐宫落成，这也是当时长安唯一的宫殿，诸侯、群臣都来朝贺。天色未明，谒者主持典礼，按次序将百官引进大门，排列在东、西两侧，侍卫武官沿台阶侍立，并在庭院中警戒，手持武器，旗帜鲜明。

一切就绪后再传出警示：皇上驾到。不久，高祖刘邦乘辇，缓缓到达。谒者引导诸侯以下直至六百石的官员们，按照爵位及职务高低依次向前，向刘邦行礼，没有人不肃然起敬。礼毕之后，皇帝摆下酒宴，陪侍在殿上的侍者，全部弯腰低头，不敢仰视，群臣依旧按官阶高低，起身为刘邦敬酒并献上祝词，敬了九巡之后，谒者高呼"罢酒"。

整个过程都有御史在旁监督，如有不遵守仪式规程、举手投足不得体的人，立即就会被逐出大殿。自典礼开始到结束，无一人敢大声喧哗、鲁莽行事。于是刘邦感叹说："我到今天才知道做皇帝的尊贵啊！"典礼结束后，刘邦便提拔叔孙通做了太常，并赐金500斤。

司马光在《资治通鉴》中曾感叹过"礼"的伟大：

礼之为物大矣！用之于身，则动静有法而百行备焉；用之于家，则内外有别而九族睦焉；用之于乡，则长幼有伦而俗化美焉；用之于国，则君臣有叙而政治成焉；用之于天下，则诸侯顺服而纪纲正焉；岂直几席之上、户庭之间得之而不乱哉！

也正是这样的"礼"，让刘邦从一个出身寒微的乱世军阀，成为一位"九五至尊"的天子。这样的转变，也恰恰是打天下和坐天下的区别。刘邦手下有位大臣叫陆贾，经常跟刘邦讲些儒家经典，刘邦很不耐烦，对他说：

"朕马上打天下,读这些诗、书有何用!"陆贾对他说:"您在马上打天下,难道还能在马上治天下吗?"这也正是刘邦这种"身份"转变的意义所在。

二、白登之围

就在刘邦击败项羽,夺取天下,建立汉朝之际,在北方草原,也出现了一位卓越的领袖,他就是冒顿单于,也就是他统一了草原,使匈奴走向强大,成为北方草原的霸主,也成为汉朝前期的梦魇。

据《史记》记载,匈奴的祖先是夏后氏的后裔,名叫淳维。如按照这个说法,他们应该是禹的后代。不过这一说法目前还有争议,但可以肯定的是,在最初形成的很长时间里,匈奴并不是一个单一民族,而是对北方草原的许多部族的统称。在战国、秦汉之际,史书上提到"胡人",基本就是指匈奴人。

公元前4世纪末,匈奴主要活动在阴山南北的河套地区。在之后的战国时代,与其南方的赵国对峙了一百多年,为了防御匈奴,赵国修建了绵延数百里的长城,并派名将李牧防守。大约在这时,史书上出现了第一位有记载的匈奴单于——头曼单于,关于他的确切记载是从秦始皇三十三年(前214)开始的。

匈奴的首领称"单于",据考证其为"广大"之意。在头曼单于时期,匈奴的西侧有月氏,东方有东胡,南方则是统一六国的强秦,秦朝派蒙恬北击匈奴,头曼单于无法抵挡,只好向北迁徙。等到蒙恬一死,天下大乱,秦朝派驻的戍卒纷纷逃亡,匈奴便逐渐南下,再次吞并了河套以南的地区。

头曼单于的长子便是冒顿单于,这时还只是一位王子。后来,头曼单于宠幸一位新的阏氏——匈奴的王后称阏氏,生下幼子,头曼单于便打算废长立幼,于是就想了一个办法。当时东胡强大,月氏王国也正值鼎盛时期,头曼便将冒顿送到了月氏国做人质,然后马上对月氏猛攻,月氏王正要杀冒顿之际,冒顿机警地偷了匹马,逃回匈奴部落。头曼觉得儿子身手不凡,又大难不死,就交给他一万人马,划出草场给他居住。

不过没过多久,冒顿就了解了事情的内幕,知道原来是自己的父亲想杀自己,对其和后母恨之入骨,便策划了有名的"鸣镝弑父"的行动。所谓鸣镝是一种能发出声音的响箭。冒顿命手下骑兵,无论自己的鸣镝射向哪儿,众人都要跟着射,凡是不射的一律处死。有一天,冒顿将鸣镝射向了自己的爱马,草原民族,马堪比家人,有的人便犹豫未射,冒顿便将这些人处死。

接下来的一天,冒顿又将鸣镝射向了自己的爱妾。又有一些人不敢射,又被冒顿处死。最后,在一次狩猎时,冒顿将鸣镝射向了自己的父王,结果万箭齐发,头曼单于便死在乱箭之下。于是冒顿即位,直接处死了头曼单于的阏氏和小儿子,以及企图反叛的匈奴将领,稳住了局面。

不过虽然稳住了内部,但匈奴此时却面对着一个强大的外敌——东胡。跟匈奴相似,东胡最初也是一个部落联盟,游猎在西辽河流域,听说冒顿单于即位,便派使节前来讨要头曼单于的千里马,群臣不同意,但冒顿说:"既是邻国,何必在意一匹马呢!"便将马送给了东胡。不久,东胡又想要匈奴的一位阏氏,冒顿再次不顾大臣反对,欣然同意。

经过两次试探,东胡愈加放肆,几年之后,提出将两国中间的一片狭长无人区划归东胡。此时的大臣都觉得反正那块地方也没有人口,给不给也无所谓,可冒顿却大发雷霆,说:"土地是国家根本,怎能与人?"于是将赞成的大臣全部处死,旋即发兵。东胡因之前匈奴屡次示弱,犯了轻敌的错误,冒顿率匈奴大军一举击败东胡,并将东胡的土地人口尽数收编。

解决了东胡之后,冒顿单于又向西去进攻月氏,几场大战下来,月氏无法抵挡,便举族向西迁徙,其中大部分逃到了阿姆河中上游地区,称大月氏，而散居在西域的月氏人则被称为小月氏。左右翼的风险解除之后，冒顿单于率军南下，一举吞并楼烦、白羊等部落，并顺势进攻燕国、代郡等地，当初蒙恬所占领的匈奴领土，至此已经全部得到恢复。当时，正值楚汉战争最为惨烈之际，双方苦战，根本无暇照顾北方边陲之地，所以冒顿单于趁机壮大，这时的匈奴已有"控弦之士"30余万，整个北方草原都为之震动。

统一了草原的冒顿单于，下一个目标便是南方的汉朝。此时在北境防守的是刘邦所封的异姓王之一韩王信，韩王信本来的封地在颍川，汉六年（前201），随着韩信被废为淮阴侯，刘邦觉得这个韩王信所在的颍川，战略位置太重要，而且离关中太近，于是将他改封到晋阳（今太原），防备匈奴。韩王信上书，说："韩国位于北方边地，匈奴不断入侵，晋阳距边界太远，请准许我将首府迁到马邑（今山西朔州）。"韩王信这么做估计是为了取得刘邦的信任，刘邦也同意了他的请求。

汉六年（前201）秋，匈奴大军南下，将韩王信包围在首府马邑，形势岌岌可危。韩王信几次派使节到匈奴求和，但未达成一致。这时朝廷发兵来救，但得知韩王信与匈奴通使，便怀疑其有二心，刘邦命使节前往韩国责备他擅自与外国交往，韩王信非常惊恐，害怕被杀，便在九月，献出马邑城，投降了匈奴。之后，冒顿单于率军从马邑南下，越过句注山（今山西省代县西北），前锋直抵晋阳。

这时，刘邦亲率汉军北上，讨伐韩王信，双方在铜鞮（山西省沁县南）交战，韩王信大败，大将王喜被杀，韩王信逃回了匈奴。韩王信虽败走，白土人曼丘臣、王黄等人拥立前赵国后裔赵利为赵王，集结韩王信的残兵败将，与韩王信、匈奴结盟，准备对抗刘邦。

匈奴派出左、右贤王率万余骑兵，跟王黄的赵军，在广武（山西省代县）到晋阳一带，结阵拒守。汉军再次发动攻击，匈奴骑兵支撑不住，向后败退，但旋即又整队完毕，继续同汉军对抗。汉军再次攻击，匈奴骑兵再败，汉军这次吸取教训，穷追猛打，不许敌人再度集结，希望一举消灭左、右贤王的主力，战场越打越往北。时值北方凛冬，天气酷寒，又赶上天降大雪，汉军士卒手指被冻掉的就占全军的十之二三。

刘邦身在晋阳，得到消息说匈奴单于在代谷，就想率军攻打，便先派人前去侦察。冒顿便将自己的精壮士卒和肥壮牛马都藏了起来，让汉朝的特使只看到老弱病残的士兵和瘦弱的牲畜。先后十次侦察，侦察之人都将这一情况汇报给刘邦，并据此判断匈奴不堪一击。刘邦仍不放心，再派娄敬前往，作最后的观察。

不过还没等到娄敬返回，刘邦便率32万大军北上出击。前锋刚越过句注山，便赶上娄敬回报，他提醒刘邦说："我与前面十人的意见恰恰相反，两国交战，敌国一定会展示自己的强大。可我在匈奴那里看到的却全是老弱病残，这样做的用意，就是要引诱我们攻击，然后匈奴再出主力，打我们个措手不及。因此，臣认为不宜与匈奴交战。"然而这时汉军已然动身，刘邦闻言大怒，骂道："你这齐国鼠辈，靠耍嘴皮子得到官职，现在竟敢妖言惑众，乱我军心！"于是下令将娄敬绳捆索绑，拘禁在广武。这种时候，也不是刘邦不听从娄敬的建议，而是箭在弦上，不得不发，既然要打，就必须保证士兵的士气。

刘邦率先锋先到平城（今山西省大同市），主力部队还在后面。此时，冒顿单于率匈奴全部精锐——40万骑兵，趁刘邦巡视白登（今山西省大同市东北）之时，将其包围得水泄不通。双方大战七天七夜，汉军被孤立。城中和城外无法取得联系，消息隔绝，根本得不到救援。

就在汉军危在旦夕之际，陈平为刘邦献计，派使者从小路秘密出使匈奴大营，晋见匈奴阏氏（位同皇后），送上各种贵重礼物，据说其中还包含一张绝世美女的画像，这位阏氏见画之后，心生妒忌，便问使者何意，使者依陈平所说，答道："如若匈奴大军不退，天子想将此美人赠与单于。"阏氏闻言，怕自己的地位受到威胁，才答应一定让单于退兵。

阏氏说服冒顿单于的理由也很简单，她对冒顿说："两国君主，不应相互围困，今日纵使匈奴得到了汉地，大王也不能长久居住，况且汉朝皇帝也有神灵庇佑，还请大王明察。"此时的冒顿本就心生疑虑，因为之前他和王黄、赵利等人已经约好了日期在平城会师，可是时间已到，却迟迟不见赵国的军队，冒顿怀疑赵国可能跟汉军勾结，此时听阏氏所说，正中下怀，匈奴打汉朝，无非是为了财产珍宝，对汉朝的土地并不感兴趣，正好此时就坡下驴，下令包围圈开出一角，此时恰逢天降大雾，汉军使节往来，无人察觉。陈平命卫士换上强弓，弦上多加一箭，全部面向匈奴军队，将刘邦围在中间，从包围圈的缺口悄悄溜出。刚逃出包围圈，刘邦就想疾速逃走，但太仆滕公夏侯婴坚持部队慢行，以免打草惊蛇。从这个细节来看，放走刘邦可能确实是冒顿单于的个人行为，并不是匈奴贵族们商量一致的结果。

刘邦回到平城，汉军主力陆续抵达。于是匈奴也默契地解围，撤回草原。经此重创，汉军已无力再战，只好班师回朝，留下樊哙率军平定代郡一带的叛乱。大军回朝经过广武，刘邦下诏特赦娄敬，并召见他，说："都怪朕不听先生之言，才被困平城，我已将先于您去侦察的十个特使斩首！"之后，刘邦将娄敬封为关内侯。

此次白登之围得解，陈平厥功至伟。回师途中，汉军经过曲逆（今河北省顺平县），刘邦惊叹道："好大的城啊，朕走遍天下，恐怕只有洛阳可跟这里相比。"这么说其实是为了突显此地的地位，显得这份封赏之厚。然后刘邦改封陈平为曲逆侯，全县所有人家，均为陈氏采邑。

陈平一生为刘邦所出的奇谋，见于史书的共有六次，第一是用"四万金"，在西楚国都彭城行离间计；第二是用粗疏之食款待项羽使者，逼走范增；第三是派女子冒充军士，让刘邦得以从荥阳脱身；第四是在关键时刻提醒刘邦应答应韩信封齐王的请求；第五则是建议刘邦伪装出云梦泽，诱擒韩信。而这次解白登之围，也是刘邦时代，陈平为他献出的最后一个奇谋。

此次作战失利，基本上证明了当时的汉朝还无法与匈奴抗衡。此后，匈奴在汉朝北境上的抢掠越发猖獗，日甚一日。对此刘邦深感担忧，向娄敬询问对策（此处有史书作刘敬，即娄敬），娄敬便为刘邦献上了影响中国历史的"和亲"之计。

要说刘邦手下的很多大臣，不管是张良还是陈平，包括这位娄敬，他们都摸准了刘邦的脾气——急躁火爆又懂得示弱，所以这些人在给刘邦献策时往往会先将刘邦一军，娄敬说："天下初定，士卒疲惫，不宜用武力征服匈奴，冒顿杀父自立，将父亲的女人霸占，以暴立威，这样的人，我们也不能以仁义来感化他。为今之计，应将眼光放长远，让冒顿的子孙臣服于大汉，但臣害怕陛下做不到。"

这段话的前半部分是为了给皇帝找台阶下，而后半部分则是告诉刘邦，这件事情不是一蹴而就的，恐怕要付出一定的代价，刘邦这时候一般会有一句固定的台词："奈何？"娄敬接着说："倘若陛下能把长公主嫁给冒顿为妻，再赠送丰厚的聘礼，冒顿必会仰慕汉朝，以长公主为匈奴阏氏，生下儿子，必会做太子，陛下每年都将一些汉朝多余而匈奴缺乏的东西赠送给他们，趁机派能言善辩之士去以礼规劝。这样，冒顿本为汉家之婿，他死后，您的外孙便会即位为单于。难道您听说过外孙敢与外公一较高下的吗？这样我们便可不战而屈人之兵。如若大王不舍得让长公主去，而令宗室或后宫女子假称公主，一旦被其发觉，便会认为受到轻视，那就没用了。"

刘邦听罢连称妙计。于是就要下令送鲁元公主去匈奴和亲。可是这鲁元公主是皇后吕雉的女儿，此时还是赵王张敖的夫人，吕后得到消息后日夜哭泣，哀求刘邦说："臣妾所生除太子之外，只有此女，陛下忍心将她抛弃到匈奴去吗？"于是这件事最终作罢。

汉九年（前198）十月（岁首），刘邦命人在民间找来一女子，称之为长公主，并将她嫁给匈奴单于做妻子，同时派娄敬前往缔结和亲盟约。

娄敬是齐国人，从他的种种观点和做法来看，很明显是个儒生。儒家学者通常讲究"推己及人"，在这段话中，他对于匈奴的基本判断可以说都是错的，首先匈奴实行"收继婚"，所以冒顿娶自己父亲的妾是匈奴的制度，并不是霸占；其次匈奴阏氏的地位也不像中原这般稳固；再说，即使真是鲁元公主做了阏氏，她的儿子也未必有机会成为单于，这一点后世王昭君的儿孙就是最好的例子。

但娄敬的建议仍然是非常高明的，并且在中国历史上产生了深远的影响。这条计策的高明之处就在于"和亲"这件事让中原王朝和边境民族之间建立起了一条官方的联络通道，这样就基本避免了双方发生像"白登之围"那样的大决战，让中原社会得以休养生息。此后的几十年时间，汉朝对匈奴一直处于守势，直到汉武帝时期，国力强盛，才有了"封狼居胥"的辉煌。

三、韩信之死

在刘邦打天下的过程中，先后分封了八位异姓诸侯王，分别是赵王张耳、长沙王吴芮、淮南王英布、燕王臧荼、韩王韩信（韩国后裔）、齐王韩信（后改封楚王）、梁王彭越和燕王卢绾。这其中臧荼本是燕王韩广的部将，只因随项羽入关灭秦有功，被封燕王，后来在韩信破赵时，臧荼投降，被刘邦封为燕王。汉五年（前202）七月，臧荼谋反被杀，刘邦改封自己同一天出生的发小兼好友卢绾为燕王。

如果我们回看这些异姓王的受封过程，不难发现，刘邦真正想封的只有卢绾和在起义之初帮过自己大忙的吴芮。其他人都是不得已才加封的：韩信与彭越，都曾在灭项羽的过程中消极进攻，并以此作为要挟，才得到王位；

韩王信是为了和项羽争夺韩地而封的旧贵族；张耳的赵王封号，是韩信灭赵之后为其讨要的，也不是刘邦主动封的；英布封王则是刘邦为了换取其背叛项羽的筹码。因此，作为以诸侯王身份夺取天下的刘邦，这些异姓王对他来说，有如芒刺在背，实在是让人放心不下。

这其中最让刘邦忌惮的，当然就是"攻必取，战必胜"的楚王韩信。刘邦对韩信的不满其实早有征兆，早在韩信向刘邦求封"代理齐王"的时候，刘邦便想发作，但被身旁的张良和陈平制止了。虽然刘邦用精湛的表演掩盖了自己内心的愤怒，但等到项羽一死，刘邦发现，韩信竟成了汉家天下最大的威胁。

汉五年（前202）九月，刘邦击败了臧荼，紧接着又收拾了项羽的旧将利几，加上之前季布的事情，刘邦便在全国范围内，搜捕项羽的旧部，想要以此来彻底地解决问题。

此时天下还活着并且藏匿起来的项羽旧将，最有名的便是项羽的旧将钟离眜。这人向来跟楚王韩信关系好。项羽死后，他就逃出并归附了韩信，此后一直住在韩信的府上。刘邦听说他在楚国，就诏令韩信逮捕他。这时韩信刚从齐国来到楚国，正在巡视所辖县邑，出入间都有很多军士护卫，同时也并未交出钟离眜。

汉六年（前201）十月（岁首），有人上书刘邦，告发韩信谋反。刘邦叫来各位将领，征求大家的意见，有人叫嚣说："请大王火速发兵，活埋了这小子！"刘邦没吭声，转头问陈平的意见，陈平先问："有人告韩信谋反这件事，韩信知道吗？"

刘邦回答："不知道。"

陈平心中有数，继续问："陛下您的精锐部队与楚王相比谁更强呢？"

刘邦老实答道："还是他强。"

陈平又问："陛下手下的将领们，在用兵之才方面有能比得上韩信的吗？"

刘邦说："没有人能比得上韩信。"

陈平最后"将军"道："现在陛下的军队不如楚国的精锐，将领的才华又比不上韩信，却要举兵攻打他，这不是逼他起兵造反吗？我个人实在替陛下觉得危险！"

这一点，刘邦早就想到了，就又问了自己的经典问题："为之奈何？"

陈平说："古时天子在巡视天下时，会趁机接见诸侯。陛下您只管出行，假装巡游云梦泽，之后在陈地会见诸侯——这陈地在楚国西部边界，韩信听说天子以这样友好的方式出游，必定是天下无事，便会自己到郊外迎接，谒见陛下。到那时，您要想生擒韩信，只需一位身手好的力士就能办到。"刘邦认为陈平说得有道理，便派出使者沿途通告诸侯自己将"南游云梦"，而且准备在陈地举行会盟，之后，刘邦便率随从启程南行。

陈平这人是个典型的实用主义者。他的这个主意可以说有很多漏洞，其一，如果一旦韩信看穿，率军造反，恐怕刘邦会身处险地；其二，如果韩信不来，这件事就会让刘邦成为天下笑柄，恐怕以后难以镇服诸侯；其三，这件事即使成功，也有可能会让其他诸侯感到危机（比如英布）。可按照陈平一贯的方式，他出主意往往是基于对人性的了解，此时的他应该是料定了以韩信的性格，前两种情况不会发生，而最后一种情况，也未必不是刘邦想要的结果。

此时的楚王韩信在得到刘邦"南游云梦"的消息后，既疑惑又害怕。就在刘邦即将进入楚国时，韩信曾想发兵反叛，但他又认为自己无罪；可想见刘邦，又害怕被擒。这时有人劝韩信说："杀了钟离眛去谒见陛下，天子必然欣喜，这样一来也就没有祸患了。"

钟离眛此时对韩信说："汉王之所以不打楚国，是因为我在您这里，您想抓我去取悦汉王，我今日死，你的死期也不远了。"见韩信没说话，钟离眛自知韩信已经放弃自己，于是大骂道："你实在不是位长者！"说罢，刎颈而亡。

十二月，刘邦在陈地接见各路诸侯，韩信也提着钟离眛的头颅来拜见。刘邦一见韩信，马上命人将其捆了起来，押在随行的车上。韩信被绑后大呼：

"果然如人所言：'狡兔死，走狗烹；高鸟尽，良弓藏；敌国破，谋臣亡。'如今天下已经平定，我本来就应被烹杀了！"

刘邦对韩信宣布："有人告发你谋反。"随即锁拿韩信而归，接着大赦天下。

刘邦押着韩信回到洛阳，便赦免了他，将其降封为淮阴侯。韩信此时自知刘邦忌惮自己的才能，于是就多次称病，不再参加诸臣的朝见和随侍出行。平日里在家，韩信也闷闷不乐，为自己沦为与自己的老部下绛侯周勃、将军灌婴等人一样的侯爵感到羞耻。有次韩信去拜访将军樊哙。樊哙听说韩信到访，竟以跪拜之礼送迎，口称臣子，并说道："大王竟肯光临我这里！"韩信出门后，苦笑着说："我活着竟要和樊哙等人为伍了！"

解决了韩信不久，和他同名的韩王信也因不敌匈奴而逃亡北方，在匈奴落脚。后来刘邦在白登被匈奴大败，回军时路过赵国，此时的赵王张敖是初代赵王张耳的儿子，张耳在汉五年（前202）去世，张敖便承袭了赵王的爵位。张敖娶了鲁元公主为妻，此时对刘邦恭敬地执行了女婿的礼节，态度十分谦卑。但刘邦却箕坐（两脚叉开而坐，在汉代属无礼之举），并轻慢地责骂张敖。

此时，赵国相国贯高、赵午等人都怒火中烧，私下说道："我们的大王真是个懦弱无能之辈！"随即劝赵王说："天下豪强并起，贤者称王。现在您侍奉皇帝异常恭谨，而皇帝却如此无礼，请让我们替您杀了他！"张敖闻言，咬破自己的手指，流出血来，说道："你们怎么说出这样大错特错的话来！先父亡国,全仰赖陛下才得以光复,传之子孙。一丝一毫都是陛下之力,希望你们不要再说此事!"

贯高、赵午等人离开后,私下里计划说:"看来是我们把事情想简单了,赵王为人务实厚道,肯定是不会做那样的有悖德行之事。我们几个不就是看不惯赵王受到凌辱么?那我们自己去杀了刘邦不就得了,又何必告诉赵王呢!事成则赵王获益,如果不成,我们也一人做事一人当!"之后,这伙人开始等待机会。

过了许久,几人终于等来了一个机会。汉八年(前199)冬天,刘邦率军在东垣扫灭韩王信留下的党羽,途经赵国的柏人城。贯高等人趁机设伏,派人藏在厕所墙壁的夹层之内,准备趁其不备,行刺刘邦。不知是天意还是巧合,这一夜刘邦本已计划留在城内,但又忽然觉得心悸不安,就问左右:"此地叫什么名字?"手下回答说:"柏人。"刘邦皱眉说:"柏人柏人,受'迫'于人,这个兆头不好!"之后便没有留在城中过夜,十二月便返回长安。

一年之后,东窗事发,之前柏人的行刺计划被贯高的仇家知道了,于是向刘邦告发。刘邦直接下令抓人,连同赵王在内,凡参与行刺之人要全部捉拿归案。这时赵午等人见势不妙,纷纷表示愿自刎以谢赵王。一旁的贯高大骂说:"你们这是干吗!我们谋划之事,赵王根本不知道,现在却要一同被捕,你们这么死了,以后谁来证明赵王的清白?"这样,众人才束手就擒,与赵王一起被囚车押往长安。

到了公堂之上,贯高对主审的官员说:"行刺的事是我们这些人谋划的,赵王根本不知情。"之后狱吏开始大刑伺候,先用鞭子抽了上千下,再用刀连刺带划,将贯高折磨得遍体鳞伤,但贯高依旧守口如瓶。

这期间吕后也多次出来替女婿求情,对刘邦说:"赵王张敖是咱们的女婿,是不会那么做的。"刘邦听罢大怒,斥责吕后说:"你那女婿要是有一天夺了天下，还会在乎你的女儿吗？"对吕后不予理睬。

廷尉将贯高的审讯情况如实报给刘邦，刘邦觉得贯高是个人物，于是派他的同乡中大夫泄公去套贯高的话，贯高将过程说明，强调赵王张敖确实不知情。就这样，刘邦下令赦免了赵王张敖，但将其废为宣平侯，另调自己的爱子刘如意为赵王。刘邦本想赦免贯高，但贯高听说赵王得免，便自杀殉节了。

平定了赵国之后，紧接着发生了陈豨的谋反。这个陈豨当初获封为国相，去掌管赵、代两国的边境部队。上任之时，陈豨去拜访淮阴侯韩信并向他辞行。韩信与其约定，如若有一天刘邦怀疑陈豨谋反而率大军讨伐，韩信愿在长安做陈豨的内应。

陈豨为人比较张扬，常羡慕魏信陵君养士的风范，等他到了北方边境，大权在握却不知检点。告假回朝时，陈豨随行的车竟有1000多辆，将邯郸城的馆舍都住满了。赵国国相周昌见状将实情上报刘邦，刘邦便命人审查陈豨宾客在代国时的种种不法行为，陈豨害怕受到牵连，正在此时，流亡匈奴的韩王信派手下王黄和曼丘臣前来游说陈豨，双方一拍即合，汉十年（前197）九月，陈豨自封代王，率军劫掠赵、代两地。

汉十一年（前196）冬，刘邦率兵与太尉周勃配合，将几路叛军击溃，陈豨逃走，王黄和曼丘臣被俘，于是刘邦留下周勃继续扫荡叛军，而自己回到洛阳。回朝之后，刘邦才听说，原来韩信在京中密谋，准备挟持吕后和太子，结果被吕后联合丞相萧何将其逮捕并斩首，一代"军神"也就此落幕。

之前刘邦去打陈豨时，曾向梁王彭越征兵。本来彭越应该自己带人助刘邦平叛，但彭越声称身体不好，就让手下人带兵去了邯郸。刘邦本来就对这些异姓王心存芥蒂，这下更加生气，派人直接去梁国当面斥责彭越。这下彭越慌了，又想自己去找刘邦请罪。这时他手下的将军扈辄说："您当初说自己有病不跟随天子平叛，现在被骂了又要去请罪，这不是不打自招吗？您要是去了可就回不来了，不如就借这个机会兴兵起事吧！"但彭越不听。

这时又出了个插曲，彭越的太仆不知犯了什么罪，直接逃走去了刘邦那里，到了便指控彭越与部将扈辄密谋造反。刘邦下令奇袭梁国，彭越此时还想着进京赔罪，根本没有防备，直接被抓到了洛阳。相关部门审理的结果非常暧昧，说彭越已经表现出了谋反的迹象，建议处死。这很明显是为了迎合上意，不过刘邦并未处死彭越，而是将其废为庶人，并发配到蜀地监视居住。

彭越一行向西走到了郑地，正遇到吕后从长安来。彭越便向吕后哭诉，称自己无罪，希望能回自己的老家昌邑居住，不想去蜀地。吕后满口答应，带着他返回了洛阳，之后，她对刘邦说："彭越可是条好汉，如今将他流放到蜀郡，后患无穷，不如就此干掉他。我已将他带来。"之后，吕后又指使彭越门下舍人再告彭越谋反。廷尉王恬上奏，请求将彭越夷灭三族，刘邦批准，至此，真正威胁汉朝天下的异姓王，只剩下淮南王英布了。

四、非刘不王

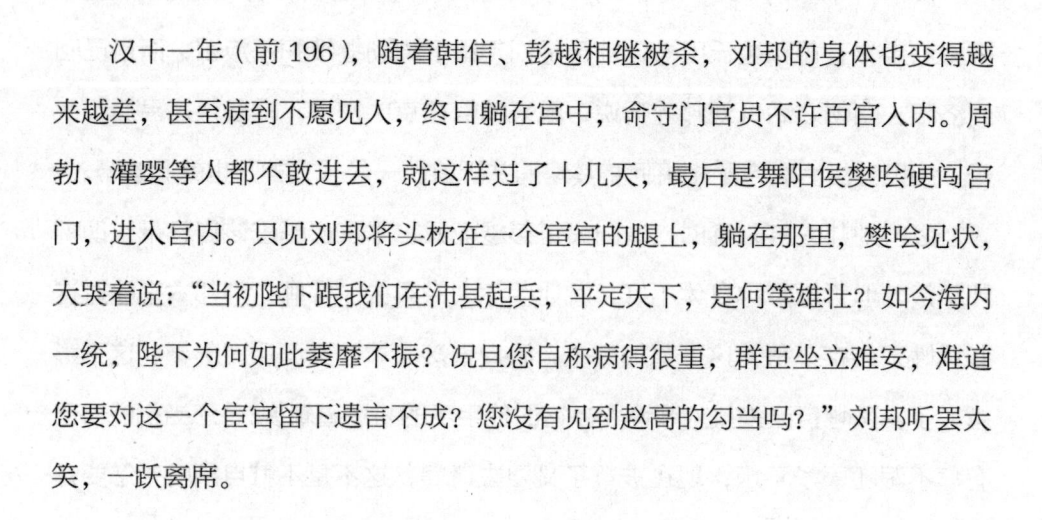

汉十一年（前196），随着韩信、彭越相继被杀，刘邦的身体也变得越来越差，甚至病到不愿见人，终日躺在宫中，命守门官员不许百官入内。周勃、灌婴等人都不敢进去，就这样过了十几天，最后是舞阳侯樊哙硬闯宫门，进入宫内。只见刘邦将头枕在一个宦官的腿上，躺在那里，樊哙见状，大哭着说："当初陛下跟我们在沛县起兵，平定天下，是何等雄壮？如今海内一统，陛下为何如此萎靡不振？况且您自称病得很重，群臣坐立难安，难道您要对这一个宦官留下遗言不成？您没有见到赵高的勾当吗？"刘邦听罢大笑，一跃离席。

不过虽说刘邦打起了精神，但九月英布叛乱的时候，他还是想让太子领兵去平叛，毕竟此时的刘邦，已经是一位年逾花甲的老人了。

其实当初韩信被杀时，英布已经感到恐慌，毕竟自己是在最后时刻才背叛项羽，投靠刘邦，论亲近，比不上卢绾、张敖；论能力，比不上韩信、彭越；就算是论明哲保身，英布也不如长沙王一脉识时务。所以，当刘邦下令将彭越的尸体剁成肉酱，分送各封国时，英布既悲伤又害怕，于是便秘密调兵遣将，准备在其他郡县有情况之际，随时发动起义。

正当此时，发生了一个偶然事件：英布的一位宠姬生病，到医生处问诊。结果这位医生的对门，就住着中大夫贲赫，贲赫见机会难得，便给医生备了厚礼，自己则到医生家中陪这位姬妾饮宴。英布听说后，醋意大发，认为二者必有奸情，就打算抓住贲赫。但贲赫得到消息，仓皇逃走，直奔长安，向刘邦检举，说英布反形已露，请求在其未起兵之时，将其诛杀。

刘邦看了贲赫的上书，就与丞相萧何商议，萧何说："英布不应如此，恐怕这是仇人诬告，陛下可以将贲赫先抓起来，再派人秘密调查英布。"萧何为人持重，这番话也体现出了丞相的态度，回想之前陈平在韩信谋反时与刘邦的对话，其实陈平又何尝不知韩信不会谋反呢？如果他相信韩信谋反，又怎么会给刘邦出"在陈地会盟"这样的主意呢？恐怕陈平知道刘邦对韩信的忌惮，所以才为刘邦出奇谋擒韩信，对于陈平来说，可能事情的真相也没有那么重要。

可淮南王英布在贲赫逃走之后，心生疑惧，害怕自己准备谋反的阴谋泄露。这时，正巧朝廷派人来调查贲赫所说的真伪，查询结果对英布不利，于是英布干脆一不做二不休，直接杀光了贲赫的全家，举兵造反。消息传来，刘邦当即赦免贲赫，并改命其为将军。

可是英布毕竟和韩信、彭越不同，他是真的带着淮南国的军队造反了。这时刘邦召集手下的将领们商议，大家异口同声地说："请陛下出兵吧，坑杀了那小子,看他有什么本事!"这时滕公夏侯婴召来原先楚国的令尹薛公,征求他的意见,毕竟他还比较了解情况。结果薛公说:"英布本来就要反!"

滕公问:"皇上封土赐爵,让其称王,他还有何造反的道理?"

薛公回答:"皇上不久前杀了彭越,再早些时还杀了韩信,英布与此二人功劳相同,二人已死,英布自然怀疑自己在劫难逃,所以才会造反。"夏侯婴将薛公的话如实报告刘邦,刘邦便召见薛公,询问策略。薛公说:"英布造反也不足为怪,假若英布行上策,那么山东地区将不再归朝廷统治;假若英布行中计,那么胜败之数尚未可知;如行下计,陛下便可高枕无忧了。"

刘邦问道:"何谓英布之上策?"

薛公答:"东取吴地,西夺楚地,并吞齐地,占据鲁地,并传令燕、赵,令这两国固守国策,那么崤山以东便不归汉矣。"

刘邦又问:"何谓中策?"

薛公继续说:"东取吴地,西夺楚地,并吞韩地,占据魏地,再控制敖仓积蓄的粮食,封锁成皋的通道,那么胜负尚未可知。"

刘邦再问:"何谓下策?"

薛公又说:"先攻吴地,再向西占领下蔡。然后将辎重送回越地,英布自己回到长沙,那么陛下可以高枕无忧了。"

刘邦最后问:"那你觉得英布最后会选择哪种计策?"

薛公答道:"英布必走下策,因为他原是骊山的刑徒,奋力爬到高位,必定只顾自身,不顾将来,更不会为百姓做什么深谋远虑,所以他必走下策。"薛公凭借这一番谈话,获得了一千户的封地,于是刘邦又命皇子刘长为淮南王,准备代替英布。同时,刘邦命太子兼领关中军队,自己则亲率大军,讨伐英布。

英布造反之初,曾对手下说:"陛下已老,又讨厌打仗,这次肯定不会来。如果派手下将领跟我打,我只怕韩信和彭越,但他们二人已死,其他人都不足挂齿！"其实英布这么说也是自己给自己壮胆，好让自己下定决心反叛。

不过也正如薛公预料的那样——英布并没有做出正确的选择，他首先向东攻击吴地的荆王刘贾，刘贾不敌，在败逃的路上死在了富陵。接下来，英布胁迫刘贾的全部军队跟随自己渡过黄河，去攻打楚王刘交。

楚地毕竟士兵骁勇，国力也比较强，刘交见英布来者不善，就发兵在徐县、僮县一带迎战。两军还未交手，刘交便决定兵分三路，想以此让三股军队互相救援，出奇制胜。这时就有人劝刘交说："英布善于用兵，人们平日里都惧他三分，更何况兵法有云：'诸侯自战其地为散地'，现在楚军一分为三，敌军只要拿下一股，其余的就会逃散，还何谈互相救援呢！"不过楚王不听，结果一路被击溃，剩下两路果然作鸟兽散，于是英布继续引兵西进。

转过年来（前195）冬十月（岁首），刘邦率军与英布的军队在蕲西对阵。英布手下兵强马壮，刘邦只好在庸城固守。远远望去，刘邦又想起了自己的心理阴影——项羽，英布军队的布阵犹如当年项羽一样，刘邦感到非常厌恶。与英布遥相喊话，说："你又何苦要造反呢？"英布回答说："不过是想做皇帝罢了。"刘邦闻言大怒，大声斥骂英布，双方大战爆发。

双方激战多时，英布军战败，英布只好下令后撤，渡过淮河，再重整旗鼓，布阵反扑，再败，如此数次之后，英布全军溃败，只好与部下一百余人再向南，逃过长江，刘邦派人继续追击，自己则班师回朝，路过老家沛县，刘邦将自己的父老乡亲召集起来，饮酒十日，并免除了沛县的赋税，这也是刘邦最后一次回到故乡。

英布逃走后，长沙王吴臣（吴芮之子，吴芮于前202年去世）派人诱降英布，英布娶了吴芮的女儿，也就是吴臣的姐夫，就信以为真，跟着使节前往长沙国，途经番阳县，住宿时被乡民所杀。刘邦觉得荆王刘贾已死，又无子嗣，便将哥哥刘喜的儿子刘濞封为吴王，管辖原来的地盘。

此时的刘邦身患疾病，攻击英布时腿上又中了箭伤，回长安的途中，创伤恶化。吕后派一位优秀的医生赶来医治，医生检查过刘邦的伤口之后，说："此伤可以治疗！"刘邦闻言骂道："朕本是一介布衣，提三尺剑，攻取天下，这难道不是天命吗？命数在天，即使扁鹊在世，也救不了我了。"于是拒绝医治，赏给医生黄金五十斤，送他回长安去了。

汉十二年（前195）春二月，刘邦以谋反为由，派樊哙以丞相之名发兵攻击卢绾，并改立皇子刘建为燕王，此时的异姓王只剩下了长沙王吴臣，封地也只有25000户。之后，刘邦曾召集陈平、周勃等将领，斩白马盟誓，誓词为"非刘姓而王者，天下共击之"。

四月二十五日，刘邦在长乐宫驾崩，被废的燕王卢绾得到刘邦的死讯，自知回朝无望，便率众逃入匈奴。

第四章

吕氏当国

刘邦死后,太子刘盈即位,史称汉惠帝,可这位皇帝在中国历史上却是相当特殊的存在。

关于刘邦的年纪,《史记》和《汉书》都没有给出明确的记载。史学界向来有两种看法,一种认为刘邦生于秦昭王五十一年(前256),另一种则认为刘邦出生于秦庄襄王三年(前247)。但无论真实情况如何,刘盈出生时(前210),刘邦都还只是沛县的一个混混,等到刘邦被封汉王的时候,刘盈已经五岁了。可以说刘盈的童年基本在颠沛流离中度过,在逃亡途中被刘邦踹下车,还差点做了项羽的俘虏。

可是童年的经历并没有让刘盈成为像刘邦这样的人,而是让他走向了父亲的反面。据史书记载,刘盈性格宽仁而善良,当然,这样性格的人,也难免有一些软弱。也正因如此,刘邦不喜欢自己这个唯一的嫡子,而是喜欢戚夫人生的孩子刘如意,于是"换太子"这个念头就一直存在于刘邦的心里。

这件事第一次爆发是在汉十年(前197),刘邦连年在关东作战,吕后和太子则常年留守关中,二人聚少离多,日渐疏远。而戚夫人却一直陪在刘邦身边。此次出征关东,戚夫人却总是以泪洗面,要求刘邦立自己的儿子赵王刘如意为太子,刘邦本就觉得刘如意更像自己,于是也就动了念头。

此时的朝堂之上,群臣与刘邦争论得非常厉害,御史大夫周昌不顾自己口吃,在朝堂上说:"臣口不能言,然臣期……期知其不可!陛下欲废太子,臣期……期不奉诏!"刘邦听罢大笑,随即罢朝。讨论太子废立的朝会,吕后自然了如指掌,散朝之后,吕后找到周昌,下跪感谢道:"如果今日没有您力争，恐怕太子就要被废了。"而刘邦也通过这件事，初步了解了朝臣的态度，这件事也就此搁下了。

不过吕后心中忐忑，知道这件事并不会这样结束。于是她决定去找对刘邦最有影响力的人——张良。当初促成刘邦定都长安以后，张良也跟着刘邦进入了关中，但一入关中，张良便称病在家，据说是练习呼吸吐纳之术，已经很久没有露面了。

吕后派兄长建成侯吕泽半请求半胁迫地说："您是陛下的谋臣，现在陛下想改立太子，您怎能高枕无忧呢？"

张良回答说："当初陛下多次处于危急之中，才听从了我的计谋。现在天下安定，因自己的偏爱想改立太子，这是父子之间的事，即使我们再多人劝谏，又有什么效果呢？"

吕泽只好强行要求说："您替我出条计策吧。"

"此事很难靠口舌去争竞。"张良答道，"天下能不为天子所用的，有四人，人称'商山四皓'。他们都认为陛下傲慢，喜欢轻侮读书人，所以逃至山中，不愿做汉臣。然而陛下最为推崇此四人，如果皇后能不吝惜金帛，再令太子用谦卑的言辞写信，再派能言善辩之士去敦请，他们应该能来。等他们来后，好生招待，再请此四人随太子上朝，设法让陛下看见，陛下必会惊讶问询，那时必对太子有所助益。"

于是吕后便命吕泽派人携带厚礼和太子的书信，将四人请来，暂时住在吕泽的建成侯府上。转过年来（前196），英布造反，刘邦病重，本想让太子代自己前去平叛。此时四位老人互相商量说："我们来的目的，便是保全太子的地位，太子为将带兵，事情就危险了。"于是几人找到吕泽，对他说："太子出征，如果立有战功，也并不能再受封赏；可如果无功而返，恐怕就要遭受灾祸了。再者随太子出征的都是功臣猛将，现在让太子统率他们，无异于使羊将狼，这些人必不肯尽力，那么此次出征也注定会无功而返了。况且我们听说'母爱者子抱',现在戚夫人日夜侍奉陛下,恐怕早晚会威胁太子,您还是应该去请皇后向陛下进言,就说英布乃天下猛将,善于用兵,现在诸将都是陛下旧部,恐怕不愿为太子出力,且如果英布知道此事,必会率军西进。陛下亲自带病出征,诸将必当用命,虽然辛苦,但为了妻儿,还请陛下勉为其难吧。"

吕泽听罢连夜进宫去见吕后,吕后便找了个机会,将四位老人教的话讲了一遍,同时声泪俱下,演技十分逼真。刘邦见罢,骂道:"我就知道这个不争气的小子根本完不成这项差事,还是老子亲自去吧!"于是刘邦带病,率军东征。

出征之日,群臣都到霸上送行,刘邦在送行的队伍中见到了久未露面的张良,张良虽然病重,此时也上前对刘邦说:"我本应随陛下出征,无奈病重,楚人勇猛,还请陛下不要与楚人争一时之高低。"此时的刘邦,意味深长地对张良说:"子房虽病,也要勉励辅助太子。"此时叔孙通身为太子太傅,于是张良便履行了太子少傅的职责。刘邦的言下之意,是他已经看出,张良送行其实是为太子站台的,刘邦干脆就让其辅佐太子。

汉十二年(前195),英布战败被杀,刘邦病情更重,于是改立太子的想法比过去更加强烈。这次他接连拒绝了自己两位重臣的劝阻,一个是过去他最看重的谋士张良,另一个则是他现在最信任的叔孙通,前者见刘邦拒绝自己,便趁机称病回府,闭门不出,而后者则用扶苏、胡亥的旧事来劝谏刘邦,甚至不惜死谏,最后刘邦虽然表面答应,但心里仍然想改立赵王。

可是到了皇帝生辰设宴之时,刘邦见有四位须发皆白的老人跟在太子身后,看样子得有80岁了,衣冠奇伟,相貌不凡。于是刘邦询问这四人的来历,几位老人不慌不忙,上前答话,报出自己的名号,分别为:东园公唐秉,甪里先生周术,绮里季吴实,夏黄公崔广。

刘邦听闻大惊,问道:"朕寻找多年,你们却都躲着我,现在为何跟我的儿子在一起呢？"四位老人回答："陛下轻侮士人，喜欢辱骂儒生，我等不愿受辱，惶恐不安，只好四处躲藏。我们私下听说，太子仁孝，谦恭有礼，喜欢结交士人，天下没人不希望为太子效力，所以我们就来了。"刘邦听罢，对几人说："那就烦请几位调教保护太子到底。"四人为刘邦敬酒祝寿完毕，便告辞离去。

刘邦目送几人，百感交集，唤来戚夫人，指着四位老人的背影给她看，说："我原想换掉太子，但有此四人辅佐，太子羽翼已成，再难动摇他的地位，吕后恐怕真要做你的主人了。"戚夫人闻言哭泣，此时的刘邦也悲从中来，对她说："你为我跳支楚地的舞吧，我为你唱首楚歌。"

随后戚夫人跳起楚舞，刘邦唱道：

鸿鹄高飞，一举千里。羽翮已就，横绝四海。
横绝四海，当可奈何？虽有矰缴，尚安所施？

一连唱了几遍，戚夫人终于泣不成声，刘邦于是起身离去，酒席也就散了。

一、女主临朝

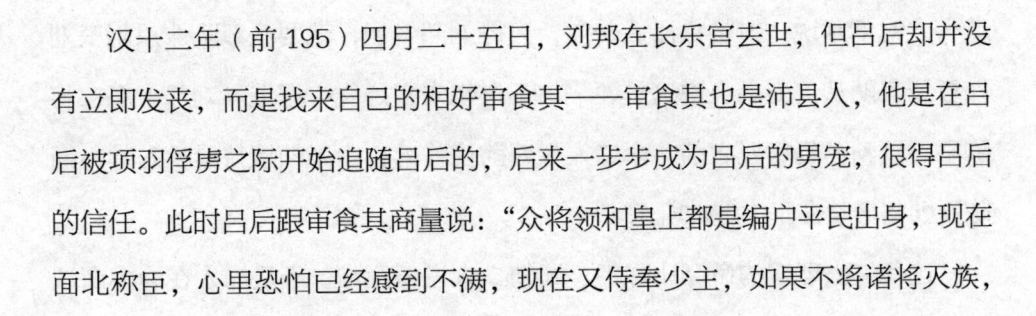

汉十二年（前195）四月二十五日，刘邦在长乐宫去世，但吕后却并没有立即发丧，而是找来自己的相好审食其——审食其也是沛县人，他是在吕后被项羽俘虏之际开始追随吕后的，后来一步步成为吕后的男宠，很得吕后的信任。此时吕后跟审食其商量说："众将领和皇上都是编户平民出身，现在面北称臣，心里恐怕已经感到不满，现在又侍奉少主，如果不将诸将灭族，

天下怕是不会安定。"吕后有此想法也不奇怪，当我们回头盘点，发现韩信、彭越其实都是死于吕后之手，吕后作为一个政治家，比刘邦更加不择手段。

审食其对此事看法如何，并不知道，但无论如何，他都不可能顶撞吕后，但不久，这个消息传出，有人就将此事告诉了朝中资历和军功都堪称一流的曲周侯郦商，郦商是郦食其的弟弟，关键是跟吕家关系不错，吕后的侄子吕禄和郦商的儿子郦寄是至交，所以这件事很有可能是审食其故意泄露给郦商的。

郦商听到消息，果然十分焦急，马上找到审食其，对他说："我听说天子已经驾崩，已经四日还不公布死讯，皇后还想杀死众将。如果真的这样，天下就危险了。陈平、灌婴率领10万人驻守荥阳，樊哙、周勃率20万人平定燕、代，如果此时他们听闻陛下驾崩、诸将都会被杀，一定会联合起来向关中进发。大臣在内造反，诸侯在外叛乱，恐怕离灭亡就不远了。"审食其进宫，将原话转述给吕后——事情到这，其实更像是吕后让审食其放出话来试探，听郦商一说，吕后也就打消了这个念头，四月二十八日，吕后才向外界公布刘邦死讯，并发布消息，大赦天下。

虽然没有动手，但吕后对功臣的戒心并没有消除。郦商提到的四人中，此时颍阴侯灌婴自灭英布以后，驻守在荥阳，并未在朝中任职，而舞阳侯樊哙娶了吕媭，是吕后的妹夫，而剩下的陈平和周勃，才是吕后真正的威胁，但此时二人并未在京城，而是奉命去捉拿樊哙。

两个月前，卢绾造反，樊哙奉刘邦之命率军进击。可樊哙刚走没多久，就有人对刘邦说，樊哙是吕后一党，只待刘邦驾崩，就要派军队诛杀赵王刘如意及其随从。史书上说这是诬陷，不过也未必是凭空捏造。刘邦大怒，将陈平、周勃召到病榻之前，命二人火速前往阵前，由周勃接替樊哙为帅，而陈平要将樊哙在军中就地斩杀。

这条失去理智的命令让陈平、周勃二人进退两难。于是二人在途中商议说："这樊哙是陛下旧友，劳苦功高，又是皇后的妹夫，身份如此尊贵，陛下一怒之下就要我们杀他，一旦日后后悔，怒气必会发到我们身上，不如将他押回长安，交由陛下自己处理吧。"商议好后，二人到达军中，在营外修筑高台，持皇帝符节召见樊哙，樊哙见到朝廷诏书，并未多言，只是将手背在身后，任由差人将其捆绑后，装进囚车，由驿站直达长安，而周勃则按原计划接管军权，继续扫荡燕地卢绾的势力。

陈平带队行至中途，听到刘邦驾崩的消息，魂飞天外。很明显，此刻在京城主持局面的必是吕后，而自己押解樊哙回朝，无异于站在了吕后的对立面上，想到这里，陈平直接策马扬鞭，抛下囚车，直奔长安去了。途中还遇见有人向其传旨，命陈平跟灌婴进屯荥阳。陈平机警，接受诏书，但并未去荥阳，他深知，有些事儿如果不说开了，恐怕自己不久就会大祸临头了。就这样，陈平入京后直奔皇宫，见到吕后，顿足捶胸，号啕大哭，并要求在宫中为刘邦守灵，吕后深受感动，便任命陈平为郎中令，同时教导刘盈。虽然在这之后，吕嬃为救樊哙，曾在姐姐面前说过陈平的坏话，但没起什么作用，而樊哙到达长安之后，不出所料，被原地释放，并恢复了官爵。

安稳住功臣之后，吕后便将矛头对准了刘邦的后宫和刘姓诸王。首先被针对的，自然是差点让刘邦废立太子的戚夫人和赵王母子。

处理完刘邦的丧事，吕后便命掌管后妃宫女的永巷令将戚夫人逮捕，剃光头发，戴上刑具，穿上用赤土染红的囚服，命其舂米。同时，遣使召赵王入京。使者多次往返，但都被赵国国相周昌阻止，周昌对使者说："先帝将赵王托付于我，赵王年纪尚幼（此时应为12岁），听说皇太后恨戚夫人入骨，准备将赵王叫到长安，将这对母子一同杀害，我实在不敢送他去长安。况且赵王本人确实有病，也不适合长途奔波。"吕后听使者传话后暴跳如雷，但周昌毕竟曾经在刘邦面前保护太子，吕后不便硬来，只好派人先召周昌入京。等到周昌到达长安，再派人征召赵王。这一次，赵王刘如意没有拒绝，出发前往长安。

此时刚即位的惠帝刘盈知道母亲正在盛怒之下，便亲自到霸上迎接弟弟，一同入宫。平日里将弟弟带在身边，同吃同睡。吕后想杀刘如意，但投鼠忌器，一直无法下手。惠帝元年（前194）冬十二月，刘盈早起，赴郊外打猎，叫赵王跟自己同行，但刘如意年少，贪睡不肯起床，刘盈只好独自出发。

吕后得到消息，便急忙派人带着毒酒闯进太子寝宫，强迫刘如意喝下，不一会儿，刘如意毒发身亡。刘盈归来后，见弟弟已成尸体，十分悲伤，但木已成舟，无法改变，可赵王的死却远不是惠帝刘盈最大的心理阴影。赵王死后，吕后的复仇却并没停止，她命人将戚夫人的手脚斩断，挖掉双眼，熏聋耳朵，喝下哑药，并将她投入厕中，命名为"人彘"。

几日后，吕后还特地命人带着惠帝刘盈前去参观。刘盈见墙角有一团血肉模糊正在蠕动的物体，便询问手下这是何物。左右据实回答。得知此物竟是戚夫人，刘盈受到了强烈的精神刺激，大哭不止，回去后便卧病在床，一年有余不能下地。在此期间，刘盈派人告知吕后："这不是人能做出的事，我为太后之子，终究没有颜面治理天下。"从此之后，刘盈便日日纵酒淫乐，不再处理政务，朝政便由吕后把持。

处理完了功臣集团和昔日情敌，吕后便开始着手处理最后一个影响其权力稳定的因素——藩王。

赵王刘如意已死，赵国需要有国君，赵国之地，地理位置十分重要，人口众多。思考之后，吕后便将淮阳王刘友改封为赵王。之所以封刘友，是因为刘友的王后是吕氏之女，但这位吕氏之女，后来却将丈夫诬陷致死。

眼下最让吕后不放心的，便是刘邦的长子，封地最大的齐王刘肥。齐国地处山东半岛，从齐桓公称霸开始，就一直是天下最为富庶的封国之一，特别是人口众多，《左传》上说春秋时齐国的都城临淄的街道上，人们"挥汗如雨，摩肩接踵"，整个齐国光城池就有 70 多座。这样一个大国，此刻还在刘邦的长子手里，实在让人不安。

惠帝二年（前 193）冬十月，齐王刘肥到长安朝见天子，也参加了吕后所设的家宴。刘肥是刘邦在娶吕后之前的私生子，年龄上应该比吕后小不了多少，而惠帝刘盈此年 18 岁，认为刘肥是自己的兄长，所以便请他坐在右边尊位——中国古代到底是以左为尊还是以右为尊，不同的朝代并不一样，先秦时期的各诸侯国也不一样，中原的各国大多以左为尊，因此国君一旦坐在车上，会坐在左边，而右边则坐着保护国君的参乘，因此参乘也称车右，樊哙便担任过刘邦的参乘。但楚国却是以右为尊，而项羽、刘邦等都是楚人，唱楚歌，观楚舞，一辈子喜欢楚地文化，因此汉代以右为尊，所以官员的升迁称为"右迁"，贬谪称为"左迁"，这也成为后世官场中的固定说法。

此刻见刘肥坐在尊位，吕后怒火中烧，暗示左右斟一杯毒酒，放在刘肥面前，为其敬酒。齐王刘肥起身去拿，此时惠帝也起身去拿这杯酒。吕后吓得魂飞魄散，赶紧一把将酒打翻。这下就算刘肥再傻，也该察觉酒中有异，因此刘肥不再喝酒，时间不长，便假装喝醉，趁机告辞。

宴会结束，刘肥才知道刚才是杯毒酒，大为恐惧，一时间不知如何是好。此时齐国一位随行的内史为刘肥出主意——想要活命，最好献出一个郡（城阳郡），将其作为鲁元公主的汤沐邑。之后，吕后转怒为喜，这才将刘肥放回齐国。

这样一来，吕后基本控制了局面，中国第一位女性统治者也就此诞生了。

二、黄老治国

所谓"黄老",指的是黄帝和老子之学,基本上是主张无为的一门学问。汉初的天下,说是经历了"楚汉之争",其实不只是刘邦和项羽,到处都在打仗,随之而来的便是大规模的破坏,社会财富消耗殆尽。《汉书·食货志》记载:"天下既定,民亡盖臧,自天子不能具醇驷,而将相或乘牛车。"所以,吕后面对的并不是一件轻松的事。

惠帝二年(前193)七月,萧何去世了,萧何一生都在为汉家服务,晚年还被老战友刘邦猜忌,不得不献出了绝大部分的家产。而当他去世时留下的土地,基本都在穷乡僻壤,府邸也不修围墙,并且一再说起:"子孙贤明,会效法我的节俭。子孙若顽劣,这些贫田荒宅,真正有权势的人也不屑于夺取。"七月末,按照先前的预案,齐国的国相曹参接任了萧何的丞相之位。

关于丞相的人选,其实刘邦早有交代。在刘邦病重之际,吕后担心刘邦随时可能驾崩,便向他请示后事:"等陛下百年之后,萧何恐怕也会追随,那时谁能接替他的位置呢?"

刘邦答:"曹参。"关键曹参也并不年轻,于是吕后又问那曹参之后呢?

刘邦又说:"王陵。不过王陵这人比较固执,要请陈平辅佐他,陈平才智过人,但没有魄力,不能独当一面。周勃为人敦厚,又不善言辞。然而将来安刘氏天下之人,一定是他。可以任命他做太尉,以此准备。"吕后再问谁能接替周勃,刘邦此时已十分虚弱,叹息道:"再以后的事,你也就不必担心了。"

刘邦的最后两句,意味深长,言下之意是说那时吕后年纪也大了,王陵之后的事情,恐怕也轮不到她操心了。可是如果细想这几个人,或许刘邦还有一层意思，或许他已经预想到吕氏或许会成为威胁刘氏江山的一股力量，而陈平和周勃，正是安定刘氏天下的人。

在萧何病重之际，惠帝刘盈曾亲自去探望他，并趁机问道："丞相百年之后，何人可以接替你呢？"此时的萧何，仍谨慎地说："知臣者莫若君。"并没有直接推荐。

刘盈听罢，便直接问道："曹参如何？"

萧何便在枕上叩头说："陛下找对人了，臣死而无憾。"要知道，虽然萧何与曹参是沛县起兵的老战友，但后来随着官越做越大，二人的关系并不融洽，不然曹参也不见得会远离长安，去齐国任职。所以这次对话，其实君臣更在意的或许不是人选本身，而是谁能够稳住当时的局面，资历让朝臣心悦诚服，曹参作为功臣中功劳第二，自然最适合来做这个丞相。

曹参自己也知道这一点，他在齐国听闻萧何去世的消息，马上吩咐随从，准备行装。不久，果然有使节前来征召。可是曹参接任丞相之后，对所有的制度、法令都没有丝毫变更，完全依照萧何时期的办法来做。在郡县或各个封国的官员中，专挑一些不善言辞，性情温和，有长者之风的人进入丞相府任职。凡是尖牙利嘴，文风锐利，又追求名声的官员，一律被排除在外。而曹参本人，则日日欢宴饮酒，不问政事。无论是朝臣还是门下宾客，见曹参如此萎靡不振，游手好闲，都十分焦虑，有些胆大的就前来规劝，一有人来，曹参就将其灌醉，有些人趁着喝酒的间隙，刚想张口提意见，曹参准保前来敬酒，直到将这些人灌得东倒西歪，最后不得不狼狈告辞，竟没有人有机会向曹参进言。久而久之，大家也就习惯了，而且曹参如果发现有人偶尔犯错，只要不大，他一定帮忙掩饰，不予追究，所以丞相府竟成了朝廷最清闲的地方。

惠帝对曹参的表现很不满意，甚至认为这是对自己年轻的一种蔑视，便让曹参的儿子曹窋（音 zhú）回家问问情况。曹窋官居中大夫，经常出入宫庭，对父亲的行为也是不解，便回家问曹参是否真如皇帝所说。没想到曹参大发雷霆，将儿子打了二百藤条，并骂道："好好进宫当差，天下事不是你能管的，更不需要你胡说八道！"

第二天朝会时，刘盈责备曹参说："曹窋所为，是我叫他说的。"

曹参脱下官帽，谢罪说："陛下自己观察自己的能力能否比得上高祖？"

刘盈说："我哪敢和先帝比较呢！"

曹参又问："陛下看我的能力，能否比得上萧何？"

刘盈委婉地说："似乎也比不上。"

这时，曹参说道："陛下说得很对，高祖与萧何平定天下，现在法律已然明晰。如今陛下只需垂拱高坐，臣下们尽忠职守，恭敬谨慎，不出差错，不是也可以吗？"惠帝听罢，觉得很有道理，于是便留下了"萧规曹随"的典故。

这件事其实反映了好几个问题，第一，惠帝刘盈或许并不像史书中说的丝毫不理朝政，只是当时的朝政，根本不需要，或者说也轮不到他做什么；第二，曹参所遵循的，便是黄老之术，无为而治，休养生息，这也是刘邦和萧何都推荐他的原因。曹参任丞相三年，于惠帝五年（前190）秋天去世，吕后便依据刘邦的指示，任命王陵为右丞相，陈平为左丞相，紧接着又任命周勃做太尉。

曹参做丞相三年下来，百姓创作了歌谣赞美他，说：

萧何为法，较若画一；曹参代之，守而勿失。载其清净，民以宁壹。

既然国内的政务以休养生息为主，那就需要边境上的和平，对当时的汉朝来说，最大的威胁无疑还是来自北方，时时入寇的匈奴。

惠帝登基以后，仍依照和亲旧例，以宗室之女为公主，嫁给冒顿单于为阏氏。可这时的匈奴，正处在国力的巅峰，冒顿单于竟派人给吕后送来了一封狂悖无礼的信，信上说：

> 孤偾之君，生于沮泽之中，长于平野牛马之域，数至边境，愿游中国。陛下独立，孤偾独居。两主不乐，无以自虞，愿以所有，易其所无……

这段话的意思非常暧昧，大意是说，"我本是一个寂寞的君王，又生在北方的沼泽地带，长于牛马成群的草原上，屡次到达边境，多么渴望去中原游览，而你的丈夫刚去世，正寂寞地独守空房。我们二人既然都不快乐，又无法自娱，不如你我成亲，希望我能用我所拥有的，来交换我所没有的……"吕后看罢，自然是暴跳如雷，马上召集廷议，准备直接杀掉使者，发兵攻打匈奴。

廷议一开始，樊哙自告奋勇，说："臣愿率十万精兵，去横扫匈奴。"中郎将季布站出来，说："樊哙说这话可以杀头了！之前匈奴在平成围困高祖，汉军32万，樊哙为上将军，尚且不能解围。如今四方百姓的呻吟之声犹在，负伤的战士们刚能离开床铺，樊哙却想动摇国本，大言不惭地说10万人就能横扫匈奴，这是睁着眼睛说瞎话。况且匈奴之人，犹如禽兽，听了他们的好话也不必高兴，听了他们的谩骂也不值得生气。"季布这一番带有"阿Q精神"的言论还是让吕后冷静了下来，此时的汉朝显然不具备跟匈奴开战的实力。

于是吕后派大谒者张释送去回信，吕后在回信上谦卑地说："单于没有忘记我们这个小地方，赐下信件，我们全国上下，都震惊惶恐。我本应前往侍奉单于，可惜我老了，血气衰弱，头发和牙齿也都脱落了，连走路都不稳。单于听到那些夸我的话，恐怕言过其实……"就这样，汉朝向匈奴赠送了二乘车、八匹马以示友好。冒顿单于也就坡下驴，派使臣前来致歉，称不懂中原礼仪，因此冒犯，请求宽恕，同时匈奴还献上马匹，并接受了汉朝的和亲。

关于吕后在位期间是如何施政的记载并不多，但就从这件事来看，吕后隐忍而懂得变通，无疑是一位合格的政治家，而在内政外交之外，吕后最为在意的，就是处理吕氏和刘氏两大贵族的关系，她要为自己的兄弟姊妹封爵，可这一点却是不合规矩的。

惠帝七年（前188）八月二十日，惠帝刘盈在未央宫驾崩，结束了自己善良而憋屈的一生。当初，刘盈即位时，吕后将鲁元公主和张敖的女儿张嫣嫁给刘盈做皇后，很显然刘盈并不喜欢自己的亲外甥女，二人并无子嗣。吕后便将其他女人生的儿子刘恭交给张皇后抚养，同时将刘恭的生母杀掉。刘盈死后，刘恭继位，史称前少帝。吕后则成为太皇太后，继续把持朝政，并决定，封"诸吕"为王。

高后元年（前187），吕后就吕氏封王的问题询问右丞相王陵，王陵说："高祖斩白马盟誓，非刘姓而王，天下共击之。现在将诸吕封王，不合规矩。"吕后很不高兴，又询问左丞相陈平和太尉周勃，二人说："高祖平定天下，封刘姓为王，今太皇太后临朝，封吕氏为王，有何不可？"吕后这才转怒为喜。

朝会散去，王陵抱怨陈平、周勃二人，说："当初歃血为盟之时，你们难道没参加吗？如今高祖去世，太皇太后想封诸吕为王，你们就要背弃盟约，阿谀奉承，以后有何面目去地下见高祖呢？"二人回答："在朝廷之上当面谏阻太后，我二人确实不如您；可将来保全社稷，安定刘氏天下，您就不如我们了。"不到一个月后，吕后升王陵为太傅，实际上剥夺了他右丞相的实权，王陵也就从此称病，不再上朝，陈平则升任为右丞相，左丞相则由太后的男宠审食其担任。

之后，吕后追封亡父吕文为宣王，亡兄周吕侯吕泽为悼武王，以此作为封诸吕为王的信号。除此之外，吕后还想了其他掩人耳目的办法，比如封诸吕之前，先封刘氏，前后封王的刘氏共有四人，分别为惠帝的两个儿子淮阳王刘强、常山王刘不疑，以及由吕王改封而来的济川王刘太和刘邦的远房亲戚琅邪王刘泽。而吕氏获封的，则是吕王吕台、赵王吕禄及后来的燕王吕通。吕氏虽说只有三人，但封地却比刘氏诸王更大，也更为重要。而且惠帝的几个儿子此时都还是小孩儿，唯一的成年王爵刘泽还是吕后的侄女婿——这也是吕后控制刘氏的又一个手段：联姻。

所谓联姻，就是让刘氏诸王娶吕家的姑娘，以此达到控制的效果。只可惜吕氏家族的女孩个性太强，这一策略实行得并不算成功。首先是继任赵王的刘友，刘友是刘邦的第六子，吕家姑娘嫁给他之后并不得宠，眼见刘友宠爱别的姬妾，这位吕王后醋意大发，竟向吕后告状，说刘友不满吕氏封王，想起兵造反。于是吕后杀心顿起，将刘友召至京师，同时封锁刘友住的客栈，刘友最后活活饿死在馆驿之中。

刘友死后，吕后改封刘邦第五子刘恢为赵王，同时又将吕产的女儿嫁给他做王后，刘恢无奈接受。王后来赵国时，随从人员全部是吕家党羽，这些人无法无天，玩弄权柄，有人还专门打刘恢的小报告，而这位吕产的女儿，从小娇生惯养，见刘恢不喜欢自己，而去宠爱另一位姬妾，吕氏竟派人将受宠的姬妾毒死，刘恢悲愤交加，无奈之下，竟选择结束了自己的生命。而吕后则认为刘恢为了一个女人竟然自断祖宗香火，罪大恶极，因此下令，撤销了刘恢的封国。

此时的吕氏，实力已经到达了顶峰，而刘氏这边，却看不到一个统一的领袖，相反随着年龄渐长，少帝刘恭获知自己的身世，忍不住对左右说："张太后凭什么杀我母亲，又抚养我，等我长大，必要复仇。"吕太后闻听此言，便下令将刘恭幽禁，对外宣称皇帝精神失常，于是另立恒山王刘义为帝，并改名刘弘，史称后少帝，继续由吕后把持朝政，甚至连新君登基的"改元"

都没有进行。

三、诸吕末日

眼看吕氏力量日益膨胀，有失控的危险，右丞相陈平非常担心，平时在家总是考虑这件事，但苦于没有办法。一日，陆贾前来拜访，未经通报便进入屋内，直到坐在陈平旁边，陈平都没有发觉。陆贾见状问道："丞相如此全神贯注，所虑何事？"

陈平这才缓过神来，见是陆贾，便答道："先生猜猜看？"

陆贾说道："丞相位极人臣，富贵无比，不会再有欲望了；您所忧虑的，无外乎是担心诸吕和少主罢了。"

"您说得对，"陈平说，"先生有何良策？"

陆贾见陈平发问，便说道："天下安，注意相；天下危，注意将。将相关系融洽，士人便会归附，天下即使有变，大权也不会被分割。而今安定国家的根本大计，就在您与太尉的掌握之中。我曾想劝谏太尉绛侯周勃，但绛侯总和我开玩笑，不会重视我的话。您何不与太尉深交一番，密切联系呢？"除此之外，陆贾还为陈平谋划了一些铲除诸吕的关键办法。陈平决定采用陆贾之计，在周勃寿辰时，献上500斤黄金为其祝寿，并举办丰盛的宴会。周勃也顺水推舟，以礼回报。二人结交之后，诸吕的气焰才渐渐衰减。陈平也赏赐给陆贾若干车马钱财作为感谢。

就在这一时期，刘氏宗室中也涌现出一位英才——朱虚侯刘章。刘章是齐王刘肥的次子，据说天生神力，对刘氏宗室的现状很不满意。有一次，刘章在后宫侍奉太后参加酒宴，太后令刘章为监酒官。刘章则自己请求说："我本是将门之后，请太后允许我按军法监酒。"太后同意。

酒酣之际，刘章请求献唱一曲《耕田歌》，吕后准许。刘章唱道：

深耕穊种，立苗欲疏；非其种者，锄而去之！

这首歌说是暗指，实际已经近乎明说了。太后自然知其歌中所指，只是一时不便发作。不久，参加宴席的诸吕中有一人醉酒，想要避席离去，刘章追上来，拔剑杀了此人，并还报太后说："有一人逃酒而走，我已依军法将其处斩！"太后及左右人等都大惊失色，但此前刘章早有请示"以军法监酒"，因此也拿刘章没有办法，宴会不欢而散。但自此之后，诸吕都很忌惮这位朱虚侯刘章，朝廷大臣也逐渐与他结交，于是刘氏宗室的势力也得到了发展。

高后八年（前180）三月，吕后参加"除恶"的祭典之后回宫，途经轵道（亭名），只见有一个类似灰狗的动物，猛扑向吕后的腋窝，之后转眼消失不见。吕后命人占卜此事，得到的结果是"此为赵王刘如意的鬼魂作祟"。从此之后，吕后的腋下便疼痛不止。

秋七月，吕后已经病入膏肓。于是下诏任命赵王吕禄为上将军，统领北军；梁王吕产统领南军。西汉在京城的驻军依据营地位置，分为北、南二军。北军统帅为中尉，南军统帅为卫尉。论战力，北军的构成是以汉军主力为主，战斗力强，人数通常在3万人以上，刘邦经常调北军出战；而南军一般负责京城治安，战斗力较弱，人数通常也只有1万左右，因此北军的归属，便决定了京城的归属，现在南北军同在吕氏之手。吕后告诫吕产、吕禄二人："吕姓封王，重臣们都不认可。我死之后，皇帝尚幼，要小心功臣造反。你们一定要时刻留在军营之中，好好保卫宫廷，不要为我送葬。一旦你们离开军营，万一有变，吕氏无依无靠，就要陷入敌手了。"交代完毕后，吕后在七月三十日去世。遗诏大赦天下，任命吕产为丞相，吕禄之女为皇后，待下葬之后，左丞相审食其升任太傅。

朱虚侯刘章的妻子是吕禄的女儿，所谓嫁出去的姑娘如泼水，这位侯爵夫人不断透露消息，导致吕氏阴谋外泄。刘章秘密派人去告诉大哥齐王刘襄，让他赶紧率军进京。自己则跟弟弟东牟侯刘兴居一起在长安做内应，准备在铲除诸吕后，拥护大哥刘襄继位做皇帝。

刘襄接到信后，赶紧与他的舅父驷钧、郎中令祝午、中尉魏勃等几人商量，密谋动员齐地士卒，只有国相召平拒绝合作。八月二十六日，刘襄失去耐心，决定派人干掉召平，没承想消息走漏，召平来了个先下手为强，调兵包围了齐王的王宫。此时魏勃告诉召平："齐王起兵，师出无名，显然非法，丞相以武力制止，忠心可鉴，我愿替你带兵出击，生擒刘襄。"召平相信了魏勃，就把军权交给他，魏勃兵符到手，调转枪头，包围丞相府，召平连叫后悔，只好自杀。

于是刘襄任命驷钧为丞相，魏勃为将军，祝午为内史，动员齐国境内的全部力量，准备赴京城夺权。可这时的刘襄不知是担心自己实力不够还是因为别的什么原因，做了一件蠢事。他派祝午去拜见琅邪王刘泽，说："吕氏作乱，齐王准备出兵讨伐，他自知年纪尚轻，又不懂军事，愿把齐国托付给您，您在高祖时期就做过将军，所以齐王命我来请您，驾临临淄，共举大事。"

此时的刘泽也没有多想，宗室有难，义不容辞，便动身前往临淄。可一到齐国，刘襄立即翻脸，将其扣留，再派祝午征调琅邪国的军队，与齐军配合。此时，刘泽对刘襄说："您是高祖嫡长孙（实际不是，刘襄只是长孙，并非嫡出），天子之位，非你莫属，而今官员们仍在观望，未有定论，我在刘姓皇族中，辈分最长（刘邦堂弟），我的意见他们会听，此刻留我在临淄，对你毫无益处，不如让我前往京师，见机行事。"刘襄此时又出昏招，不光同意了刘泽的请求，还派出大规模的车队，为刘泽送行，而刘泽此去，也成为刘襄失去帝位的重要原因之一。

刘泽走后，齐军发布文告，指控吕氏罪行，号召天下共同进讨，同时大举进攻济川国。丞相吕产等人接到报告，便派颍阴侯灌婴率军迎击。吕后执政的这十几年，在灌婴的传记中是一段空白，不过从这次任命来看，灌婴应该是得到了吕氏一族的信任，此时能率军出征，独当一面，便是证明。

灌婴率军抵达荥阳，与手下亲信密谋说："吕氏家族将重兵屯驻关中，正准备推翻刘氏天下，自立为帝，我如果击败齐军，回去献功，无异于增加吕氏的资本。"于是灌婴便按兵不动。同时派人通知齐王刘襄与其他封国，不要轻举妄动，等诸吕有变，再共同出击。此时的刘襄已经失去了西进的机会，也只好同意，把军队撤回齐国，静待消息。

灌婴这么做实在是又准又稳。准就准在荥阳地处咽喉要道，扼守此地便足以令齐军束手；而稳则稳在，此时灌婴可谓进退自如，京城的斗争一旦诸吕获胜，灌婴可一举攻下齐国，回京献功；而一旦刘氏获胜，他也可直接联合齐王等刘姓诸侯回军，还是大功一件。

可灌婴这么做，相当于已经选择了刘氏一方。吕禄、吕产打算政变，但对内顾忌周勃、刘章，对外顾忌齐、楚等国，现在见灌婴按兵不动，又担心灌婴叛变，所以二人一直犹豫不决。而这时刘盈的儿子们年纪都还小，并不在他们的封国，而是全部留在长安，此时大家人人自危，不知何时就会发生变乱。

此时的太尉周勃和丞相陈平虽然位高，但手中都没有军权。大家焦虑之际，便将希望寄托在了曲周侯郦商的身上，郦商已经老了，体弱多病，但众人都知道他的儿子郦寄与吕禄情同手足，关系很好。于是周勃与陈平二人商议，干脆派人绑架郦商，要求郦寄参与讨吕，几人商定之后，郦寄便前往北军军营，来找吕禄。

见到吕禄之后，郦寄对他说："高祖与太皇太后共创基业，刘姓九人封王（刘邦弟楚王刘交；刘邦子代王刘恒、淮南王刘长；刘邦侄吴王刘濞；刘邦堂弟琅邪王刘泽；刘邦孙齐王刘襄；刘盈子恒山王刘朝、淮阳王刘武、济川王刘太），吕姓三人封王（梁王吕产、赵王吕禄、燕王吕通），都是公卿商议的结果，已经昭告天下，大家也都认可。而今太皇太后崩逝，皇帝年幼，您身佩赵王印信，不赶快回到封国，却留为上将军，统领重兵，掌控京师，不能不引起众人的猜忌，此非明智之举。您为何不辞去军职，把将军印信交还，将兵权移交太尉，梁王也将丞相印信交还，再与诸臣盟誓，之后回到封国。这样一来，齐军师出无名，必然停止，朝臣得以安宁，而阁下也可高枕无忧，在封地称王，这是利及子孙的好事啊。"吕禄听罢，觉得自己老友的话颇有道理，就打算交出兵权，并派人将自己的打算晓谕吕氏宗族的各位老人，众人照例有人同意，有人反对，但这件事还是没有最终确定。

九月十日清晨，曹参的儿子代理御史大夫曹窋晋见丞相吕产，商讨公事。正遇上郎中令贾寿出使齐国归来，正给吕产"上课"，说："大王不早日回到封国，现在即使想回，还能回得去吗？"接着贾寿就将灌婴已与齐、楚两国联合打算铲除吕氏的事告诉了吕产，并催促吕产即刻进宫，设法自保。曹窋听了个大概，急忙退出，去向陈平、周勃报告。

周勃听曹窋说完，担心事情有变，马上起身前往北军大营，同时让郦寄与典客刘揭先去找到吕禄。二人找到吕禄之后，对他说："天子已派周勃接掌北军军权，并要求您回到封国，我们建议您最好交出印信，请辞离京，如若不然，恐怕要大祸临头了。"其实周勃到了北军大营才发现根本进不去，后来还是靠掌管符节的襄平侯纪通假传圣旨，才得以进入大营。不过吕禄此时不知道圣旨是假的，他还是选择相信自己的老朋友郦寄，乖乖把印信交给了刘揭，把兵符也交给了周勃。

吕禄交权之后，遵"圣旨"离开北军大营。周勃掌握兵符之后，马上升帐，单刀直入，命众人表态："效忠吕氏者露出右臂，效忠刘氏者露出左臂。"北军的这些将士，毕竟为汉朝征战多年，周勃一问，大家纷纷露出左臂，以示效忠刘氏，这样一来，周勃便完全控制了北军。可虽然北军已定，但还有南军在吕氏之手,一旦发生火并,也不是闹着玩儿的。这时刘氏皇族中最有出息的朱虚侯刘章受陈平之命在周勃手下听令,周勃此时命刘章守住辕门,防止南军突然发难,同时又命曹窋通知卫尉:"切勿让丞相吕产进入殿门!"

吕产此刻还不知道吕禄已经离开北军,他正想听贾寿的建议进入未央宫,发动兵变。但吕产来到殿门前,发现无法进入,只好在殿门外徘徊。平阳侯曹窋担心拖不了太久,便派人赶紧通知太尉。此时周勃还是怕军事力量上不足以战胜诸吕,并没有公开扬言诛灭吕氏。于是就对身旁的朱虚侯刘章说:"赶快进宫,保护皇帝。"刘章向周勃要兵,周勃拨给他千余人。刘章直接率军进入未央宫,见此时吕产正在庭院之中,时近傍晚,刘章下令进攻,吕产逃走。这时天空狂风大作,吕产的随从手下乱作一团,不敢与刘章交战,最终吕产逃到郎中府的厕所之中躲藏,刘章就在厕所中手刃吕产。

刘章杀了吕产之后,皇帝刘弘派谒者持节,来慰劳刘章。刘章想要夺过符节,但谒者不肯,刘章便挟持他一同上车,四处招降叛军,沿途斩杀长乐卫尉吕更始,之后返回北军,报知周勃。周勃听说吕产已死,起身向刘章拜贺,说:"我等所担心之人唯有吕产,今吕产已诛,天下已定矣!"接下来,便是分头派人,搜捕吕氏家族,无论男女老幼,一概诛杀。

九月十一日,吕禄被抓,引颈就戮,因众人痛恨吕媭,于是用藤条将其活活打死。另派人诛杀燕王吕通,罢免鲁元公主的儿子鲁王张偃。九月十八日,改封济川王刘太为梁王。并派刘章去齐国,就铲除诸吕之事,向齐王刘襄通报,令其罢兵。

就在此时,远在荥阳的灌婴做了一件事。他将齐王刘襄手下的得力干将魏勃召来诘问了一番,因为有人对灌婴说齐王起兵就是魏勃挑唆的,魏勃见到灌婴后,辩解说:"比如家中失火,难道还能先请示家中长辈,之后才去救火吗?"说完之后,这魏勃吓得两腿哆嗦,别的话一句也说不出来,灌婴看着他,笑着说:"我还以为魏勃是位好汉,没想到是这么一个平庸的妄人,这样的人能有啥作为！"

  灌婴作为一位武将，此行的任务是镇压刘襄的叛乱，此时大事已定，抓住魏勃是为了给齐王一个台阶下，如果魏勃是个人才，灌婴可能将其押回京城，交给陈平周勃处理，既然魏勃是个窝囊废，灌婴便放了他，直接率军返回长安。

第五章

文景之治

当我们回顾铲除诸吕的过程时，其实不难发现，有关吕氏企图谋反的消息实在是疑点重重，现在也有更多的学者，倾向于认为这大概是一场政治斗争，结果是功臣胜利，那么作为失败的一方，吕氏家族，以及与吕氏有关的一切，都必须毁灭，包括现在宝座上的少帝刘弘。

诸吕死后，群臣商议后认为："少帝刘弘、梁王刘太、淮阳王刘武、恒山王刘朝，这些都不是惠帝的亲生儿子，而是吕后夺了别人的儿子，杀死他们的母亲，送到皇宫养育，再让惠帝收养。之后将其立为太子，赐封王爵，只是为了加强吕氏家族的力量。而今诸吕已灭，不管是皇帝还是诸王，年纪渐长，一旦未来掌握权柄，我们这些人就大祸临头了。与其冒这个险，不如直接在高祖的儿子当中，遴选一位品德贤明的诸侯王，请他继承天子之位。"这个提议，很快就得到了大家的一致认可，虽然这些孩子是刘盈后代的可能性很高，但现实的情况是功臣集团决定与吕氏切割，别说这些孩子的来历不明，就算是张皇后所生，其实也可以不是"真的"。

基调定了，接下来就是皇位人选的问题。有人提议：齐王刘襄是高祖长孙，可以立他为帝。群臣马上反对，之前曾被刘襄胁迫的刘泽此时站出来说："吕姓家族仰仗外戚身份，几乎危及汉室宗庙的安全，屠戮功臣，现在齐王刘襄的舅舅驷钧，在封国里横行妄为，就像猛虎戴着帽子一般，如果刘襄为皇帝，驷钧家必将成为第二个吕氏。而代王刘恒是高祖在世的诸子中年龄最大的一位（此时23岁），为人宽厚，也很孝顺，他的母亲薄氏家族，一向谨慎温良。代王是高祖现存的长子，继承父位，本就名正言顺，更何况他又有仁孝的好名声呢?"就这样,群臣共同议定拥立代王刘恒为帝,并派人暗中前往晋阳(代国首府,今山西省太原市),迎接代王刘恒入京。

一、代王登基

对这个天上掉下来的"大馅饼",刘恒一时难以抉择——这也不奇怪,代王母子这些年正是因为无欲无求,隐忍低调,才躲过了一轮又一轮的政治冲击波,前者赵王刘恢自杀之际,吕后下诏改封刘恒为赵王,被刘恒以为国戍边为由拒绝。明哲保身一直是薄太后、刘恒母子的行事风格。

这次面对这样的大事,刘恒召集了左右大臣,询问他们的意见。郎中令张武等人纷纷表示:"现在当权的功臣,个个身经百战,谋略过人,不会满足于目前的爵位,原来畏惧高祖和太皇太后的威势,不敢动手,如今吕氏已灭,刚刚喋血京师。此时来迎立大王,不可轻信,我等建议大王称疾毋往,以观其变。"

代王手下的诸臣中,只有中尉宋昌看法与他人不同,他说:"各位说得不对。秦失其政,天下诸侯并起,自以为能得到天下的人,不计其数,但最终登上天子之位的是刘氏,之后的天下人不敢再有称帝的奢望,这是其一;高祖分封诸王,封地犬牙交错,互相牵制,这才使刘氏一族坚若磐石,天下都佩服其强大,这是其二;汉朝建立之后,废除苛政,简省法令,推行德政,百姓安居乐业,有民心基础,这是其三。以太皇太后的威严,封立吕氏三王,独揽朝政。然而,太尉周勃仅凭纪通的假符节,进入北军,振臂一呼,军士就全都露出左臂,表示拥护刘氏,才终于消灭了吕氏。"

分析完吕氏败亡的原因后,宋昌接着说:"刘氏帝位,来自天授,并非靠人力取得。而今朝中有朱虚侯、东牟侯这样的宗室大臣,外有吴、楚等强大的宗室诸国，即使那些功臣也不敢另生他念。高帝诸子中，只有淮南王与大王健在，大王又年长，天下人皆知大王的贤圣仁孝，所以诸臣顺应天下人心，要迎立大王为帝，大可不必猜疑！"

刘恒又将此事告知薄太后——这位薄太后本是魏王豹的姬妾，魏王豹被刘邦击败后，姬妾都被收入织布工房中劳动，直到被刘邦看中，纳入后宫，但一直未得宠幸。薄姬年少时，曾与管夫人和赵子儿相亲相爱，互相约定说今后如有富贵，不要忘记彼此，后来二人与薄姬同在刘邦后宫，二人先得到了刘邦的宠幸。汉四年（前203），二人在陪伴高祖之时，说起当年往事，刘邦非常感慨，当日就召薄姬前来同房，薄姬说："昨夜我梦见有苍龙盘在我肚子上。"刘邦说此为吉兆，就宠幸了薄姬。也就是这一次，薄姬有了身孕，生下刘恒，不过从那之后，薄姬便很少再有见高祖的机会了。吕后当政，所有受宠的姬妾被杀的被杀，被幽禁的幽禁，薄姬却得以随儿子前往代地，做代王的太后，也算是因祸得福。

刘恒前来请示，薄太后哪敢决定这么大的事，便请来巫师占卜。汉朝的皇族出身楚地，整体上都很迷信，此次卜出的卦名为"大横"，所谓"大横"，就是指占卜用的乌龟壳，被火烤过之后出现横的裂纹，卦辞说：

大横庚庚，余为天王，夏启以光。

刘恒见卦辞后问道："我已经是代王了，还当什么王？"巫师回答："天王不是普通的王，在周时，天王就是天子，在汉，天王就是皇帝。"

占卜结果出来之后，刘恒还是不放心，便请薄太后的弟弟薄昭前往长安，拜见周勃，探探虚实。见面之后，周勃便将诸臣商量的过程向薄昭说明。薄昭回到晋阳，向刘恒保证，说："诸臣完全出于挚诚，不必生疑。"刘恒非常高兴，笑着对宋昌说："跟先生判断的完全一致。"于是，刘恒决定，命宋昌为参乘，与张武等六人随行，前往京师。

一行人到了高陵（今陕西省西安市高陵区），刘恒命宋昌再去探听消息，刚走到渭河桥，右丞相陈平以下的官员，已全部出城，前来迎接。宋昌见一切无事，便回来报告，刘恒才继续前进。抵达渭河桥后，诸臣纷纷称臣拜谒，刘恒下车答礼。

此时周勃上前禀告，请求单独晋见。宋昌此刻在旁说道："如果所说为公事，请太尉当众奏报；如果所言为私，那天子没有私事可言。"周勃此举，或许是想卖个人情，也凸显自己铲除诸吕的功劳，但宋昌这段话也很明确，代王是受群臣迎立为天子，而并非你周勃一人。周勃随即下跪，呈上皇帝的玉玺符节。刘恒推辞说："等我到代国的馆驿（各封国都有驻京的馆驿，主要是为了传递消息），再行讨论。"

闰九月二十九日傍晚，刘恒进入长安的代国馆驿下榻，群臣跟随来到，右丞相陈平率文武百官下拜，并说："现在的皇帝刘弘等人，并非孝惠皇帝亲生，不应承继大统。而大王为高祖长子，理应登基，请大王即刻继位。"刘恒在面向西方的座位上再三谦让推辞，又在面向南方的座位上作最后一次谦让推辞，坐西朝东是主客之礼，先行，而坐北朝南是君臣之礼，一切结束，刘恒同意继位，群臣也按照尊卑，在左右侍立。

此时东牟侯刘兴居说："铲除诸吕，我没有功劳，现在便由我为陛下清理皇宫吧。"于是刘兴居跟太仆夏侯婴一同进宫，对刘弘说："你并非刘姓子孙，不应做皇帝。"同时请卫士放下武器，自行离去。有几位忠心武士不愿离去，均被宦官令张释遣散。之后由夏侯婴准备辇车，将刘弘送出皇宫，刘弘害怕，问道："你们送我去哪里？"夏侯婴答："出宫去，就住在少府吧。"

接下来，群臣派出天子特用的仪仗，前往代国馆驿，迎接刘恒入宫。当晚，刘恒前往未央宫，而未央宫谒者十人，全副武装，在端门（未央宫正门）戒备，见有大队人前来，喝阻道："天子在宫，尔等留步。"刘恒派周勃出来说明，十人才放下兵器离开，就这样，刘恒终于入主未央宫。当夜，刘恒任命宋昌为卫将军，统率南北两军，任命张武为郎中令，负责保卫皇宫安全。

同时，诸臣将刘弘及其他三个被认为是刘盈儿子的王全部杀死，刘恒也正式登上皇位，史称汉文帝，并连夜颁发诏书，大赦天下。

汉文帝刘恒即位做的第一件事，就是封了两位同姓王。第一是拥立自己有功的琅邪王刘泽被封为燕王，第二则是赵王刘友的儿子刘遂继任为赵王。这刘泽之前受到刘襄的胁迫，后来找借口逃到京城，拥立代王，也算因祸得福，不然以他和诸吕的关系，恐怕也难逃干系。而齐、楚两国，作为讨伐诸吕的功臣，得到的奖赏是恢复两国被吕氏家族侵夺的封地。

刚刚即位的刘恒将自己的姿态放得很低。文帝前元年（前179，之所以称"前"，是因为中间曾有改元，在汉武帝使用年号以前，朝廷有时因某种原因就会改变元年，文帝改元一次，景帝改元两次，每次改完，纪年又会从元年开始，为区分则加上前、中、后等，以示区别）春正月，主管官员建议皇上早立太子。刘恒推辞说："朕德行不够，不能广求天下贤圣有德之人，将帝位禅让于他，却要先立太子，这是加重朕的不德行为，此事还是以后再说吧。"

有关官员说："预先设立太子，是为了宗庙国家，以示陛下不忘天下。"

刘恒又说："楚王是我叔父，吴王是我兄长，淮南王是我的弟弟，难道他们不是早就有继承人吗？如若朕今日不选择贤能之人为继承人，却先要传给儿子，天下人会认为朕忘记天下贤者而偏爱自己的儿子，这并非以天下为重的做法。"

可有关部门坚持说："古代殷、周建国，都经历了上千年的长治久安，也都是预设太子；天子从诸子中选择继承人，这是由来已久的了。高祖平定天下而为汉室太祖，应该子孙相传，世代不绝，如果现在舍弃了陛下的皇子，而从诸王与宗室中另选继承人,这是违背高祖之志的,不应讨论。陛下诸子中,以刘启年龄最长,为人纯孝贤德,请陛下立刘启为太子。"文帝这才同意。

立太子这件事,汉文帝是在演戏吗?恐怕是的,但这个戏却不能不演,因为此时的汉文帝还是一个弱势君主,对于皇帝该做什么尚在摸索之中,同时,对于功臣集团和诸王的态度也在试探的阶段,所以文帝行事必须慎之又慎,这段对话并非只是对有关部门说的,也是对天下说的。

立太子之后,母以子贵,太子生母窦氏被立为皇后。窦皇后最初是以良家女子之身被选入后宫,后来吕后将宫女赏赐给诸侯王,每位诸侯王赏赐5人,窦皇后家在清河郡,所以愿意追随赵王。可受托的宦官忘了这件事,便误将窦皇后分在代王5人中。上路之时,窦皇后还不愿去代国,埋怨分配的宦官。但到了代国之后,刘恒偏偏喜欢她,窦氏为刘恒先后生下女儿刘嫖、长子刘启和小儿子刘武。但这位窦皇后并不是刘恒原配的代王后,据记载,代王后曾为刘恒生过四个男孩,在刘恒登基之后相继病死,而这位代王后则早在刘恒继位以前已经去世,甚至连姓氏都没有留下,不过结合吕后当政时的做法,加上刘恒能一直保有王位,说这位代王后姓吕还是很有可能的。

对于窦皇后的为人,大臣们并不清楚,他们唯一知道的就是窦皇后有两个兄弟。窦皇后的弟弟窦广国,字少君,小时候就被人卖走,前后共转卖了十余家。听说姐姐当了皇后,窦广国便上书说自己的身世。窦皇后见到信后召见他,盘问出实情,全家团聚。窦皇后重重赏赐给他田宅金帛,让他和哥哥窦长君在长安居住。

周勃、灌婴见状,十分紧张,商议说:"我们这些人的性命,就握在此二人之手,二人出身寒微,必须妥善地给他们遴选老师和宾客。否则一旦步吕氏后尘,实在是不得了的大事。"于是大臣们从士人中精选品德高尚之人与窦氏兄弟交往。久而久之,窦氏兄弟也成为谦谦君子,不敢以皇后至亲的尊贵身份盛气凌人。虽说把兄弟二人教得不错，可窦氏后来还是成为权倾朝野的外戚，而外戚问题也成为困扰西汉最重要的问题，最终直接导致了西汉亡国，但这些都是后话了。

二、儒生贾谊

登基之后，文帝刘恒还不得不面对的一件事，就是与功臣集团的相处问题。

首先给文帝出题的是陈平。文帝前元元年（前179）十月（岁首），作为百官之首的右丞相陈平称病请辞，文帝询问原因，陈平说："高祖立国时，周勃的功劳不及臣，在诛除诸吕的事件中，臣的功劳不如周勃；臣请求将右丞相的职务让给周勃担任。"这番话给刘恒传递了两个信息，其一是功臣集团内部和睦，陈平与周勃能互相谦让；第二则是官场是一个论资排辈的圈子，谁的官大主要看功劳。文帝此时没有拒绝的理由，于是十一月便下诏迁陈平为左丞相，周勃为右丞相，而太尉一职则由灌婴担任。

朝廷对铲除诸吕的人论功行赏，右丞相周勃以下，都增加了封户，赐金数量也各有差别。文帝对绛侯周勃十分礼遇，经常在散朝时，目送周勃退朝。而周勃是武人出身，此时春风得意，时常在散朝时小步疾行退出。

郎中袁盎对此很看不惯，劝谏道："吕姓家族大逆不道，大臣们共同反击，当时，周勃恰好官居太尉，本来就有军权，机缘巧合地成就大功。而今看他的样子，似乎有骄傲的神色，而陛下却如此谦让。君臣失礼，臣认为并不恰当。"清代学者王夫之认为袁盎是卑鄙小人，明知周勃没有邪念，不去规劝周勃，反而抓紧机会挑拨离间，只为引起皇帝的注意。其实袁盎就是当时典型的儒生，表面上比较看重君臣名分，主张直言进谏，但实际上则有一副法家心肠，内心里总是站在皇帝的角度思考问题。刘恒受袁盎的影响，以后再上朝，就变得比较严厉，群臣便开始敬畏天子。

文帝刘恒逐渐学习处理国家大事，有一日早朝，文帝问右丞相周勃，说："朝廷一年要判决多少个案子啊？"周勃不知。文帝又问："朝廷一年钱谷收入是多少？"周勃还是不知道，但此时已经感到惶恐惭愧，汗出得后背都湿透了。

文帝见周勃脸色已变，不想让右丞相难堪，便拿这两个问题问左丞相陈平，陈平回答："陛下所问，主管官员知道。"

文帝说："主管官员是谁呢？"

陈平答道："陛下若问司法案件，应问廷尉；若问钱谷，应问治粟内史。"

文帝又说："既然事情各有主管官员，那丞相又有何职能呢？"

见文帝发问，陈平马上施礼谢罪，并回答："陛下不知臣的平庸驽钝，用臣担任丞相，臣认为，丞相之责是上辅天子，平衡政见分歧，顺应天下大势，监督政令推行；对下则调整人事，得人而任；对外管理各处封国，镇抚四夷；对内亲抚百姓，督查那些官员，争取让他们都能称职。"文帝听完连声称赞，而周勃此时则感到十分惭愧。

二人出来之后，周勃对陈平抱怨说："你平时怎么不教我怎么回答这些问题！"陈平笑道："谁知道您身为丞相，却连它的职责都不知道呢？如果陛下突然问您长安城中有多少盗贼，难道您还要正面回答不成？"周勃听罢更加惭愧，也开始认识到自己的能力远远比不上陈平。

不久之后，有人劝周勃说："将军诛杀吕氏，又迎立代王为帝，威震天下，而您也受到厚赏，官居高位。时间长了，怕是会惹祸上身吧。"周勃自己也颇为担忧，便上奏称病，请求辞职。文帝批准后，周勃便离职回府，从此朝廷不再设左右相，而是以陈平为专职丞相。不过半年之后，陈平就去世了，文帝还是任命周勃做了丞相。

汉文帝时期，虽然朝廷还是以黄老之术治国，但文帝身边却一直有儒生的身影，其中最为著名的，便是《过秦论》的作者贾谊，而贾谊的许多建议虽然在当时未被采纳，后来却都成了文、景两朝主要的改革目标。

贾谊是洛阳人，18岁时就以博学、善写文章而闻名全郡。河南郡郡守吴公听说贾谊才华过人，便将他召至门下，对他非常赏识。文帝前元元年（前179），天子听说河南郡守吴公政绩突出，在全国排名第一，同时又与李斯同乡，并曾跟随李斯学习，就下诏征召吴公为廷尉。吴公便借机向文帝进言，说贾谊年少有为，精通诸子百家之学。就这样，文帝将贾谊召入朝廷为博士——博士的本职是在太学教书，同时在皇帝提问时给予回答，因此都是饱学之士。在当时的博士中，贾谊只20来岁，是最年轻的。每次皇帝诏命博士议事，诸位老先生不能回答的，贾谊都对答如流，每每能道出诸生心中所想而又说不出来的意思。因此，诸生都赞赏贾谊的才干。

文帝刘恒从代国入京，本就缺乏自己的班底，朝中又有功臣集团，虽说这些人都是忠臣，可相对保守，汉文帝要想做事情，提拔有才能的新人便是最好的办法，一则可以用这些人作为试探的筹码，另一方面，也能培养自己的亲信。于是不到一年时间，贾谊便被破格提拔为太中大夫。

受到皇帝赏识的贾谊更加坚定了回报君王的决心。贾谊认为汉朝开国已二十余年，天下太平，理应改订历法，改变衣服颜色，制定法律制度，确定官职名称，恢复礼乐制度等。于是贾谊亲自着手创制了一套仪法上奏文帝，建议祭祀用五种牺牲，朝廷崇尚黄色，职官名也全部更换，同时改弃秦时的法令，兴办礼乐。但这些改革措施别说贾谊，当时就是汉文帝，也很难办到，所以文帝谦虚礼让，没有支持贾谊的改革，但其中的一些内容，还是得到了一定的实施。

文帝前元二年（前178），贾谊上书汉文帝，指出农业为立国之本，建议文帝提倡百姓务农，并且让那些奔走各地的商人都回家务农，以此来实现国家的富庶。刘恒读罢贾谊的奏章深受感动，便于正月十五日下诏举行"藉田"仪式，皇帝亲自耕作，为天下臣民做出表率。同时，在这一年九月，文帝再次下诏："农耕，乃天下之本，百姓以此维生。有的百姓不从事农耕本业，却去从事工商末业，舍本逐末，所以生活艰难。朕对此甚为忧虑，所以现在亲率群臣耕作，以此兴农。"并宣布当年天下百姓的田赋减半。

文帝前元四年（前176），刘恒提出要任命贾谊为公卿之职，引起了众人的反对。群臣一起诋毁贾谊说："洛阳之人，年少初学，却想掌握大权，扰乱朝纲。"从此以后，或许是出于对贾谊的保护，文帝主动疏远了贾谊，不再听从他的建议，并在那之后不久，将贾谊贬出京城，外放为长沙王太傅。

贾谊在被贬长沙国的途中，路经湘水，想起过去的楚国名臣屈原，又联想自己的身世，深感委屈，便写下了流传千古的《吊屈原赋》。但与屈原不同的是，贾谊并未因此消沉，而是经常给文帝上书，说明自己对朝政的看法。

文帝前元五年（前175）四月，朝廷下诏将高祖时期发行的"荚钱"改为"四铢钱"，并废除了"盗铸钱令"，允许百姓私自铸钱流通。秦朝时，秦始皇统一货币，铸"半两钱"（重12铢，24铢为1两，秦汉时1两约为15.6克），刘邦建国后，认为秦币太重，于是改铸"荚钱"，每枚仅重1.5铢，这样一来，造成货币严重贬值，米价一石可以卖到一万钱。

贾谊就此事上书朝廷，指出这样的方式会导致民间私铸泛滥，百姓都去投机倒把，在铸币中掺假，来牟取暴利，建议朝廷将天下铜矿收归国有，并禁止民间铸币，而由朝廷统一铸钱。但汉文帝不听。

在铸币这件事上，一共有两人赚了大钱，第一个是太中大夫邓通，此刻正被文帝刘恒宠爱，此人是文帝的男宠，据说有占卜师说邓通将来会饿死，文帝想让他变得富有，就把蜀郡严道的铜山赏赐给他，让他自己铸钱。第二个便是日后"七国之乱"的主角吴王刘濞。吴国境内的豫章郡有座铜山，吴

123

王刘濞广招天下亡命之徒开矿铸钱，又在东海煮海水制盐，因此吴国百姓不纳赋税，而封国的国库依然十分充盈。因此至汉武帝铸五铢钱之前，"邓钱""吴钱"得以在天下流通。

贾谊担任长沙王太傅三年有余，文帝思念贾谊，便将其从长沙国召回。贾谊回到长安，入宫拜见天子，文帝刚好举行完祭祀，便在未央宫的宣室接见了贾谊，并请教了许多关于鬼神的问题，贾谊将自己知道的尽力向文帝解释，二人谈至深夜，文帝听得入神，一再向前移动。谈话结束后，文帝感慨："朕许久未见贾谊，原以为自己的知识可以与贾生相比，今日看来还差得远啊。"这场谈话之后，文帝命贾谊担任梁怀王的太傅，梁怀王刘揖是文帝最喜欢的儿子，贾谊便赴梁国上任。

就在汉文帝召贾谊入京问鬼神之事的前一年，国家发生了一件大事，文帝在世唯一的亲兄弟淮南王刘长想要勾结匈奴、闽越造反，事情败露，文帝不忍心杀他，只是将他削去王爵，发配到蜀郡严县的邛崃山，在发配途中，刘长患病而亡。

当初刘长曾凭借自己的身份，处处僭越，嚣张跋扈，袁盎曾劝谏文帝要及时节制，予以责罚，但文帝不听。之后刘长谋反，文帝将他发配，袁盎再次进言说陛下放任淮南王骄纵，不加禁止，而今又突然惩治他，淮南王这个人刚愎自用，如果一旦死在路上，陛下终会背负杀弟弟的罪名，那该如何是好呢？汉文帝还是没有采纳袁盎的建议。最终刘长果然死在路上。

这时文帝才后悔没有听袁盎的劝告，痛苦之余，问袁盎如何是好，袁盎便建议文帝，将淮南王四个儿子中的三人封王。从此以后，袁盎在朝中的名声大震。

但这件事却是贾谊一直反对的，之前汉文帝将四人封侯时，贾谊便上书劝过文帝，认为国家灾难必将由此兴起。同时诸侯王封地过大，也一直是贾谊提醒文帝关注的问题，贾谊主张利用"众建诸侯"的方式，慢慢地分化、削减诸侯王的封地。但汉文帝一直都没有采纳。

文帝前元十一年（前169），梁王刘揖骑马时不慎坠马而死。贾谊为此事痛心，时常悲泣，认为自己没有尽到太傅之责。一年多以后，贾谊也因病去世，年仅33岁。四年后，齐王去世，没有子嗣。文帝这才想起贾谊之言，于是将齐一分为六，立悼惠王刘肥的六个儿子为王，这可以理解为早期的"推恩令"。

汉文帝一共在位23年，有许多德政，废除肉刑，降低田赋，劝课农桑，任用贤者。可偏偏贾谊是一个相当特殊的存在。文帝一方面赏识提拔了贾谊，而另一方面似乎又从未重用贾谊，归根结底，还是因为时机不对。

贾谊作为一个儒生，早出现了几十年，其实无论是《治安策》，还是《论积贮疏》，贾谊的每一篇上奏，几乎都能切中汉王朝的一个十分准确的问题，只是对于汉文帝来说，大部分都不能做，比如说削藩王，击匈奴；还有一些恐怕是汉文帝不想做，比如跟邓通有关的事。文帝时代，归根结底还是一个"黄老"的时代，休养生息才是最大的德政。

三、景帝削藩

在贾谊去世后不久，朝廷上又涌现出了一位能言善辩，善写文章的人才——晁错。

与贾谊不同的是，晁错并不是个儒生，他是颍川人，曾在轵县人张恢门下修习申不害、商鞅之学，与洛阳人宋孟、刘带跟随同一个老师学习，后来因为熟悉典籍，被朝廷选为太常掌故。从师承来看，晁错应该是位法家信徒，但实际上，晁错这人应该是一个真诚而不苟言笑的书呆子。

文帝时，国家没有学习《尚书》的人，听说济南人伏生曾在秦朝做过博士，专门研究《尚书》，但现在已经90多岁了，不能再到长安任职，文帝便命太常派人去学。于是太常派伏生前去，学成归来之后，给朝廷上书总是援引《尚书》经义。文帝觉得他很有学问，便下诏拜他为太子舍人、门大夫，旋即升为博士。

后来文帝颁发诏书，诏令有关部门举荐贤良及优秀人士，晁错被选入其中，文帝亲书对策。此时朝中最有学问的贾谊已经去世，参加对策的有100余人，晁错的对策得到很高的评价，文帝又任命他做了中大夫。这篇对策主要针对的问题之一，便是"削藩"。晁错先后写了三十几篇文章，文帝虽然没有完全采纳，但认为晁错是个人才。而太子刘启则对晁错非常欣赏，但晁错的对策让以袁盎为代表的大臣都很讨厌他。

关于皇帝和诸侯王的恩怨，其实由来已久，正因为同姓，彼此之间都是至亲，所以很多时候，诸侯王并不把文帝当作天子，而皇帝对许多事也是睁一只眼闭一只眼。文帝在位时，吴王刘濞的世子刘贤到长安朝见，和当时还是太子的刘启在一块喝酒赌博。刘贤在赌桌上争胜，口出不逊，举止不当，刘启盛怒之下，拿起赌博用的器具，砸向刘贤，导致刘贤命丧当场。朝廷将他的灵柩送回吴国安葬，棺椁抵达吴国，吴王刘濞愤愤地说："我们姓刘的既是一系，死在长安，就葬在长安，何必多此一举。"竟又把棺柩送回，葬在长安。按理说这是明显的挑衅行为，但在当时，文帝也没有过多追究此事。

自此之后，吴王刘濞开始不遵守诸侯王应守的礼节，自称有病，不再去长安朝见天子。一来二去，朝廷发觉此事，当即逮捕了吴国的使节，下狱审问。刘濞害怕了，竟有了谋反的意图。西汉制度，封国国君应在每年春、秋二季，到长安朝见天子，春季称"朝"，秋季称"请"，因此也称朝请，应由国君亲自前往。于是在秋天，刘濞再派使节到长安，代表他参加朝见。这次文帝刘恒亲自询问，吴国使节说："我家大王，实际上并没有生病。只因朝廷几次抓了吴国的使臣，大王害怕，只好装病。俗话说，察见渊中鱼，不祥，请求陛下原谅他的过失。"于是文帝赦免了吴国所有被捕的使节,并送他们回去,同时还送了吴王刘濞茶几和手杖,体谅他年纪大了,特别准许吴王不再朝请。吴国一看危机解除,造反的阴谋也就停止了。

吴国之所以有造反的底气,是因为吴国拥有可以铸钱的铜矿和民生必需品的食盐,吴国百姓不必缴任何赋税。凡被征召去边疆服役的人,都由吴国政府出钱或雇人代役。逢年过节时,吴王对国内贤者都有慰问,对普通百姓,也常有赏赐。其他封国或外郡官差,来吴国追捕逃犯,刘濞都断然拒绝。这种种情形,已历30余年,所以吴国百姓十分拥护刘濞。

针对吴王刘濞的表现,晁错屡屡上书,建议文帝趁刘濞有罪,削减吴国的封地。但文帝向来宽大,也觉得时机未到,于是吴国竟变本加厉,更加肆无忌惮起来。

景帝登基后,任命晁错为内史,晁错奏请与景帝单独召见,景帝无不应允,对晁错的看重甚至超过九卿。后来晁错又升任御史大夫,位列三公,有了权力,就要实行改革,更改了许多先帝法令,这也让晁错在朝廷树敌更多,只是由于景帝支持,连丞相申屠嘉都参不动晁错,最后气得吐血而亡,诸臣也就不敢再说什么了。

不久,晁错再次建议削藩,他说:"当初,高祖平定天下,因为兄弟太少,儿子们年纪又小,大封诸侯时,封国都很大。齐国下辖临淄、济北、博阳、城阳、胶东、胶西、琅邪7郡70余县,楚国下辖彭城、东海、薛3郡40余县,吴国下辖东阳、吴、彰3郡50余县。这三个封国的国君,不是庶子,就是远亲,却分去了一半天下。而今刘濞因为对他儿子死亡的往事怀恨在心,称病不朝,依律该杀。先帝不忍心那样做,反而赏赐给他茶几、手杖。如此恩德,吴王理应自己反省,改过自新,想不到他反而变本加厉,开矿铸钱,煮海制盐,引诱天下亡命之徒,阴谋作乱。"今削之亦反,不削亦反。"现在就行动,他反得快,但危害小;现在不行动,他反得迟,但危害更大。

晁错这话说对了一半，此时藩王的问题确实严重，是该治理，但吴王刘濞已经60岁了，而且此时是宗室诸王中辈分最高的，如果有选择的话，等刘濞去世再动手，或许是一个更好的选择。但此时的景帝20岁出头，刚刚即位，正是想证明自己的时候，而此时的晁错在朝廷中也是一时无两，以至于在景帝组织讨论削藩的朝会上，没有人敢反对晁错，只有詹事窦婴没有附和。

景帝前元三年（前154），楚王刘戊到长安朝见。晁错弹劾刘戊，说他在去年太皇太后崩逝的守丧期间，在私宅与人厮混，依法当斩。景帝旋即下诏赦免刘戊的死罪，仅削去东海郡。就这样，晁错开始一连串的"找茬"行动，追查前年赵王刘遂曾犯过失（没有说具体是什么过失），削去常山郡；再追查胶西王刘卬，在执行政府卖官的事件上，舞弊欺诈，削去6个县，后将这6个县直接改为北海郡。

这一系列雷厉风行、削减封国土地的措施，使诸侯国大为震动。因为这些决策，目的非常明确，而且欲加之罪，何患无辞，文帝时期对诸侯王甚为宽大，大部分诸侯国做事根本不讲规矩，因此被找茬几乎是无可避免的，此时朝廷下一个讨论的便是如何对付富裕的吴国。

此时的吴王刘濞慌了，生怕这股风刮到自己头上，因而恨意再起，反意顿生。可刘濞发现封国中竟没有一个人可以和自己商议大计。听说胶西王刘卬有勇有谋，又爱读兵法，其他封国都对他敬而远之。于是，刘濞派中大夫应高去拜见刘卬。

见面之后，应高对刘卬说："天子任用奸邪，听信谗言，削减封国土地，对诸侯王惩罚极为严厉，且日甚一日。俗话说，今日吃糠，明日食米，吴国与胶西国，都是有名的封国，一旦被盯上，便鸡犬不宁。吴王身患暗疾，已有20多年不能前往长安朝觐，无法为自己辩白。胁肩累足，仍怕不被放过。

听说大王因卖爵之事受到谴责。据臣所知，如此小罪，何至于受到如此严重的处罚，恐怕朝廷的用意，不仅在削地而已。"

刘卬说："确有此事，先生怎么看？"

应高答："吴王与大王同忧，他愿顺应时势，牺牲性命为天下除祸，大王觉得可以吗？"

刘卬大惊，脸色大变，说道："寡人怎敢做悖逆之事，天子虽然严苛，也不过就是一死而已，岂能谋反呢！"这明显是装的，如果刘卬真的不愿意，应该马上就给应高赶出去。

应高见刘卬有顾虑，便接着说："御史大夫晁错蛊惑天子，侵夺诸王封地，诸王积怨已久，从形势来看，诸王之怒已呈鼎沸之势。彗星出，蝗灾起，此为天赐良机；况且民心怨苦之际，正是圣人挺身而出之时。吴王正准备上书建议诛杀晁错，在外则希望跟随大王的战车，纵横天下，所向披靡，兵锋所至，无不迎降。大王如能许诺一句话，则吴王自当率楚王攻略函谷关，但守住荥阳、敖仓之粟，防备朝廷军队，管理后方驿站，却必须有大王相助。大王如有意此事，则天下可图。然后，吴王与大王裂土而分，不是也可以吗！"

刘卬被应高说服，答应参与。应高回报吴王，刘濞还怕刘卬信心不够坚定，竟亲自假扮吴国使者，到胶西国拜访刘卬，当面会谈。此时胶西国的官员们多少已听到风声，万分惊恐，一起劝谏刘卬说："诸侯的土地相加，还不到天下的十分之二，发动叛乱只会让太后担忧，实非良策。而今侍奉一位君主，尚且这般困难，假设未来能够成功，二主并立相争，只怕局面就更糟了。"但刘卬不听，并且秘密遣使，分赴齐国、菑川国、胶东国、济南国约定共同起事，齐地这些诸侯都是刘肥的后代，彼此间比较团结，全部答应共同起事。

与吴王刘濞联合的另一位诸侯王是楚王刘戊。当初第一代楚王刘交喜欢读书，年轻时曾有过三位好友，都是鲁地人，分别是申公、穆生、白生（名均不详），四人同拜浮丘伯为师学《诗经》。再后来刘交封王，就将这三位同学任命为中大夫。这几人中，穆先生滴酒不沾，每次宴饮之时，刘交都会体贴地在他面前放一杯甜水。后来刘交早逝，继位的楚王刘郢客萧规曹随，对三人礼敬有加。等到刘郢客死后，刘戊继位，开始也一如往常，可后来有一次，刘戊忘了准备甜水。穆先生当面没说，退席之后，便对另两位说："我们应该走了。甜水不在了，楚王也懈怠了。如果此时不走，恐怕楚王会将我们锁到街头示众了。"之后便对外宣称生病，不再出门。

申公、白生劝他不要这样，说："难道我们不念及先王的恩情吗？刘戊偶尔一次失礼，何以至此呢？"穆生引用《易经》的话说：

知几其神乎！几者，动之微，吉凶之先见者也。君子见几而作，不俟终日。

意思是洞察先机之人，近乎为神！所谓先机，是行动的微末表现，也是吉凶的先兆，君子见先机做决定，甚至不必等到晚上！"刘交父子之所以礼敬我们三人，是道义还在。刘戊忽略，是道义已尽。没有道义之人，如何能与他长期相处？并非为了这一次礼节不周。"最后穆生终于辞职而去。申公、白生都不相信会有祸患，仍留了下来。

等到刘戊年纪稍长，荒淫残暴显露出来，太傅韦孟不敢正面教导，只好作诗来暗讽规劝，但刘戊根本不理，后来韦孟辞职，直接离开了楚国，前往邹县定居。这次楚国被朝廷"削地"之后，便与吴王联合，密谋造反。申公、白生二人进言劝阻，刘戊根本没将爷爷的这两个老朋友放在眼里，最后干脆翻脸，让二人去干苦役，同时在脖子上拴了绳索，身上穿着粗布的红色囚衣，有人牵着到街头舂米。刘戊的叔父休侯刘富派人规劝，刘戊说："叔父如果不参加举事，等寡人起兵时，先杀叔父。"刘富害怕，就带着母亲逃奔长安去了。

这时，削藩的铁拳终于砸向了吴国，朝廷下诏，削去吴国的会稽、豫章两郡。这招实在是太狠了，会稽郡靠海，豫章郡有铜山，这一下等于将吴国铸钱、煮盐两大支柱产业拿走，这是吴王刘濞不可能接受的，所以诏书抵达之时，吴王便起兵造反，将朝廷派到吴国的俸禄两千石以下的官员全部诛杀。吴国一反，之前与吴国结盟的胶西、胶东、菑川、济南、楚、赵等六国响应，楚国起兵前，丞相张尚、太傅赵夷吾竭力劝阻楚王刘戊，刘戊直接将二人杀掉；赵国丞相建德、内史王悍也上书阻止赵王刘遂，刘遂将二人活活烧死。

之前跟胶西王刘卬结盟的齐王刘将闾，不知为何，在最后时刻反悔，拒绝起兵，并下令紧闭城门，严加戒备。而济北国的城墙年久失修，正在修缮，尚未完工，济北国郎中令直接控制了济北王刘志，不准其加入叛乱。

这样一来，山东各国便只能先取这两国，再去进攻荥阳，不然后方不稳。于是由胶西王刘卬、胶东王刘雄渠担任主帅，率领本国人马，并集结菑川、济南两国的军队，联合进攻齐国，包围临淄。赵王刘遂派军向西推进到赵国边界，等待吴、楚大军，准备随时向西发动攻击。同时，赵王还派手下人到匈奴求援。

吴王刘濞这次动员了吴国所有的武装力量，并下令说："我今年已经62岁了，亲自统率大军。我的幼子才14岁，也将身先士卒。因此，吴国年纪在我之下，而在我幼子之上的，全部要投入战场。"吴国大军共计20余万人，刘濞还派使节到闽越、东海两国求援，这两国也都派军参战。

于是吴国大军从首府广陵（今江苏扬州）出发，向西渡过淮河，与楚国军队会合，并联合发表告各封国文书，指控晁错削藩，提出大军要"清君侧"，要求朝廷诛杀晁错。

至此，七国之乱正式爆发。

四、七国之乱

战争一开始,吴楚联军长驱直入,进入梁国,攻陷棘壁(今河南永城西北),斩杀梁军数万人,并乘胜北进,势如破竹。梁王刘武是汉景帝的同胞弟弟,很有能力,此时派遣将领迎战,吴楚联军再行攻击,梁军再次大败,士兵溃散,无法列阵。刘武当机立断,紧急关闭睢阳城门(梁国首府,在今河南商丘),登城坚守。

景帝这边倒也算反应迅速,文帝在位时曾告诉当时还是太子的景帝刘启,说:"国家如有巨变,周亚夫可为统帅。"周亚夫是周勃的儿子。文帝之所以这样说,是因为文帝曾到过周亚夫的军营,目睹其治军严明,军令如山的风采,非常赏识,还提拔他做了北军中尉,负责京师安全。此次七国之乱爆发,景帝直接将周亚夫升为太尉,命其率领36位将军迎战吴楚联军。派曲周侯郦寄率军攻击赵军。派将军栾布攻击齐国地区。三路大军任命完毕,还需一人坐镇荥阳,既可督战,又能转运粮草,最好还是皇族或贵戚,这样比较放心,考察一番之后,窦太后的侄子窦婴最为合适,但窦婴却借口有病,不能胜任。

其实真实的原因是因为窦婴赌气。窦太后一共有两个儿子,长子景帝刘启,次子梁王刘武,窦太后喜欢刘武。一次景帝与刘武喝酒,此时景帝还未立太子。喝得兴起时,景帝竟对刘武说:"朕死之后就将帝位传于你。"窦太后听了非常高兴。这时窦婴前来敬酒,并对景帝说道:"天下是高祖打下来的,帝位理应父子相传,此为祖制。陛下凭什么要擅自传于梁王?"景帝没说什么,但窦太后因此忌恨窦婴。窦婴当时不过官居詹事,索性也就称病辞官。窦太后甚至剥夺了他进宫的权力。此时国家用人,窦太后也感到非常惭愧，景帝便劝说窦婴："天下有难，你怎能推辞呢！"于是便任命窦婴为大将军，率军驻守荥阳，都督齐、赵的战况。

虽已派将，但大军出征并不是一蹴而就的，集结准备，众人也还未出发。而此刻的京城，正在进行一场诡异的政治斗争。晁错做御史大夫以来，更改的法令多达30种，各封国的反应非常剧烈。连晁错的父亲都从家乡颍川到长安，质问晁错说："天子刚刚登基，你手握大权，第一件事就是削减封国的国土，离间疏远人家刘氏骨肉，天下之怨，都集中在你一人身上，这究竟是何苦呢？"

晁错答道："您说得对，可是如果不这样的话，天子难以树立威信，而社稷宗庙也不能安稳。"

晁错的父亲说："刘氏是安稳了，可晁氏却危险了，我要离开你回去了。"说罢，晁错的父亲便饮药而亡，临死时说："我实在不忍见到大祸临头！"老人去世十几天，吴、楚等七国便全部反叛，并打出了"诛杀晁错"的旗号。

由这件事，我们也不难知道，晁错的改革以及削藩，是有多么大的阻力。之前在文帝朝就多次直言进谏的儒生袁盎，后来被贬到外地做官，还做过吴国的丞相，此人素来与晁错不和，有晁错的地方，袁盎都会避开；而袁盎所在的地方，晁错也从不会去，两人甚至没有在一起说过话。自从晁错做了御史大夫，就派人调查袁盎收受吴王刘濞贿赂的事情——诸侯国的丞相都是朝廷派去的，带有监察性质，因此许多诸侯王都会贿赂封国的丞相，好让其不要在皇帝面前乱说。此时袁盎受贿的证据已经确凿，依法应该判处死刑。但景帝下令赦免袁盎，只是将其贬为平民。

吴楚反叛的消息传回京城，晁错竟然还想借此打压袁盎，他对手下丞史说："袁盎收了刘濞的好处，总是替他说话，蒙蔽天子，信誓旦旦地说刘濞绝不会反叛。而今刘濞竟然兴兵，我打算将袁盎拿下，我认为袁盎一定参与了刘濞等人的阴谋。"

手下丞史回答:"叛乱没有公开之时,惩治袁盎,可能断了刘濞的造反意头;而今刘濞大军已动,杀了袁盎又有何用?而且袁盎不过是贪财而已,不可能参与谋反。"晁错一直犹豫不决,而这时已经有人密报袁盎——晁错要对你动手了。

其实晁错此时的大祸早已降临。叛乱爆发,在跟景帝刘启磋商军情时,晁错竟建议景帝御驾亲征,而自己则留守长安,后来战争扩大,晁错又提出将徐县(今江苏省泗洪县南)、僮县(今安徽省泗县东北)一带那些吴楚联军还没攻下的地方,划归吴国管辖。这些言论都让刘启大为吃惊。宋代文豪苏东坡在评价这件事的时候,就曾说:

世之君子,欲求非常之功,则无务为自全之计。使错自将而讨吴楚,未必无功,惟其欲自固其身,而天子不悦。奸臣得以乘其隙,错之所以自全者,乃其所以自祸欤!

古往今来的臣子,还没有几位臣子敢让天子上战场,而自己守后方的,从晁错的为人来看,他应该是绝对忠诚于朝廷的,削藩这件事费力不讨好,如果不是从朝廷的角度考虑,谁又会做呢!只是此话一出,说明晁错要么情商堪忧,要么已然乱了方寸。

之前得知晁错将要杀自己的袁盎十分恐惧,因为一旦坐实自己与刘濞为同党,恐怕会有灭族的危险,于是他连夜去拜访窦婴,对吴国叛乱的原因逐一分析,希望能晋见天子,当面说明。

窦婴便入宫向景帝禀报,景帝同意后,袁盎入宫晋见,当时景帝正在跟晁错讨论后方的军粮调度问题。袁盎到来,景帝便问:"而今吴楚反叛,先生有何赐教?"

袁盎说:"不值得忧虑!"

景帝又说:"吴王利用矿山铸钱,海水煮盐,集结天下英才,头发已白才举兵造反。如果没有周密的计划,怎么敢起兵呢?这还不值得担忧吗?"

袁盎说:"吴国诚然有铸钱、制盐的财源,可并没有招来什么英雄豪杰。如果有明白人,一定会辅佐刘濞走上正途,就不会叛乱。吴国所吸引的,不过是些亡命无赖、无籍流民,以及一些私铸钱币的罪犯而已。"晁错在旁一听,还以为袁盎要支持自己的观点,便附和道:"袁盎所言极是。"

景帝又问:"先生有何妙计呢?"

袁盎见目的达到,便提出要求,说:"请求陛下屏退左右。"景帝下令众人退出,只有晁错还在,袁盎又说:"臣之奏议,做臣子的不该听。"景帝于是又让晁错退出正殿。晁错只好退到东厢房,心里对袁盎十分不满。人走之后,景帝再度发问。

袁盎这才说:"吴楚两国发表文告,声称高祖封子弟为王,各有边界,而奸臣晁错擅自处分诸侯,侵夺封地,诸王这才被迫起兵。大军西进,只为诛杀晁错,恢复失地,一旦达成目标,就会罢兵。为今之计,只有牺牲晁错,再派使节赦免吴、楚等七国谋反之罪,并将原来削减的土地归还他们,这样兵不血刃,便可平息叛乱。"

景帝听罢,沉默了许久,又问:"不知他们诚意如何?我不会因爱一人而得罪天下人。"

话说到这,景帝明显已经动摇,袁盎多说无益,只是请陛下深思,于是景帝任命袁盎为奉常,秘密收拾行装,前往吴国。

十余日后,景帝命丞相陶青、中尉嘉、廷尉张欧联名弹劾晁错:"辜负皇恩大义,要让天子与群臣、百姓疏远,还想将城邑拱手送给吴国,毫无为臣之节,大逆不道。晁错应判处腰斩。"景帝批复同意,而晁错对此则一无所知。

景帝前元三年(前 154)正月二十九日,刘启命中尉嘉召晁错入宫晋见,并与之一同乘车穿过街市。就在街头，晁错还穿着朝服，直接在东市被腰斩。之后景帝马上派袁盎及刘濞的侄子、宗正德侯刘通为使，出使吴国。

晁错之死充分说明汉景帝在政治上的幼稚。晁错刚死不久，谒者仆射邓公刚从前线回来，上书景帝分析战况，晋见时，景帝问道："你从军中而来，听闻晁错被杀，吴楚两国撤军了吗？"

邓公答道："吴国准备造反，已酝酿几十年了，他发怒是因为削地，杀晁错只是借口，他们并不在乎晁错死活。再说，朝廷诛杀晁错，我担心天下的士人都不敢再向朝廷进言了。"

刘启问："这又是为什么呢？"

邓公说："晁错所虑，无非是封国太强，未来可能失控，所以才主张削藩，将天下土地都攥在陛下手中，此乃天子之福也。没想到计划刚刚实施，竟遭腰斩之祸，这样亲者痛仇者快的事情，只会阻塞重臣之口，臣认为是不可取的。"

刘启听完，长叹一声说："您说得对，朕此刻追悔莫及啊！"

而袁盎和刘通这趟出使则完全是个笑话。二人抵达吴国之际，吴楚大军已经动手，正攻击梁国。这刘通毕竟姓刘，是刘濞的宗亲，便先行入见传旨，还劝刘濞要按诏书退兵。刘濞知道袁盎也一起来了，必是朝廷说客，于是笑着回答："朕现在已做了东帝，还接什么诏书？"干脆没给袁盎入见的机会，就把他软禁在军营中，后来刘濞认为袁盎毕竟是老相识，还打算用其做将军，袁盎拒绝后。刘濞非常不悦，便动了杀心。最后袁盎找了个机会，直接逃了回来，向景帝汇报了此次"出使"情况，景帝此时已经无牌可打，只有兵戎相见这一条路了。

太尉周亚夫向景帝建议说："楚军彪悍，机动性高，不能和他正面对决，为今之计，应该让梁国拖住敌军，而我们将兵力集中，截断吴楚粮道，这样才能取胜。"汉景帝同意。

周亚夫乘驿车出发，准备跟大军在荥阳会合。车队行至霸上，有一个叫赵涉的士人拦住马头，警告周亚夫当心出函谷关走渑池的路上有吴国的伏兵，应该经蓝田出武关，先到洛阳补充武器，再到荥阳。周亚夫依计而行，果然顺利到达洛阳，周亚夫大喜，说："七国叛乱，我乘坐驿车，想不到能安全前来。现在荥阳以东，不必再担心了。"之后，周亚夫派人搜索崤山、渑池之间，果然找到吴国伏兵，于是擢升赵涉为护军。

周亚夫率大军直指昌邑（今山东省巨野县东南大谢集镇）。吴楚联军此时正在猛攻睢阳（梁国首府，今河南省商丘市），两地相距不过200里左右，梁王刘武不断派使节向周亚夫求救，但周亚夫都不理会。刘武无奈，只好向景帝控诉周亚夫，景帝也下令周亚夫救援睢阳，但周亚夫拒绝受诏，只是坚守营垒，并派弓高侯韩颓当（韩王信之子）等将领，率轻骑兵南下到淮河、泗水的交流处，绕到吴楚联军之后，占领下邳，以此切断吴楚联军粮道。

此刻梁国正在顽强抵抗，中大夫韩安国与楚国丞相张尚的弟弟张羽分别担任将军，困守孤城。张羽以攻代守，韩安国则持重谨慎，二人配合，吴楚联军进攻不利，陷于窘境。睢阳城的位置，正好挡住吴楚联军向西的去路，而城池又不能马上攻破。于是吴楚联军掉头转向东北方的昌邑，准备先灭掉周亚夫的军队。周亚夫一旦被灭，睢阳不攻自破。

吴楚联军在下邑（安徽省砀山县）集结后北上，对周亚夫的军队发起猛攻，周亚夫不肯出战，只下令严守营寨。吴楚联军无法攻入。而此时，吴楚联军开始缺粮，更加急于一决雌雄。于是一连发动了几次猛攻，周亚夫依旧固守。汉军大营夜间出现惊乱，自相攻击，甚至闹到了周亚夫的大帐附近，但周亚夫坚持睡觉不起，过了一会儿，营中便恢复平静。

军士奏报大营的东南角，吴楚联军正在集结军队，周亚夫却命营中加强对西北方向的防御，不久，吴楚联军的精锐果然从西北突袭汉军，被汉军击退。此时吴楚联军已经近乎断粮，许多士卒或饿死或逃散，吴王便领兵撤退了。二月，周亚夫派精锐追击，大败吴楚联军，吴王刘濞带着几千亲随连夜逃跑，楚王刘戊自杀。

吴楚联军两位主帅逃的逃，死的死，士兵群龙无首，纷纷投降。此时刘濞已经渡过长江，退守丹徒（今江苏省镇江市东丹徒镇），短暂休整之后，再逃入东海国（首都东瓯，今浙江省温州市）。刘濞一路逃走，一路搜罗逃散的士兵，退入东海国时，已经有上万人，而且这个数字还在扩大，但此时刘濞已经不可能有东山再起的机会了。景帝早已派人持重金买通了东海王骆望——其实东海王怎么会愿意与汉朝为敌呢——接到贿赂，骆望马上派人请求刘濞亲自慰劳三军。刘濞觉得人家为自己打仗，慰劳一下也是应该的，就答应了。可在劳军之时，骆望派杀手用铁矛刺向刘濞，致其当场毙命。骆望随后将刘濞人头砍下，用驿站的传车飞报景帝。吴王刘濞的太子刘驹继续向南流亡，投奔了闽越王国，吴楚联军这次叛乱就此一败涂地。

与此同时，菑川、济南、胶西三国联军正围攻齐国首府临淄（山东省淄博市东临淄区），齐王派一位中大夫向景帝告急。景帝派此人回报，要齐王刘将闾坚守，并说朝廷大军很快就会击败吴楚联军。使者回到齐国，临淄城已无法进入，三国联军将使者抓了以后，逼他向城里报告，说汉军已败，齐国应马上投降，不然必遭屠城。这位中大夫嘴上答应。于是三国将其押至城下，齐王刘将闾在城楼听取报告，此人忽然大叫说："朝廷已出动百万大军，太尉周亚夫已将吴楚联军击溃，正星夜赶来救援，大王定要坚守，不要投降！"三国将领勃然大怒，就在城下将此人格杀。

此事一出，本来准备投降的齐王决定继续坚守。不久，栾布和曹奇的军队抵达，击败三国联军，临淄解围。不过稍后，栾布发现齐国最初也参加了叛军的阴谋，转而决定攻齐，齐王刘将闾害怕，又说不清楚，便服毒自杀。

胶西王刘卬、胶东王刘雄渠、菑川王刘贤，各率败军回国。刘卬赤着双脚、睡草席、喝凉水（这三者都是罪犯标配，表示自责），向太后请罪。太子刘德说:"汉军正在撤退,帅劳兵疲,我们不妨集结部队,作最后一次突袭,如果不胜,我们再逃到海岛上也不迟。"但刘卬此时已经失去作战的信心,对儿子说:"我们部队残破,已不能再用了。"

刘卬已斗志全无,恰在此时,韩颓当给刘卬写信劝降:"末将接受的军令,乃是杀掉叛乱分子。对于投降之人,一律赦免,保留爵位;而那些顽抗到底的,则要被消灭。请大王早做定夺。"

劝降书一到,刘卬便上身赤裸,到汉军大营磕头道:"我刘卬目无法纪,还麻烦将军远道而来,但求将军赐死。"

韩颓当一见刘卬这般模样,就问:"大王勉强发兵,又是图什么呢?"

刘卬用膝盖当脚,二次叩首后向前爬了几步,对韩颓当说:"之前,晁错是陛下面前红人,竟敢篡改高祖的法令,削夺诸侯王的封地,诸王都觉得晁错此举难称忠义,怕他搅得天下鸡犬不宁,这才联合出击,只为'清君侧'而已。我们这些人一听说晁错已死,便撤军向将军请罪。"

韩颓当反驳说:"大王如果觉得晁错有罪,应该上书天子,现在一无诏书,二无虎符,却私自调动封国大军侵犯别国,其目的恐怕不在于一个晁错吧?"说罢,韩颓当拿出景帝诏书,当众宣读。于是刘卬自知不免,便自杀身亡。胶西国太后、太子以及胶东王刘雄渠、菑川王刘贤、济南王刘辟光,均被景帝处决。

而另一路进攻赵国的军队,打得就乏味得多。曲周侯郦寄刚刚带兵到了赵国,赵王刘遂就退回邯郸防守,闭门不出。郦寄进攻了7个月,怎奈邯郸城池坚固,难以攻克。其实赵王等的无非就是匈奴的援兵,可这时传来了吴楚联军战败的消息,匈奴听说之后便决定撤兵,不肯入塞。又加上在齐地作战的栾布前来与郦寄会师,二人直接掘开黄河堤坝,水漫邯郸,造成城墙坍塌,赵王刘遂见大势已去,便自杀身亡。

景帝认为齐国本无背叛之意,在胁迫之下,姑且应允,且无异动。下诏准许刘将闾的太子刘寿继承王位。而济北王刘志本来也要自杀，但齐国人公孙获替刘志向梁王刘武求情，给刘武戴了一顿高帽，刘武便派人去长安奏报，刘志得以免于受罚，改封为菑川王。

　　七国之乱虽然只历时短短三个月，但影响非常深远。从此之后，诸侯王的势力受到沉重的打击，很难再对朝廷构成威胁，这也是后来汉武帝实行"推恩令"的前提，但无论如何，都难以忽视晁错在整件事中发挥的作用，历史是不能假设的，也不知，没有晁错事情会是何等模样。

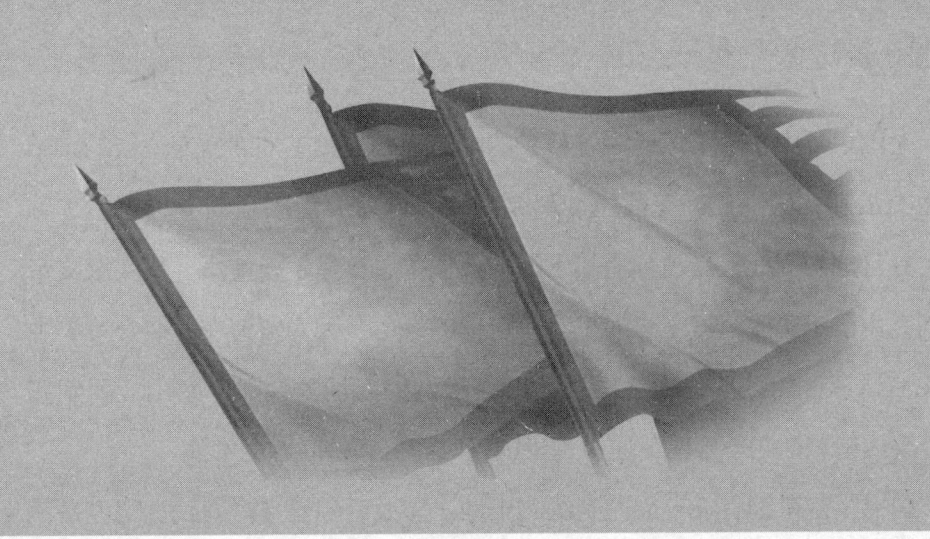

第六章

武帝宏图

七国之乱中，除了周亚夫等将领的功劳之外，梁王刘武作为景帝的亲弟弟也有战功，虽说正面无法抗衡吴楚联军，但总算用顽强的意志守住了睢阳，并且成为周亚夫断敌粮道战术的桥头堡，总算是不辱使命。其实汉文帝将刘武由淮阳王改封梁王之时，就有这样的考虑，因为贾谊在《治安策》中曾说应以梁国对抗北方的齐国，所以，梁国的封地才会北到泰山，西到高阳，境内有城池四十余座，这也是梁国可以对抗吴楚联军的本钱。

史书上说梁国有天下最为肥沃的土地。窦太后和景帝对刘武赏赐更是不计其数，金银珠玉的数量甚至超过景帝。刘武在梁国兴筑东苑，规模达到方圆 300 里，更是将首府睢阳城扩充到方圆 70 里，大肆修建宫殿，复道从王宫连接到离宫，长达 30 多里。并且广纳门客，这其中有击退吴楚联军的韩安国、张羽，也有如公孙诡、羊胜这样的阴险之辈。

刘武每次去长安朝见，景帝都会派使臣"持节"，带着皇家卫队，到函谷关迎接。到了长安之后，也是荣宠万分，入宫见驾与景帝同辇，出宫打猎也和景帝同车，朝廷规定诸侯王入京朝见每次最多住 20 天，可刘武经常一住就是半年。梁国的官员进出宫廷，与汉家的官员没有分别。七国之乱后，景帝更是允许梁王刘武使用天子的旌旗，享受"出警入跸"的特权，所谓"警"意为警戒，"跸"意为禁止通行，这是天子特权。再加上之前景帝曾说要将皇位让给刘武，这就使得刘武手下阴险小人们蠢蠢欲动，偏偏刘武此时志得意满，非常宠幸公孙诡与羊胜这两个小人，二人诡计多端，经常怂恿刘武谋取储君之位。

一、夺嫡之争

景帝的皇后薄氏是文帝母亲薄太后的同族孙辈，由薄太后做主，成为太子妃，后来被封为皇后，但薄皇后一直没有子嗣，跟景帝的感情也不是很好。既然没有嫡出的皇子，景帝前元四年（前153），景帝就将栗姬所生的庶长子刘荣封为太子，其他各位皇子也依制封王，其中当时最小的皇子刘彻年仅3岁（据说刘彻曾用名刘彘，但正史均不见记载，疑误），获封胶东王。

刘荣的生母栗姬是齐国人，大概是景帝最早宠幸的女人，为景帝生了他的前三个儿子。此时刘荣既是长子，获封太子也算理所当然，但景帝对这个儿子算不上喜欢，而且此时的景帝对于栗姬的热情也早已减退，虽然刘荣获封太子，可薄皇后仍居皇后之位，而且栗姬此时偏偏得罪了一个她不能得罪的人——长公主刘嫖。

文帝的皇后窦氏一共生了三个孩子，分别是刘嫖、刘启和刘武。其中刘嫖因为封地在馆陶（今河北省邯郸市馆陶县），又因自己是嫡出公主（关于西汉时期"长公主"的标准并不明确，按结果来看，长公主通常都是嫡出，或者皇帝的亲姐妹），因此人称馆陶长公主，成年后嫁给了堂邑侯陈婴的孙子陈午。

窦太后早年患有眼疾，后来双目渐渐失明，两个儿子一个是皇帝，日理万机，一个是藩王，远在梁国，因此对这个女儿十分亲近。而刘嫖也非常有心计，经常给景帝进献美女，景帝十分高兴，所以刘嫖依仗太后的宠爱和景帝纵容，出入后宫，经常打着各种旗号为自己和夫家谋取好处，景帝后宫的美人，几乎都是通过长公主才得以见到景帝的，因此后宫人人都不敢怠慢长公主。

刘荣封太子以后，长公主就想与之攀亲，打算将自己的女儿陈阿娇嫁给太子为妃，但栗姬为人善妒，她觉得景帝的许多美人经长公主推荐，荣宠都超过自己，心存怨恨，便直接拒绝了长公主的要求，不同意这门亲事。后来长公主打算将女儿许配给王夫人的儿子刘彻，而刘彻的生母王夫人同意了。

据说在一次宫廷宴会上，长公主刘嫖将小刘彻抱在膝上，逗他说："宝宝要娶媳妇吗？"

刘彻回答："要娶！"

于是长公主手指着左右百余名女官，刘彻都说不要，最后长公主指着自己的女儿问道："娶阿娇行吗？"

刘彻马上笑着说："好！如果能娶阿娇做媳妇，我一定做个金屋子给她住。"这便是成语"金屋藏娇"的来历，这件事记载在《汉武故事》上。但现实中小孩的婚姻恐怕还是靠父母来决定的，尤其对于皇家来说。而且刘彻的母亲王娡也并非等闲之人。

王娡是槐里人，她的母亲臧儿是汉初的燕王臧荼的孙女。后来臧儿嫁给槐里人王仲为妻，生下儿子王信和两个女儿。王仲去世后，臧儿又改嫁了长陵田氏，生下了儿子田蚡和田胜。臧儿的大女儿嫁给金王孙为妻，生下女儿金俗。

臧儿为子女占卜，说是自己的两个女儿都会成为富贵之人。于是臧儿就把女儿从金家强行抢夺回来。金氏非常愤怒，不愿和妻子分开，臧儿就将女儿直接送到了太子宫中。当时还是太子的刘启十分宠幸王娡，她为刘启生了三个女儿和一个儿子。当儿子还在肚子里时，据说王美人梦到太阳投入她的怀里。她禀告刘启，刘启说："这是富贵的先兆。"孩子还没生下来，文帝驾崩，景帝继位后，刘彻才出生。

自从自己的女儿和胶东王结亲之后，长公主刘嫖便多次在景帝面前说栗姬的坏话，并夸赞王娡温柔貌美，景帝自己也觉得王娡非常贤惠，再联想起当年太阳入怀的祥瑞吉兆，就对太子人选产生了动摇，但一直没能下定决心。

此时王娡也借机助攻，她知道景帝现在讨厌栗姬，怒气未消，便采用激将法。这时薄皇后刚刚被废，于是王娡秘密请掌管宫廷礼仪的大行上奏景帝，请求母以子贵，封栗姬为皇后。景帝听罢，以为是受栗姬指使，非常生气，质问大行，说："这是你该说的话吗？"直接将大行斩首。

景帝前元七年（前150）冬十一月，景帝下诏，废黜太子刘荣，改封其为临江王。当时的朝臣纷纷上书，据理力争。太子太傅窦婴因此称病离职，栗姬也悲恨而亡。

太子被废之后，刘彻并没有马上被封，因为窦太后想让景帝立梁王刘武为储君。在一次酒宴上，窦太后对景帝说："等我百年之后，就将梁王托付给你了。"景帝本跽坐在席上，闻听此言马上挺直身体，回答说："好。"窦太后这么做其实就是暗示希望景帝将梁王立为储君。

宴席散去，景帝就此事征询大臣们的意见，群臣纷纷反对，袁盎站出来说："不可。往昔宋宣公不传位于儿子而传位给弟弟，闯下大祸，历时五世都不得安宁。陛下于小处不忍，则必伤大义，所以《春秋》才主张大义应为主宰。"

袁盎所说的"五世之乱"指的是宋宣公喜欢自己的弟弟胜过儿子，于是便将国君传给了他（谥号穆公），等穆公将死，召来大司马孔父嘉（孔子先祖），想把国君再传给宣公的儿子公子与夷，为保证侄子顺利即位，竟然放逐了自己的亲儿子公子冯。后来经历了一系列的杀戮，公子与夷被杀，穆公的儿子公子冯又回来继位，宋国因此内乱不断。或许是这个理由说服了窦太后，从此太后也就不再提此事了。

于是在景帝前元七年（前150）四月，景帝立胶东王刘彻为皇太子，不久又立王娡为皇后。

不过争储失败这件事给刘武带来了非常不好的影响。刘武本来就讨厌袁盎，当初他曾请求景帝允许他修筑一条甬道直通皇太后的长乐宫，就是袁盎等人反对。这次袁盎竟又反对自己做储君，于是在羊胜和公孙诡两人的策划下，竟秘密派出刺客到京城，将袁盎等十几位不同意自己做储君的高官全部暗杀。

如此狂悖的暴行，刺客竟然逃脱，无法对证，京师长安大为震动。景帝亲自下令，务必捉拿凶手。此时景帝开始怀疑梁王，调查案情之后，发现果然是梁国所为。于是景帝派田叔、吕季主，前往梁国调查，搜捕羊胜、公孙诡，而二人则藏在了刘武的王宫之中。

朝廷先后派遣十余批使臣去梁国调查此案，并严厉斥责梁国的高官们。梁国国相轩丘豹与内史韩安国及下属官员在全国搜索，一月有余也没有抓到。最后韩安国听说二人躲在王宫，于是求见刘武，流着泪说："主辱者臣死，大王正是因为没有良臣，才会如此，今日如果羊胜、公孙诡二人抓不到，臣请求辞职，并请陛下赐死。"

刘武说："怎么会到这样的地步呢，至于吗？"

韩安国泣不成声地说："大王，你自认为跟陛下的关系比临江王刘荣如何？"

刘武说："他们是亲父子，我自然比不上。"

韩安国说："刘荣贵为太子，只因一句话，便被贬作临江王。又因为修宫殿侵占围墙之事，在京师中尉府被活活逼死。为什么？治理国家，不能因私害公。现在，大王不过封国诸王之一，竟信奸邪之说，冒犯天子禁令，废法害公。陛下因为太后疼爱您的缘故，才不忍心将大王治罪。而太后日夜啼哭，希望大王能改过自新。大王却始终执迷不悟，大王可曾想过，如若太后薨逝，大王还能依靠何人？"话还没有说完，刘武已泪流满面，向韩安国谢罪说："我现在就交出二人。"于是梁王下令羊胜、公孙诡自尽，并将尸体抬出。

案件基本水落石出，景帝心中自然对刘武十分不满。刘武也感到恐惧，便派说客邹阳去京城游说王皇后的兄长王信，希望他能让自己的妹妹王皇后出面替刘武说点好话，理由也很简单——这么做会让皇太后和长公主高兴。王信照办，但景帝心里已经有了芥蒂。

窦太后此时也知道刘武闯了大祸，对自己的儿子愈加思念，茶饭不思，日夜啼哭，景帝为此十分苦恼。正当此时，派去梁国的田叔一行人调查结束，从梁国返回。一行人到达长安城东。在驿馆中，田叔命人把在梁国所取

第六章 武帝宏图

得的口供和笔录悉数焚毁，双手空空来回报景帝。

景帝见众人便问："梁王是否有罪？"

田叔答："死罪。"

景帝又问："过程如何？罪证何在？"

田叔说道："陛下最好不要再过问此事。"

景帝说："这是为何？"

田叔说："如果梁王不伏法受诛，则汉家法律难以再行；如果梁王伏法受诛，则皇太后食不知味，卧不安席，这样恐怕会给陛下带来困扰。"景帝觉得田叔考虑得十分周详。于是就让田叔一行去晋见窦太后，并告诉太后梁王毫不知情，不法之人只是他所宠信的羊胜、公孙诡等人，均已伏诛，梁王安然无恙。太后听到这个消息，非常欣慰，马上起床进餐，心情也得以平复。

这时，刘武上书，请求朝见天子，景帝批准。一行人在卫队保护之下刚到函谷关，而刘武竟忽然失踪。景帝如过去一样，派出天子仪仗，前往迎接，却找不到刘武，负责官员大惊，急急回报。窦太后闻言大哭，说："皇帝果然杀了我的儿子。"景帝既忧愁又恐惧，害怕刘武真的有个三长两短，无法交代。

实际上，梁王就是哗众取宠，他接受手下大夫茅兰的建议，到函谷关后，换乘平民使用的丧车，只带两个随从卫士，直接投奔姐姐长公主刘嫖。然后身背刀斧、砧板，跪在未央宫北门（此地是群臣议事的地方，往来较多）请罪。窦太后、景帝见状喜出望外，激动得流泪。弟兄相见，一切如同从前，把停留在函谷关外的梁国侍卫，全部召到长安。

然而，破镜终难重圆，兄弟间有了隔阂，便再难复原，刘启从此不再请刘武跟他一起坐车。过了几年，刘武进京朝见，请求延长自己在长安的居留时间，也被景帝拒绝。刘武知道自己的哥哥终究还是怪自己，回国之后，郁郁寡欢。汉景帝中元四年（前144），梁王刘武郁郁而终。

窦太后接到丧报，哀痛不已，茶饭不思，一直说："皇帝杀了我儿！"景

147

帝又悲又怕，不知如何是好。后来跟姐姐长公主刘嫖商议，将梁国一分为五，将刘武的五个儿子全部封王，同时又将刘武的五个女儿各封一县，窦太后这才高兴，勉强吃了一顿饭。

景帝后元三年（前141）正月二十七日，景帝刘启在未央宫病逝，享年48岁，在驾崩之前不久，景帝为太子刘彻选了一位老师卫绾，同时，除掉了功臣条侯周亚夫。

二、独尊儒术

景帝前元七年（前150）正月，景帝废太子刘荣，太尉周亚夫为太子申辩，景帝非常不快，但还是在二月任命周亚夫为丞相。不过因为七国之乱时周亚夫没有及时救援，梁王刘武始终怀恨在心，在朝请进京时经常在太后面前说周亚夫的坏话。

真正让周亚夫开始失宠的是王信封侯的事。王娡封皇后以后，窦太后便跟景帝提议让皇后的哥哥王信封侯。但景帝以自己的两个亲舅舅都没有在文帝时封侯为理由，向窦太后说明还不是时候。

窦太后说："做君主都是要看具体情况顺势而为，窦长君活着的时候一直未能封侯，他死后，儿子窦彭祖反而封侯了。这令我万分悔恨。请皇上快点封王信为侯吧！"景帝无奈，就与丞相周亚夫商议此事，周亚夫却说："高祖曾说，非刘氏而称王者，天下共击之。如今王信即使是当今皇后的哥哥，但他寸功未立，封侯就等于违背了高祖的规定。"景帝听后默然无语，事情也只好作罢。后来有匈奴王几人投降，景帝想将几人封侯，周亚夫认为几人是叛臣，不应封侯，但这次景帝没有采纳周亚夫的建议，周亚夫也就此称病回家，景帝中元三年（前147），景帝免去了周亚夫的丞相之职。

景帝后元元年（前143），景帝可能是感到自己身体大不如前，就想为太子铲除隐患。于是在皇宫召见周亚夫，并留他吃饭。席间，有侍者故意在周亚夫面前放了一大块肉，既不切开，又没放筷子。周亚夫心中不满，请身旁负责宴席的官员拿双筷子来，景帝凝视着周亚夫的举动，阴阳怪气地说："这还不能让先生满意吗？"此时周亚夫才感到气氛有异，赶紧免冠谢罪。景帝命他起来。周亚夫趁机快步走了出去。景帝望着周亚夫的背影，说道："这点小事，就如此不满的人，不能做少主的臣子啊。"

不久之后，周亚夫的儿子为了准备父亲的后事，从负责制造宫廷用品的部门购买了500副盔甲盾牌。搬运这些物品十分辛苦，但周亚夫的儿子却不给工钱，雇工们知道这些物品是天子之物，便向朝廷告发，说周亚夫的儿子想要谋反。

事情一出，必然牵涉到周亚夫头上，官吏依照惯例询问周亚夫，但周亚夫愤怒之极，拒不回答。景帝闻听大怒，不问口供，直接把周亚夫交给了廷尉处理。廷尉责问他："君侯想要造反吗？"

周亚夫说："臣所买的器物，皆为陪葬之物，何来造反一说？"

但此时的廷尉显然已经领悟了景帝的用意，便说："君侯您即使不在阳间造反，也是要在阴间造反！"然后开始对周亚夫用刑。当初朝廷派人来抓周亚夫时，他便想自杀，可被夫人劝阻，认为事情必将大白于天下。现在既然知道无法脱身，周亚夫便绝食5日，呕血而死。

太子刘荣被废之后，景帝立刘彻为太子，景帝为他选了卫绾做老师。

卫绾是代国人，善于驾车，为人忠厚谨慎，文帝去世时就嘱咐景帝，要好好对待卫绾。此时景帝任用卫绾，其实就是看重他身上的谨慎态度，而二人的师生渊源，也为后来武帝的独尊儒术埋下了伏笔。担任太子太傅5年之后，卫绾被景帝任命为丞相，这条路其实和除掉周亚夫一样，是景帝替太子刘彻所做的选择，尽管卫绾在任上并无建树，只是照章办事，但景帝认为他性格忠厚，可以辅佐小皇帝，所以不但信任卫绾，还经常给予他许多赏赐。

景帝驾崩后，武帝继位。建元元年（前140）冬十月（岁首），武帝下的第一份诏书，便是令大臣举荐贤良方正直言敢谏的人才。武帝亲自出题围绕着古往今来治理天下的"道"，进行考试。天下受举荐参加考试的共有100多人，正是在这次考试中，广川人董仲舒提出了有名的"天人三策"。所谓"三策"，是指董仲舒回答了武帝的三次策问，第一问，主要是巩固政治的根本道理；第二问，是关于治理国家的权术；第三问，则是关于天人感应的问题。

而董仲舒在这三篇策问中回答的内容，大体包括五个方面，第一是新皇登基，需要有所改变，要改正朔、易服色，这一点其实贾谊早就提过，只不过当时文帝没有采纳罢了；第二则是要重视天下一统，开疆拓土，建立前人未有的功勋，这一点正与武帝相合；第三点则是要兴太学，除了靠太学培养人才之外，还应该网罗天下的人才，郡守、诸侯应向国家举荐人才，这也成为察举制的理论基础之一；第四则是"尊儒"，正所谓"诸不在六艺之科、孔子之术者皆绝其道，勿使并进"，这其实也是后来"罢黜百家，独尊儒术"的基础之一；第五，则是武帝最关心的事情——改革，这就反映了董仲舒儒学的"外儒内法"，先秦的儒家并不主张改革，顶多算是不反对，而且儒家的改革主要体现在对统治者观念的塑造上，而董仲舒所说的改革，其实是对秦制的拨乱反正，所谓"琴瑟不调，甚者必解而更张之，乃可鼓也；为政而不行，甚者必变而更化之，乃可理也"。意思很简单，就是发展必须跟上时代，这其实已经是法家的观点了。

董仲舒的这一番言论，深得武帝赏识，于是武帝用他做了江都国国相。还有一位后来力主出兵闽越的会稽儒生庄助也被武帝任用为中大夫。这次考试当初并未说明只选拔儒生，但丞相卫绾向武帝上奏说："凡受推举而来的那些研究申不害、韩非、苏秦、张仪等学说的人，均为扰乱朝堂秩序之辈，应予以遣返。"武帝直接批准了卫绾的上书，这样皇帝重儒生的名声便传开了。

董仲舒这个人还并不是一个简单的儒生，而是一位道德、行为的楷模，他自幼研习《春秋》，特别擅长《春秋公羊传》，在景帝时就曾任博士，据说他一言一行皆符合礼法，许多当代学者都非常尊敬他。做了江都国国相以后，董仲舒尽心侍奉江都王刘非。刘非是武帝的兄长，这人是个典型的诸侯王，非常骄横好武，行为霸道，但与董仲舒相处下来，竟收敛许多，同时也非常敬重他。

在与董仲舒谈话后不久，武帝便等不及了。六月，他就将丞相卫绾罢免，换上了两位更亲近儒家的大臣，分别是魏其侯窦婴，获封为丞相，武安侯田蚡，获封为太尉，这两个人不单是喜好儒术之人，同时太皇太后那里也算是能交差，毕竟窦婴是窦家门里最优秀的一个，而田蚡则是王太后的同母兄弟。

果然，这两位一上任，就给武帝推荐了代地人赵绾和兰陵人王臧，二人都是儒生，武帝十分器重二人，将赵绾封为御史大夫，王臧则担任郎中令。这赵绾一上台，就奏请武帝兴建明堂以接受诸侯王的朝见，并且向武帝推荐了他的老师申公。秋季，武帝派出使者带着帛和玉璧，驾着驷马安车去迎接申公入朝。

申公到了京城，拜见武帝。武帝就询问他关于国家治乱之事，申公已是80多岁的老人，回答说："治理天下的人，不以说得多为好，只看努力实干得怎样罢了。"这时，武帝正是喜爱文辞的年纪，听到申公的对答，默不作声。不过虽然对申公的回答不甚满意，但既然已请来了，武帝就任命他做了太中大夫，安顿他住在鲁王京城的官邸中，与之讨论有关兴建明堂、天子巡游、改换历法和服色等事情。

但此时的武帝很显然忽略了自己的祖母。此时已是太皇太后的窦氏崇尚"黄老之学"，厌恶儒家学说。偏偏这个赵绾还向武帝建议，以后国家大事不必再事事通报太皇太后，这一下触怒了窦氏。窦氏显示出高超的政治手腕，她没有直接干预，而是不露声色，派人暗中搜集赵绾、王臧等人的罪证，之后便以此说武帝用人失察；武帝只好妥协，放弃了兴建明堂的计划。之后，赵绾、王臧等人被交付有司问罪，二人双双自尽，他们推行的主张也均被废除。经此一事，太皇太后更加觉得这些儒生都是些耍嘴皮子，夸夸其谈的妄人，只会制造麻烦，最后将丞相窦婴、太尉田蚡也都免职。之前那位 80 多岁的申公也以身体不佳为由，被免职回家。

田蚡被罢免后，以列侯身份闲住家中，虽然不在朝中任职，但因其是王太后同母弟的关系，仍然深受武帝的宠信，多次建言国家大事都被采纳，许多趋炎附势的士人，渐渐都离开了窦婴，而归附田蚡，田蚡也一天天骄横起来，而田蚡之所以骄傲，就是因为武帝对儒学的兴趣。

建元五年（前 136），武帝设置《五经》博士，学习儒学，"五经"分别指《诗经》《尚书》《礼记》《易经》《春秋》，都是儒家经典。

建武六年（前 135），窦太后去世，武帝马上任命田蚡为丞相，韩安国为御史大夫，儒学力量再次崛起，而董仲舒也重新回到了武帝的视野。后来在元光元年（前 134），武帝将太常博士中不学儒家的一律罢免，并在官学之内排斥黄老、纵横等学说，提拔布衣出身的儒生公孙弘为丞相，并招揽儒生数百人入朝，这就是中国历史上的"罢黜百家，独尊儒术"。

从此，儒学成为汉朝官方的学问，也成为影响中国人思维方式的最重要的思想之一，只不过儒学经过了董仲舒的改造，已经和先秦的儒家有了很大的差别。

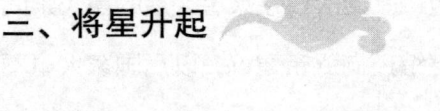

三、将星升起

从汉八年（前 199）娄敬向刘邦提出"和亲"的策略算起，到汉武帝发动马邑之谋（前 133）决定与匈奴刀兵相见为止，66 年的时间里，汉朝一共向匈奴派过 5 位和亲的公主，与娄敬当初的建议不相符的是，这其中应该没有一个人是皇帝的女儿，而且和亲也不光是嫁一位美丽的女子去，同时也伴随着大量礼品和财物等，这样的和亲一般发生在汉朝或匈奴的某一方发生了统治者的变更，或者是在一场大战之后。汉朝对于和亲的策略也很简单，基本就是能保持一段时间的相对安宁就可以了。

之所以不和匈奴交战的另一个原因，是因为当时的朝廷确实是家底儿太薄，根本就无法支撑一场和匈奴的大规模战争，再加上文帝和景帝都算是比较稳重的皇帝，朝廷又以"黄老"治国，注重百姓休养生息，因此在这段时间里，汉朝对匈奴基本采取守势，从未主动发起大规模的进攻。

而在这60多年的时间里，匈奴一共换过两次单于，冒顿单于在文帝前元六年（前174）十月去世，他的儿子老上单于即位；文帝后元三年（前161），军臣单于又代替了老上单于。老上单于曾任用宦官中行说，对匈奴的风俗习惯进行了强调，避免受到汉人生活方式的同化，使匈奴能够一直保持比较强悍的战斗力，在这期间，匈奴多次与汉朝发生过边界冲突，基本上每一次都是匈奴占上风。而汉朝一方，无论是贾谊，还是晁错，都认为直接与匈奴正面对抗，不是办法，都主张通过战争之外的方式暂时稳定局面。

元光二年（前133），雁门郡（今山西省右玉县）马邑县（今山西省朔州市）的豪强聂壹通过大行王恢上书武帝，说："匈奴刚刚与汉和亲，此时双方正在和平相处之际，我们可以用一些利益引诱匈奴深入汉境，设伏兵攻击，这是攻破匈奴最好的办法。"于是汉武帝召集群臣讨论。

王恢说："从前代郡（今河北省蔚县）还是一个独立诸侯国之时，北有强大的胡人部落，内受中原诸国军队的牵制。他们还能够养育老幼，种树耕田，仓库充实，匈奴不敢轻易入侵。而今仰仗陛下神威，四海统一，而匈奴却不断南下侵犯大汉国土，没有别的，只在于匈奴对我们毫无恐惧之感，臣个人认为应该出击。"

御史大夫韩安国说："当初，高祖被围平城（今山西省大同市），7天不得饮食，等到解围之后回京，并无愤怒之心。这是圣人以天下为重的缘故，不因私人的怨恨影响国家的安全。所以才派娄敬前往匈奴，首倡和亲。至今已经五世（指高祖、惠帝、文帝、景帝、武帝）获利，臣个人认为不出击更好。"

王恢反驳道："非也。想当年高祖纵横天下，杀伐决断十余年。不报仇并非报不了仇，而是为了让久经战乱的百姓休养生息，现在北境不安，将士们奋力防御，那些运送士兵遗体的车络绎不绝，凡心存爱人之心，哪有不悲不痛的，我们还是应该果断出击！"

韩安国又说："用兵之道，重点就在于要让自己的军队吃饱，再去攻击饿肚子的敌人；要让自己的军队严整，再去攻击混乱的敌人；要让自己的军队安居军营，再去等待敌军疲惫。在这样的形势下，交战，便能克敌制胜；进军，则可攻城略地；纵使稳居帐中，也可使敌人束手就擒，这才是上策。此时如对匈奴用兵，劳师远征，只恐难以功成。不分兵，两翼就会受到威胁；一旦分兵，中路就后继乏力；行军快，粮草就难以为继；行军慢，则又难免错失良机，出塞不足千里，就会人困马乏，《兵法》曰：'遗人，获也'，所以臣才反对出击匈奴。"

话音刚落，王恢再次发言："此言差矣。臣现在所说的出击匈奴，并非是要大军深入大漠，而是要引蛇出洞，利用其贪念，诱其入边，之后我们再挑选精锐，占据有利地形，暗中埋伏。等到我们安排妥当，再正面出击，配合两翼夹攻，并阻断其退路，如此必能大获全胜，生擒匈奴单于。"

某种意义上来说，王恢与韩安国的争论，就可以说明中国人对待历史的态度，基本上王恢口中所说的高祖，已经不是真实的高祖，而韩安国口中的高祖，也不是真实的高祖，但这不重要，对于眼前这件事来说，重点在于武帝此时更愿意采纳谁的观点。这一次，他选择了王恢。

接着便是谋划具体的实施。夏六月，刘彻命御史大夫韩安国为护军将军、太中大夫李息为材官将军、卫尉李广为骁骑将军、太仆公孙贺为轻车将军、大行王恢为将屯将军,率领步、骑、车兵三十余万人,在马邑(山西省朔州市)附近山谷中埋伏,只等匈奴单于进入马邑,即行合围。

这里我们介绍一下汉代的高级武官的名称。秦汉之际原本的最高武职是太尉,位列三公,以下依次为大将军、车骑将军、卫将军。武帝建元二年(前139),田蚡被免职后,太尉便不再授予他人,后来由于霍去病功高,武帝在车骑将军之上为他设立了骠骑将军,这些官职都是有品级且常设的将军,称为重号将军。而从武帝开始,由于国家连年作战,有军功的将军很多,因此出现了许多不在重号将军内的列将军,比如上一段大家看到的那几位,这样的称号往往在战争结束之后就失效了,或者以某位将军的别称形式存在,绝大多数没有品级,因此称为杂号将军。

几路派兵之后,汉军按计划派聂壹为细作,混进匈奴境内,并向单于报告说他有能力杀掉马邑的县令和县丞,再将马邑城献给单于,以供其抢掠。单于听后很高兴,加上对聂壹很有好感,就选择相信了他。聂壹见计划顺利,便返回马邑城,处决了两名死囚,假冒县令、县丞,依照约定好的"暗号",将二人的头挂在马邑城下,让单于的使者看到,并对使者说:"马邑县的长官已死,还请单于速来!"

就这样,单于得到消息后,亲率10万骑兵越过武州塞,进入汉境。大军行至离马邑县城还有100余里时,只见野外牲畜遍野,却没有人在放牧。匈奴人以放牧为业,眼前的景象实在反常,单于觉得可疑,便派人攻打负责瞭望放哨的亭隧,抓了雁门郡的尉史,审问之后,尉史贪生怕死,便将汉军的埋伏地点告诉了单于。这下匈奴人大惊,单于说:"我早就觉得此事有诈!"于是匈奴马上掉头退兵,出塞之后,单于还后怕说:"我俘虏了这个尉史,真是上天保佑啊!"还口称尉史为"天王"。

这时边塞的军队来报,说单于已经逃走,埋伏的汉军便在后面追击,一直到边境发现追不上了才撤回马邑。而此时王恢正指挥另一支军队从代地出发，原计划是袭击匈奴的后方，断其粮道，但听说匈奴退兵，前方并未交战，王恢便没敢贸然出击，只好率军返回。

策划了这么久的行动，最后一无所获，武帝非常气愤，特别是王恢明明有机会率军与匈奴决战，却不敢出击，对此王恢解释说："按原计划，应是匈奴主力在马邑被伏击，而我的军队是要袭击匈奴的粮道，截断其归路，这样就可以全歼敌寇，可是现在匈奴大军并未受到攻击，全身而退，臣仅有3万人马，一旦交战，无异于以卵击石，臣明知不战而退是死罪，但念及3万将士的生命，这才撤军。"王恢说的是实话，但武帝并未理会，这一点也可以理解，毕竟武帝希望与匈奴决战，王恢这样的行为无论如何也不能姑息，于是王恢直接被送到廷尉审判。

廷尉审讯后判决："王恢畏战，避敌不前，按律应斩。"王恢应该是觉得窝囊，便暗中向丞相田蚡行贿了一千金，求其为自己开脱罪名，田蚡不敢跟武帝说，就对自己的妹妹王太后讲："王恢力排众议，提出在马邑设伏，现在行动出了意外，杀了王恢不正遂了匈奴的意吗？"

后来太后借武帝来看自己的机会，把田蚡的话学给武帝听，武帝听罢，对太后说："马邑之事，朕调动大军数十万，都是因为听了王恢的谋划，最后即使不能生擒单于，王恢也至少要按计划出击，如此方可给将士们一个交代，如今王恢畏战，不杀无法向天下谢罪。"这番话传回王恢的耳朵，他自知事情已经无可挽回，只好自杀谢罪。

这件事史称马邑之围。从此之后，匈奴断绝了与汉的和亲，开始进攻汉朝在边境扼守大路的要塞，经常进入汉朝边塞掳掠。这次军事行动也让武帝认识到了跟匈奴作战没那么简单，合格的统帅才是与匈奴作战的关键。

元光六年（前129），匈奴再次入侵上谷郡，抢掠杀害官吏百姓。武帝决定给予反击，但这次的安排很明显带有考察的意味——车骑将军卫青从上谷郡出兵，骑将军公孙敖从代郡出兵，轻车将军公孙贺从云中郡出兵，骁骑将军李广从雁门郡出兵，4位将军各率1万骑兵，出击屯兵在边关贸易市场附近的匈奴军队。这样的安排有两个意味，第一是准备在几人中选拔一位比较优秀的将领，而从另一个方面也减轻了地方政府的压力，四支军队从不同的郡出发，粮草物资会相对比较充沛。

这四路大军出塞以后，卫青率军进攻到龙城，斩首和俘获匈奴700多人；公孙贺来了个草原数日游，没有遇见敌人，无功而返；卫青的哥们儿公孙敖被匈奴打败，损失了7000骑兵；最倒霉的当数李广，李广此次出击，遇到了匈奴主力，兵力是李广的数倍，结果李广军不但被击败，连李广本人都被匈奴人活捉。李广脚负了伤，无法走路，匈奴人将他安置在两匹并行的马中间，让他躺在用绳子结成的网袋中，走出了十多里路，李广先是装死，后来突然跃起，跳到了一个匈奴人的马上，夺了他的弓箭，纵马向南狂奔才得以逃脱。汉朝廷将战败的公孙敖、李广交付有司审问，罪当斩首，后二人都出钱赎为平民；只有卫青有功，被封为关内侯。那卫青是谁？武帝为何会如此信任他呢？

卫青的事还要从他的姐姐说起。汉武帝做太子时的妻子，是姑妈馆陶长公主的女儿阿娇，可以说武帝能当上太子，离不开这位姑妈的助力，所以刘彻即位后，阿娇也顺利坐上了皇后的位置。可长公主刘嫖依仗自己有功，无止境地贪求索取，甚至干预国政，武帝对此非常不满，却又无可奈何。

除了这位姑妈，这陈阿娇更是个醋坛子，且从小受长公主的溺爱，十分骄横。更重要的问题，是陈皇后始终没有生育孩子。据说皇后前后给大夫赏赐巨资，只为求子，但终究没有成功，武帝对陈皇后的宠爱也渐渐衰减。

这时的武帝刚刚即位，任用儒生改革，王太后对武帝说："你刚刚继位，大臣还没有认可你，就先兴建明堂，太皇太后已经很不高兴了；现在又得罪长公主，必定会遭受重责，后宫妇人，说高兴也容易，你应该慎之又慎才是。"武帝这才对长公主母女稍加恩遇。

一次武帝去霸上举行袚除仪式（袚除指的是除灾去邪的祭祀），返回时去拜访姐姐平阳公主，平阳公主招待弟弟时，武帝看中了平阳公主府中的歌女卫子夫。卫子夫的母亲卫媪是平阳公主家的奴婢，平阳公主就把卫子夫送入宫中，卫子夫日益受宠。陈皇后得知后，醋意大发，好几次几乎给气死，武帝听说后十分生气，也更加讨厌皇后。

卫子夫一共有兄妹四人，大哥卫长君，大姐卫孺，二姐卫少儿。卫媪还和平阳县县吏有一个私生子，就是卫青。等卫青长大点，就在平阳侯家中做家奴，主要负责养马。长公主刘嫖心疼自己的女儿阿娇，听说卫青是卫子夫的弟弟，便派人把卫青抓了起来，后来还是卫青的哥们儿公孙敖带人把卫青救了出来，公孙敖也因为和卫青的关系，后来一路官至封侯。

武帝听说此事之后，为了安抚卫子夫，就将卫青召进宫，做了建章宫的宫监，还给他加了"侍中"的衔，武帝时期宫内的官员还没有被"宦官"垄断，所以卫青的这两个头衔，应该只是说明武帝对其信任。不光是封官，卫青进宫不过几日，就得到了上千金的赏赐。又过了不久，武帝立卫子夫为夫人（夫人为皇后以下最高），卫家的大姐卫孺嫁给了太仆公孙贺，卫少儿则嫁给了陈平的后人陈掌。

之后，武帝又提拔卫青做太中大夫。从此时开始，卫青便一直在武帝身边任职，长达9年，深得武帝的信任。

元光六年（前129）的四路出兵，总体上还是失败的，武帝非常恼火。为数不多的收获，便来自卫青。卫青虽然是奴仆出身，却精于骑射，且智勇过人，特别是对士人和各级官员十分谦恭，对战士也很体恤。官兵都乐于为他效命，实在是天生的帅才，本来此次出征，大家都不看好卫青，但最后只有卫青有所斩获，因此，人们都很佩服武帝发掘人才的能力。

秋季，武帝得报，匈奴屡次攻击边塞，渔阳郡（北京市密云区）受害最重。朝廷任命卫尉韩安国为材官将军，率军驻守渔阳郡。此时，"匈奴袭边"的问题已经迫在眉睫。

第七章

决战匈奴

元朔元年（前128）秋，匈奴2万骑兵寇掠汉境，斩杀辽西郡太守，掳走2000余人。旋即开始围攻韩安国的大营，又入侵渔阳、雁门两郡，又掳掠、屠杀千余人。韩安国抵挡不住，率军向东撤退到右北平郡。数月之后，韩安国吐血而亡，武帝又起用李广担任右北平太守。李广善战，匈奴称他为汉之"飞将军"。数年之间，不敢侵犯右北平。

此时的汉朝已经进入了防守反击阶段。元朔二年（前127），为反击去年匈奴入寇，武帝派将军李息从代郡出兵，攻打匈奴，而车骑将军卫青从云中郡出兵，向西一直推进到高阙（今内蒙古自治区巴彦淖尔市杭锦后旗），占领了河南地（河套以南地区），同时，大军进至陇西，俘获敌人数千人，牲畜十余万头，赶走了匈奴的白羊王和楼烦王，在此地建立朔方郡，武帝还听从主父偃的建议，迁徙10万人来朔方居住。

此战之后，卫青获封长平侯，食邑3800户，卫青手下的几位将官也都被封侯。但匈奴入寇边境的局面并没有什么改变，元朔三年（前126），匈奴入侵代、雁门二郡，杀死代郡太守共友，掳走雁门郡百姓千余人。元朔四年（前125），匈奴大规模入寇代郡等地，掳走几千人。

对于此时的武帝来说，潘多拉的魔盒已经打开，与匈奴的决战已经不可避免。

一、甥舅建功

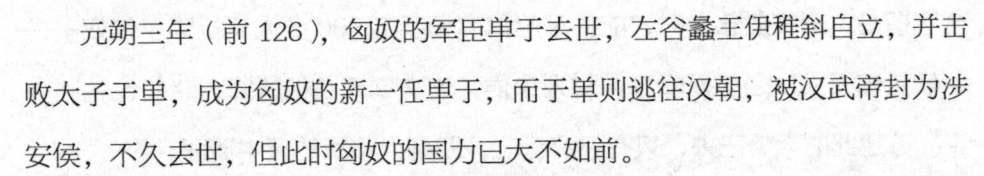

元朔三年（前 126），匈奴的军臣单于去世，左谷蠡王伊稚斜自立，并击败太子于单，成为匈奴的新一任单于，而于单则逃往汉朝，被汉武帝封为涉安侯，不久去世，但此时匈奴的国力已大不如前。

元朔五年（前 124）夏，汉朝再次发动反击。武帝命车骑将军卫青从高阙出发；卫尉苏建担任游击将军，左内史李沮担任强弩将军，太仆公孙贺担任骑将军，代国国相李蔡担任轻车将军，均归车骑将军卫青统领，从新筑的朔方城出兵；还命大行令李息、岸头侯张次公担任将军，从右北平郡出兵，三路大军共计 15 万人，一起进攻匈奴。

匈奴的右贤王认为汉朝距离遥远，汉军也不可能深入大漠，所以丝毫没有戒备，喝得大醉。卫青大军出塞六七百里，终于搜寻到匈奴驻地，趁夜色进攻，包围了匈奴大营。右贤王大惊，只带数百名强壮的骑士冲出重围，趁夜向北逃去，汉军轻骑校尉郭成等人追赶了数百里，但没有追上。

此役卫青俘获右贤王以下副王十余人、男女老幼 15000 余人、牲畜将近百万头，这是汉朝建立以来对匈奴的最大胜利。大军随后凯旋，班师回朝，抵达边塞时，武帝便派使节带着大将军的印信，在军中授予卫青，命其统御所有武将，并将卫青的三个儿子全部封侯，此次出征的将领，也有多人获封侯爵或关内侯，这时，卫青的荣宠已经到达顶峰。

元朔六年（前 123）春二月，大将军卫青再次出征，此次大军从定襄郡（今内蒙古自治区和林格尔县）出发，合骑侯公孙敖担任中将军，太仆公孙贺担任左将军，翕侯赵信担任前将军，卫尉苏建担任右将军，郎中令李广担任后将军，右内史李沮担任强弩将军，均受大将军管辖，大军出征，斩杀了数千级后班师。

1个多月后，汉军再次斩杀了10000多敌军，这次是从定襄郡出塞。但此次出征，卫青所部发生了意外，有3000多名骑兵，在右将军苏建、前将军赵信的率领下，遭遇了匈奴单于的主力大军。双方大战一昼夜，汉军几乎全军覆没。形势危急之时，前将军赵信率领手下800多人又投降了匈奴——赵信是匈奴人，之前投降后被封为翕侯，这次匈奴趁机诱降，赵信也就回去了。苏建此时大势已去，只有只身逃走，回到大将军的营中请罪。

卫青与众将讨论应该如何处理苏建的问题，议郎周霸说："自大将军与匈奴作战以来，还从未处决过部将，如今苏建全军覆没，只身独活，按军法应斩。大将军也可借此立威。"

但卫青手下的军正和长史并不认同，反驳道："兵法有云，'小敌之坚，大敌之禽也'。打仗就是人少的打不过人多的，苏建区区3000人马，面对匈奴单于数万之众，悉数力战殉国，未有二心，现在苏建归来，却要被杀，那难道以后要让战败的将军全去投靠匈奴吗？因此苏建不应死。"

卫青此时说道："我有幸以皇亲的身份在军中就职，不担心没有威信，可周霸劝我表明威信，这实在非我的本意。况且即使我有权斩杀有罪的部将，而却不该擅自在国境以外将其诛杀，而应把一切上报天子，由天子裁决此事，此来显示为臣者不敢专权，不是也可以吗？"卫青这样一说，估计大家心里都会自愧不如，卫青的军队看似只有几万人，那是因为与匈奴作战，机动性要求高，补给不易，因此都是精选的骑士，战斗力惊人，如果卫青稍有异动，则必然会招致大祸。而处置苏建，如果杀，则容易被说成独断；如果留，则容易被指责包庇。因此交给天子裁决才是最为安全的办法，卫青说完，果然手下人纷纷说好，于是把苏建拘送到天子那里，卫青则率军入塞，停止了这次军事行动。

这一战之中，最大的收获并不是斩杀了多少匈奴骑士，而是发现了一位堪称军事天才的少年统帅——霍去病。当初卫家还没有显贵的时候，平阳县县吏霍仲孺被派到平阳侯府当差，与卫子夫的二姐卫少儿私通，生下了霍去病。霍仲孺任职期满后回到平阳县，正式娶妻，并生下儿子霍光，因此也就不再与卫少儿联系，霍去病长大之后，才知道自己的父亲是谁。

后来卫子夫得到皇帝宠幸，卫少儿嫁给了陈平的后人陈掌，霍去病也因此成长在勋贵家族，在少年时代，就表现出善于骑射的特点，武帝非常喜欢他，一直让霍去病在身旁服侍，此次跟随卫青出征，武帝命他为剽姚（《汉书·霍去病传》作嫖姚，《史记·霍去病传》作剽姚，此取后者）校尉，率轻装骑兵 800 人，远离大军数百里作战，杀敌 2000 余人。武帝非常高兴，说："剽姚校尉霍去病杀敌 2028 名，其中有匈奴国相、当户等官员，还杀了匈奴单于祖父辈的籍若侯产，活捉了单于的叔父罗姑比，其功劳曾两次在军中位列第一，因此封他为冠军侯，食邑 1600 户。"但此次出征，折损了两位将军的人马，其中还有翕侯赵信叛逃。整体上功过相抵，因此大将军卫青没有得到封赏。之前逃回的右将军苏建被押送回京，武帝没有杀他，苏建交了赎金后，被贬为庶人。

从马邑之围结束开始算，自元光六年（前 129）到元朔六年（前 123），短短 7 年内，汉朝便 6 次出征匈奴，每次动员数万人，甚至十余万人，粮草物资消耗巨大，光是几次战役朝廷发给有功将士的赏赐，就高达黄金 400 余万两，人马死亡十余万，特别是战马损失巨大。朝廷大司农上书武帝，强调府库枯竭，无法再供应军费——中国古代政府在财政方面主要是"量入为出"，没有财政预算制度，因此皇帝赏赐将士的财物，并没有经过什么审核或计算，朝廷连年用兵，财政枯竭几乎是不可避免的现象。

为了解决财政困难，武帝下诏：百姓可以出钱购买爵位，被判囚禁罪的，可以出钱赎免。其他刑罚也可以减罪或免罪，朝廷特别设立"赏官"，称之为"武功爵位"（由高至低，分别为造士、闲舆卫、良士、元戎士、官首、秉铎、千夫、乐卿、执戎、政庆庶长、军卫），每级定价十七万，朝廷共收入黄金 600 万两。凡是爵位买到第七级"千夫"的，就可以出任低级官员。加上之前武帝所颁布举孝廉，以及西汉初期以来的各种推荐制度，造成做官的渠道又多又杂，于是汉朝的文官制度开始变得混乱起来。

而反观匈奴，得到翕侯赵信以后，伊稚斜单于如获至宝，封他为"自次王"，还把自己的姐姐嫁给他，并跟他研究对付西汉的办法。赵信建议，匈奴应更向北方迁徙，去瀚海沙漠之北，用以引诱汉军深入，等汉军劳师远征之际，再趁势出击，不必再靠近边塞。伊稚斜单于接受了这项建议。

赵信的这项建议显然是根据卫青的作战特点提出的，卫青作为汉军统帅，作战通常以军团为主。军团出击，合力搜索敌军，遭遇敌军之后，便展开决战，取胜之后便迅速班师，从作战目的来看，卫青的原则就是不找到敌人誓不罢休，拒绝无功而返，也因此屡获战功。可是卫青这样作战有一个最重要的短板，就是大军出动，给养运输困难，不可能向大漠深处长驱直入，作战半径最远也就是几百里，赵信建议伊稚斜单于退居漠北，一旦汉军深入，必然会面临给养不足而导致战斗力下降的问题。同时，如果从结果来看，卫青的这套战法基本上还是稳中求胜，大兵团在一起，基本上可以避免全军覆没，但这样一来，军费开支也会非常巨大。在面对空前的财政压力时，一个人的出现忽然改变了汉军的作战方式。

元狩二年（前 121）春，刚满 19 岁的霍去病被武帝任命为骠骑将军，率骑兵 10000 人，从陇西郡（今甘肃省临洮县）出塞，北击匈奴，大军穿越了 5 个臣服匈奴的小王国，转战 6 天，越过焉支山（祁连山一峰，在甘肃省山丹县东南）千余里，斩杀折兰王、卢侯王，俘虏浑邪王的王子、相国、都尉等，共杀伤和俘虏了 8900 余人，还夺取了休屠王用来"祭天"的金人神像。武帝表彰霍去病，下诏增加其采邑 2000 户。

夏天，汉军再次对匈奴发动攻击。这次从两处出击，兵分四路，骠骑将军霍去病和合骑侯公孙敖，率骑兵数万人，从北地郡（甘肃省庆阳市西峰区）出塞，分道挺进。而卫尉张骞、郎中令李广，则从右北平郡（内蒙古自治区宁城县西南）出塞，分道进军。

李广作为老将，此次仍然非常英勇，率骑兵4000人，脱离大军，向北进发；张骞率大军10000人殿后，二人相距数百里——这种出兵方式非常奇怪，二人之间似乎缺乏应有的配合。而另一路公孙敖和霍去病的配合仍然以公孙敖的迷路而结束，这充分说明了霍去病在指挥大规模作战时，经验不足，没有合理地调配将领。这一点上还是没法和卫青相比。

这次作战倒霉的又是李广。匈奴左贤王听说汉朝来攻，出动骑兵4万人迎战，结果就遇上了率军4000人突前的李广，匈奴把汉军团团围住。汉军将士都紧张起来。李广先派自己的儿子李敢亲率数十名骑兵，飞马从匈奴阵营中穿行而过，又从左右两侧突击，迅速返回军营。李敢向李广报告："匈奴不足为虑。"汉军这才稳定下来。

军心稳定后，李广命军士构筑一圈的临时工事，准备防守。这时匈奴大军已经准备好，一声令下，箭如雨下，汉军也射箭还击，一波交战，李广手下就已经伤亡过半，更要命的是箭也要射完了，危机之下，李广命将士们将箭搭在弦上，挽弓拉满，引而不发。而李广此时，拿出了传说中的宝弓"大黄"，瞄准匈奴的前排将领，连射连中，射杀了多名匈奴将军，这才算是勉强维持住局面。

激战一天，这时天渐黄昏，汉军的官兵都面无人色，而李广却神色自若，镇定自如。他加紧调整军队阵型，准备再战，军中人也都佩服他的勇气。第二天，两军再战，汉军虽然再次死伤过半，但匈奴阵亡的人数则远远高过汉军。此时，博望侯张骞率军赶到，匈奴军队也随即退走。此时的汉军已经非常疲惫，无法追击，只好撤军回国。根据汉朝军法，博望侯张骞行动迟缓，贻误战机，依法应该处死，他缴纳赎金后，被贬为庶人。李广的军队功过相抵，未受封赏，飞将军李广又一次错过了封侯的机会。

而另一路，骠骑将军霍去病一出塞，就如脱缰野马，率军深入匈奴境内2000余里，与合骑侯公孙敖失去了联系，无法相互援助。霍去病一路越过居延海（今内蒙古自治区额济纳旗嘎顺诺尔湖），穿过小月氏部落（今甘肃省祁连山南麓），抵达祁连山，生擒匈奴的单桓王、酋涂王，匈奴的相国、都尉等也率部众2500人投降，斩首俘虏30200人，俘获匈奴的副王和小王70多人。武帝继续加封霍去病食邑5000户，封他的副将鹰击司马赵破奴为从票侯，校尉高不识为宜冠侯，校尉仆多为辉渠侯。

而合骑侯公孙敖行军缓慢，未能如期与霍去病会合，按律当斩，公孙敖缴纳赎金后，被贬为平民。这时，各位老将所率领的军队，无论将士、马匹，还是兵甲装备都不如霍去病军，他所率领的官兵通常都经过仔细挑选，敢于深入匈奴腹地作战，而霍去病本人经常率领精壮的骑兵走在大部队的前面，他的军队也似乎得到上天的眷顾，从未陷入包围或绝境之中。这样一来，出战的许多老将都被落在后面，无法建功，此次李广的4000人脱离大部队，不知道是否与此有关。这一时期，武帝对霍去病的封赏可谓无以复加，所以他的地位日益提高，几乎可以与大将军卫青相比了。

元狩二年（前121）秋，春夏两季的征伐收到效果，匈奴浑邪王和休屠王遣使，准备向汉朝投降。浑邪、休屠都是匈奴的部落名称，大体位置在匈奴的西部，今天的河西走廊一带。伊稚斜单于对浑邪王和休屠王被汉朝将领杀掳数万人十分不满，打算将二人召来匈奴王庭，趁机诛杀。两个部落的人都非常恐慌，决定向汉朝投降。大行李息正在黄河岸上筑城，见到浑邪王派来的使节，立刻用朝廷的驿车，将使节送到长安。

此时的武帝接到报告，但害怕匈奴诈降，借机侵扰边塞，于是下令骠骑将军霍去病率领大军，前往迎接。结果休屠王果然后悔投降，浑邪王直接将其杀死，合并了他的部众。霍去病到达之后，渡过黄河，与浑邪王的部众远远对望。

此时汉军近在眼前，浑邪王的副将们很多人不愿投降，就想逃跑。霍去病纵马奔入浑邪王的军营，与浑邪王相见，将想要逃跑的8000人斩杀，之后送浑邪王一行人乘传车到西汉大营中休息，又令其部众全部渡过黄河。投降的有4万多人，号称10万。

浑邪王一行到达长安后，武帝的赏赐多达数十万，并赐给浑邪王食邑万户，封漯阴侯。同时，还封浑邪王的副王呼毒尼等四人为列侯。因这件事，武帝又给霍去病增加食邑1700户。

不久之后，武帝将投降的匈奴部众分别迁徙到沿边境的陇西、北地、上、朔方、五原等西北五郡之外，但都在黄河以南。从此以后，金城（甘肃省兰州市）、河西，西靠祁连山，直至盐泽（新疆维吾尔自治区罗布泊），除了偶尔的一些侦察的匈奴斥候之外，几乎没有了匈奴人的踪迹。

二、一决雌雄

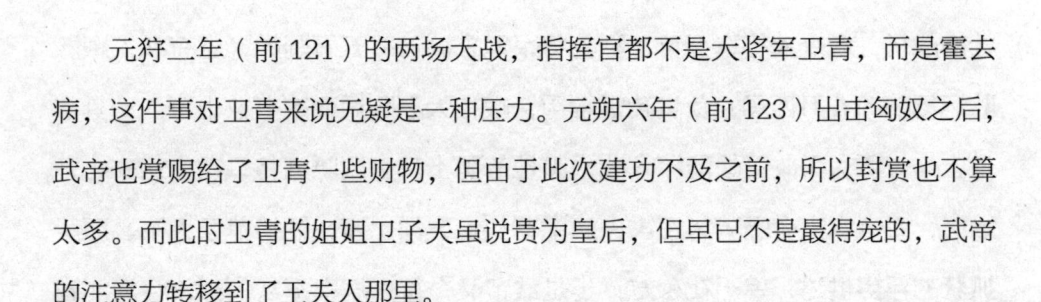

元狩二年（前121）的两场大战，指挥官都不是大将军卫青，而是霍去病，这件事对卫青来说无疑是一种压力。元朔六年（前123）出击匈奴之后，武帝也赏赐给了卫青一些财物，但由于此次建功不及之前，所以封赏也不算太多。而此时卫青的姐姐卫子夫虽说贵为皇后，但早已不是最得宠的，武帝的注意力转移到了王夫人那里。

此时一位叫甯乘的官员对卫青说："将军您之所以在功劳还不是很多的情况下，封食邑万户，三子均为列侯，都是因为皇后的缘故啊。如今王夫人得宠，而她的家族还没有富贵，希望大将军能拿出陛下所赐的千金为王夫人的双亲祝寿。"于是卫青出了五百金为王夫人的双亲做寿。武帝听说之后，向卫青问起此事，卫青以实相告，于是武帝就封甯乘为东海都尉。

这件小插曲非常值得玩味。其一，卫青为何要这样做？答案很简单，表忠心，不因姐姐失宠而心生抱怨，以示自己为臣之本分；其二，为何要打一半的折扣？甯乘说千金，而卫青用了五百金，这其实是一种分寸，是在对武帝表示，此举是为了陛下，而不是为了和新得宠的夫人结交，可以避嫌；其三，武帝明白了吗？明白了，甯乘被封官就说明武帝并不认为此举是多余或者过分的，而封了甯乘，也恰恰是给卫青看的，表示皇帝对其依旧信任。这样一来，卫青估计也就放心了。

此时虽然西北基本安定，但匈奴对边境的袭扰却没有停止。元狩三年（前120），匈奴几万骑兵南下，分两路袭击右北平（今内蒙古自治区宁城县西南）、定襄（今内蒙古自治区和林格尔县）二郡，杀边境千余人，掳掠一番后离去。按照惯例，汉朝在第二年决定还击。

元狩四年（前119），武帝召集诸将领商议，说："翕侯赵信为单于出谋划策，远走漠北，常常认为汉军将士无法轻装穿越大漠，更不能在那里久留。现在朝廷派出大军，一定能达到彻底消灭匈奴的目的。"就这样，汉军此次出兵规模可谓空前，首先是战马，武帝下令挑选用粟米喂养的十万匹强壮的战马，命令大将军卫青、骠骑将军霍去病各率五万骑兵，还有私人跟随驮运行装的4万匹马，负责转运辎重，跟在大部队后面的有数十万人；其次是士卒，所有勇敢善战能深入敌人腹地的勇士都隶属骠骑将军霍去病——开始时，武帝本来命骠骑将军霍去病率军从定襄郡出塞，抵挡单于大军。而所抓获的俘虏供述，单于在东方，于是武帝又令霍去病率军从代郡（今河北省蔚县）出塞，命大将军卫青率军从定襄郡出兵。这样的调整充分说明，此次出征，武帝是想让霍去病对阵单于，进行斩首行动，而卫青这一路，还是按照卫青一贯的战法，任命一众将军，稳扎稳打，徐图前进。

此次出征，老将郎中令李广数次请求随军，但武帝认为李广老了，开始不同意，过了很久才勉强答应。任命李广为前将军，太仆公孙贺为左将军，主爵都尉赵食其为右将军，平阳侯曹襄为后将军，全部隶属于大将军卫青。

得知汉军准备出塞作战的消息，翕侯赵信为伊稚斜单于谋划说："汉军不知天高地厚，竟然想穿越瀚海大漠，等他们到时，必定人困马乏，我们到时可以坐等俘虏汉军的兵马了。"于是单于下令，所有辎重继续向更北方转移，以精锐部队在沙漠以北等候汉军的到来。

大将军卫青率军一出边塞，便通过一些俘虏得知了单于所在的位置，于是卫青亲自率精兵突进，而令前将军李广与右将军赵食其所部合并，从东路进发。李广所部如果向东走，则必须绕圈，东路路远且水草稀少。李广向卫青请战，说："臣所部为前将军，现在大将军却改变命令让臣从东路进发。且臣自成年以后便与匈奴作战，现在终于得到对抗单于的机会。臣希望仍居前锋，必定斩杀单于。"

卫青为人非常持重，这个命令主要是从两方面考虑。第一是武帝曾在出征之前暗中告诫卫青——李广已老，且时运不济，如果让他对阵单于，恐怕无法擒获；第二是好兄弟公孙敖之前被贬为庶人，失去侯爵，卫青想将其带在身边，与自己一起攻打单于，所以于公于私，卫青都有理由这样做。李广知道细节后，拒绝调动未果，没有与卫青打招呼就带兵出发了，心中愤懑不已。

大将军卫青率军向北挺进一千余里，才穿过沙漠，这才发现伊稚斜单于正亲率匈奴骑兵严阵以待。卫青下令手下利用兵车围成一圈，构成临时阵地，又命五千骑兵向匈奴发动攻击，匈奴派出约一万名骑兵迎战。

这时恰好太阳要落山，狂风骤起，沙砾打在脸上，尘土飞扬，两军相互无法辨认。卫青再命留守的军队分左右两翼展开，用迂回的方式攻击匈奴军队的后方。伊稚斜单于看到汉兵人数众多，而且兵强马壮，失去作战的信心，知道自己无法取胜，干脆直接乘坐六匹骡子拉的车，带着数百名精壮骑兵，冲出汉军的包围，向西北奔逃。

夜幕降临，战场上的汉匈两军正在殊死搏斗，双方伤亡大体相当。此时汉军左校从俘虏口中得知，伊稚斜单于已在天黑前逃走，卫青立即派出轻骑兵连夜追赶，自己率军紧随其后。还在战场的匈奴士兵此刻也听说了单于遁逃的消息，顿时土崩瓦解，四散奔逃，卫青大军乘夜挺进。天亮时，已行军200余里，虽然没能抓到单于，但沿途斩杀匈奴19000余人，部队到了寘颜山赵信城，得到匈奴积存的粮草补给，大军停留一日，放火烧城，房舍和残存的粮草霎时间化为焦土，之后汉军班师回朝。

前将军李广跟右将军赵食其率军前进，这一路本就绕远，加上没有向导，于是在沙漠中走了许多冤枉路，根本就没赶上卫青大军和伊稚斜单于的正面对决。后来还是在卫青班师的途中，才联系上这一路人马。卫青理所当然地派人质问二人为何没有参加会战，同时让李广手下的参谋到中军那里说明情况——这其实已经算是给李广留了面子，但此时的李广已经沮丧到了极点，直接对来人说："校尉无罪，迷路是我的责任，让我去跟大将军请罪吧。"之后，李广又对自己的手下人说："从我16岁开始，便和匈奴作战，大小打了70多次，这一次终于有机会跟随大将军正面对决单于，但怎奈大将军把我的前锋调到了东路，路途绕远，又迷失了道路，这难道不是天意吗？我今年60多岁了，不想再受那些刀笔小吏的盘问。"说罢，飞将军李广拔剑自刎。

作为中国历史上一个象征，李广的经历足够传奇，但也实在是不算走运。他这一生慷慨奉公，所得的恩赏全都分给了部下，行军打仗之时，永远和士兵同吃同住。为官40余年，死后家无余财。同时李广能骑善射，双臂如猿猴般长而有力，遇敌箭不虚发。行军路上缺水，找到水源后，总是士兵先喝；至于吃饭，李广也总是在士卒之后用餐，因此深受官兵爱戴尊敬，人们都愿意跟随李广作战。飞将军的死讯传出，李广所部无不悲伤痛哭，甚至连很多百姓都为之垂泪。右将军赵食其后来被交付有司，审判为死罪，他交了钱，赎为庶人。

而伊稚斜单于突围后，匈奴军队的战斗力瓦解，士卒四散奔逃，往往与汉军的士兵混在一起，希望找到他们的领袖。可单于却一直下落不明，大家都误认为伊稚斜单于已经去世了，于是右谷蠡王自称单于，直到十几天后找到伊稚斜，集结单于的部众，右谷蠡王才取消了自己的单于称号。

另一路，骠骑将军霍去病率领骑兵，带着辎重，跟大将军所带一致，但霍去病没有副将。于是命一些中级军官的儿子，比如李敢（李广之子）代理职务，大军从代、右北平两郡出塞，向北挺进2000余里，穿过沙漠，跟匈奴的左贤王所部遭遇，匈奴帝国横跨北方大草原，分为左、中、右三部，单于面南背北，以东为左，以西为右。

霍去病见到左贤王的部队，立即发动猛烈攻击，左贤王军大败。汉军生擒屯头王、韩王等三位王爵，以及将军、丞相、当户等共计83人，此战之后，霍去病率军在狼居胥山（今蒙古国乌兰巴托市东肯特山）祭祀天神，在姑衍山（乌兰巴托市东南三十公里）祭祀地神，这就是名垂史册的"封狼居胥山，禅于姑衍"，此战也成为历代渴望建立战功之人的终极目标。

此役共俘获匈奴70443人，汉武帝加封霍去病食邑5800户，同时又封其手下四人为列侯，已经封侯的两人也增加了食邑。而大将军卫青则没有增加恩赏，部下的官吏士兵都没有晋封侯爵的。但这一仗下来，汉军的损失也特别大，开战前夕，卫青与霍去病曾检阅过军营，出塞之前，大军共有马匹14万匹。一场战争结束之后，入塞时已不足30000匹。

武帝增设了大司马一职，卫青、霍去病都得到任用，至此二人俸禄也基本相等。此后，大将军的权势日益衰落，而霍去病成为一颗冉冉升起的明星，许多投机之辈，纷纷从大将军门下转入骠骑将军门下，霍去病为人寡言稳重，有勇气担纲重任。武帝想为他建造府邸，霍去病却说：

匈奴不灭，何以家为？

于是汉武帝更加看重他。但霍去病自幼生长在锦衣玉食的环境之中，不知节俭和爱惜士兵。在塞外时，军队有时因缺粮而吃不饱，他却下令修建蹴鞠场地进行娱乐，这样的事情不胜枚举，而大将军卫青则为人正直善良，体恤士兵，以温和的态度得到武帝的喜爱。

这一场决战，汉朝所俘虏斩杀的匈奴人共有八九万，而汉朝的士兵也死伤数万人。从此匈奴远遁漠北，漠南则再也没有匈奴王庭，匈奴流传民歌唱道：

失我焉支山，令我妇女无颜色。失我祁连山，使我六畜不蕃息。

漠南的匈奴退却后，汉军渡过黄河，从朔方县以西到令居县，开挖河渠，开垦农田，设置屯田的官吏，此次参加屯田的官兵达五六万人，逐渐蚕食匈奴的土地。然而因缺少马匹，汉朝也再没有力量大举进攻匈奴。

元狩六年（前117）秋九月，冠军侯霍去病去世，年仅24岁。汉武帝悲痛欲绝，为霍去病修建坟墓，所起封土也模仿了祁连山的形状。元封五年（前106），卫青也在京城病逝，汉武帝为了彪炳卫青的战功，在茂陵东北为卫青修建了陵墓，封土模仿了阴山的形状。

自从霍去病去世，卫青淡出朝堂以后，汉朝对匈奴的战争基本以失败告终。

三、李陵与苏武

元封元年（前110）冬十月，武帝颁布诏书并亲自巡视边境，展示军威。同时派遣郭吉为使者，出使匈奴。此时的匈奴的单于已经换人了，元鼎三年

（前114），与汉朝对抗多年的伊稚斜单于去世，他的长子乌维单于即位。见到郭吉前来挑战，单于大怒，扣留了郭吉，但乌维单于不敢出战，于是汉武帝便返回了京师。

自从卫青、霍去病穿越大漠，击败匈奴以后，匈奴已经很少再南下袭扰，而是迁到了更北的地方，休养生息，练习射猎，还经常派使者到汉朝来甜言蜜语，请求和亲。而汉朝也先后派遣王乌、杨信等人出使匈奴，但乌维单于却满嘴跑火车，这次说派儿子做人质，下次又说要亲自到长安朝见天子，几年之后，匈奴国力有所恢复，最终还是找了个借口，扣留了汉朝的使者路充国，并再次派兵南下侵扰边境。而汉朝也派郭昌为拔胡将军，与浞野侯赵破奴一起率军屯兵于朔方，以防匈奴进攻。

元封六年（前105），乌维单于去世，他的儿子乌师庐单于即位，由于幼小，又被称为儿单于。自此以后，单于逐渐向西北方向迁徙，匈奴左贤王的部众抵达云中地区，而右贤王的部众则到达刚刚设立不久的酒泉、敦煌一带。

新继位的儿单于十分喜欢杀戮，搞得国内人心惶惶，再加上天灾不断，牲畜多因此病死。于是左大都尉派人偷偷告诉汉朝，自己想要杀单于后投降，希望汉朝能派军队接应自己。武帝便派遣因杅将军公孙敖在塞外修筑一座受降城来接应。

后来武帝觉得这座受降城与匈奴离得还是太远，就派浞野侯赵破奴率两万余骑兵从朔方郡出塞，向西北推进2000多里，约定到浚稽山接应左大都尉后返回。赵破奴如期而至，可这位匈奴左大都尉在准备发动政变时被察觉了。于是单于将他杀死，又派左方的军队去攻击赵破奴。

赵破奴见计划失败，就率军返回，一路上杀死和俘虏了匈奴数千人。但在返回途中，还是发生了意外，大军行进到距离受降城400里的地方，被匈奴80000骑兵包围。赵破奴在夜间亲自出来寻找水源，被匈奴侦察兵俘虏，匈奴便趁机攻击汉军。此时汉军群龙无首，而且知道主将一旦死了，即使逃回去也会被杀，于是很多人干脆投降了匈奴，儿单于非常高兴，又派出骑兵去攻打受降城，但没攻下来，便侵入边塞掳掠后离去。这是自霍去病死后，汉朝对匈奴的第一次失败。

汉武帝派光禄勋徐自为从五原郡出塞数百里，沿途修筑城堡、要塞等，从西北一直到卢朐山，并派游击将军韩说、长平侯卫伉率军驻扎在附近，又派强弩都尉路博德在居延泽上筑城防守。

太初三年（前102）春，儿单于去世，由于他的儿子尚且年幼，匈奴便立儿单于的叔父右贤王呴犁湖为单于。秋，匈奴骑兵大举侵入定襄郡和云中郡，诛杀掳掠数千人，击败数名二千石官员离去，并且沿途破坏光禄勋徐自为所修筑的城堡要塞。又派右贤王侵入酒泉、张掖二郡，掳掠数千人。这时，恰好军正任文率军前来救援，此次匈奴没有得逞，丢弃所部财物、人口后，才得以逃走。

不到一年之后，呴犁湖单于去世，他的弟弟左大都尉且鞮侯单于继位，武帝下诏说要报当年高祖、吕后之仇。且鞮侯单于刚刚即位，害怕汉朝来攻打他，便遣使对武帝说："我是您的儿子辈，怎敢和汉朝的天子相比。汉朝的天子是我的长辈啊。"为了向汉朝示好，且鞮侯单于还释放了此前被扣押的汉朝使臣，并遣使来汉朝进贡。

看到匈奴此番表态，汉武帝比较满意，为了嘉奖匈奴单于，天汉元年（前100）三月，武帝命中郎将苏武为使，送回留在汉朝的匈奴使臣，并送给单于丰厚的礼物。苏武与副中郎将张胜及假吏常惠等一同前往，到了地方，将礼物呈上。但众人发现单于比以往更加傲慢，并不是汉朝所希望看到的样子，而此时，苏武的使团还卷入了一场风波中。

匈奴这边有个丁灵王，名叫卫律，他的父亲是个住在汉朝的匈奴人，他们家有个好朋友叫李延年，是个音乐家，官居协律都尉，卫律在他的推荐下出使匈奴，回国时正好赶上李家的变故，李延年被处死，卫律听说后便逃亡匈奴，由于其对汉朝很熟悉，加上又是匈奴人，所以很受单于的赏识。不过卫律手下的一些汉人并不愿意在匈奴常住，便联合匈奴缑王与长水人虞常，准备劫持单于的母亲，回汉朝请赏。

计划确定之后，虞常便找到了与自己有些私交的苏武副使张胜，表明心迹："我的母亲和弟弟都在汉朝，我也听说天子非常厌恶卫律，我愿设伏兵，为天子射杀卫律，只求家人能得到些赏赐！"张胜听后马上同意，还私下给了虞常一些财物。

其实虞常这么做无非是做个铺垫，1个多月后，机会来了。这天单于外出打猎，只有他的母亲和一些亲小留在王庭，虞常等人一共凑了70多个，准备实施计划。但就70多个人，心还不齐，一人趁夜逃走告密。于是单于手下人调集人手，双方交战，结果缑王等人被杀，虞常也被生擒。因为这件事牵涉到卫律手下人，单于便交给了卫律处理，从这也能看出单于对卫律的信任。张胜听说这件事后，担心之前与虞常的约定被泄露出去，便将此事告诉了苏武。苏武说："事已至此，必然会涉及到我，要是最后像罪犯一样被处死，只会更加辜负圣恩。"说着苏武就要自杀，张胜、常惠等人赶紧加以阻拦。

不出所料，虞常果然将张胜供了出来。单于震怒，召集匈奴贵族开会，宣布要杀掉汉使。手下左伊秩訾认为，现在这些人是谋刺卫律，如果处死，那假如想谋害单于，又要用什么刑罚呢？因此建议应该让汉使投降。就这样，单于派卫律来召苏武前去问话，苏武对常惠等几人说："身为汉使，倘若屈节辱命，即使侥幸得活，还有何面目再回朝复命！"说罢拔剑自刺，卫律见状大惊，赶紧抱起苏武，叫来医生。之后在地上挖了一个坑，坑中燃起炭火，将苏武架在火上，用脚踩他的后背，让淤血流出。治疗过程中，苏武连疼再失血，昏了过去，很久后才醒过来，常惠等手下人全都泪流不止，卫律派车将苏武送回驻地。连单于都非常赞叹苏武的气节，派人嘘寒问暖，只是下令将张胜逮捕。

等到苏武的伤势逐渐痊愈，单于再派人劝降。此时虞常已被定为死罪，卫律在苏武面前用剑砍下虞常的头之后，说："汉朝使臣张胜谋杀单于近臣，死罪无疑；单于招募归降之人，会赦免其罪行。"他举剑作势要砍杀张胜，张胜投降。卫律对苏武说："副使有罪，正使应当连坐。"苏武说："我并未参与预谋，与张胜也无亲属关系，为何要连坐？"卫律再次举剑威胁苏武，苏武不为所动，面无惧色。

卫律见硬的不行，便劝道："苏君，我卫律以前背汉投归匈奴，有幸蒙受单于的大恩，赐号称王，拥有部众数万，马匹牲畜满山，富贵如此。苏君今日投降，明日定会和我一样。不然，就会白白横尸荒野，有谁会知道呢？"苏武默不回应。卫律继续说："苏君听我的话投降，我与君为兄弟；今日如不听我的劝告，以后您即使想见我，还有可能吗？"

苏武大骂卫律说："你身为汉朝臣子，却不顾恩义，背叛天子，背离亲人，投降蛮夷，我为何还要见你！况且单于相信你，使你有决定他人生死的权力，你不平心持正，反倒使两国争斗，坐观两国的灾祸成败。南越杀汉使，被灭后设置成九个郡；大宛国王杀汉使，其人头悬挂在长安的北门；朝鲜杀汉使，当即被灭；现在只有匈奴还没杀汉使。你知我不会投降，却想借机挑起两国争端，匈奴的灾祸必将从我开始。"卫律知道苏武终究不会受他威胁，只好禀告单于。单于听罢更想让他投降，便将苏武囚禁在一个大地窖中，断绝他的饮食。当时天降大雪，苏武躺在雪地上，吞吃羊毛和雪片，过了几天也没死。匈奴便将苏武放逐到无人烟的北海（今俄罗斯贝加尔湖），让他放一群公羊，并对他说："等公羊产子，你就能归国了。"苏武手下的常惠等随行官属都不肯投降，也分别被扣押在其他地方。

苏武被匈奴扣押之后，武帝震怒，天汉二年（前99）夏五月，武帝派贰师将军李广利率三万骑兵从酒泉郡出塞，攻打在天山的匈奴右贤王，共斩杀匈奴一万多人后返回。在返回途中，匈奴将贰师将军所率部队包围，汉军缺粮，被包围数日，伤亡很多。假司马陇西郡人赵充国率壮士一百多人突破匈奴的重围，贰师将军率大军紧随其后，冲出包围圈。此役汉兵阵亡了十之六七，赵充国受伤20余处。李广利将情况奏报朝廷，武帝下诏书将赵充国召到自己巡行的住所，亲自接见并察看他的伤势，赞叹不已，封他为中郎，后调任车骑将军长史。后武帝又派因杅将军公孙敖率军出西河郡，与强弩都尉路博德会师在涿涂山，但没有遇见匈奴军队，无功而返。

李广的孙子李陵此时正担任骑都尉，武帝命他率丹阳郡和楚地的5000人在酒泉、张掖等地教习射箭之术，以防备匈奴。在这次出征前，武帝命李陵为李广利大军护送辎重。但李陵向武帝请战，希望率一支人马出征，来分散单于兵力。武帝强调已无战马可以给李陵，而李陵说："臣不需要战马，愿以少击众，只凭步兵五千人便可直捣匈奴王庭。"武帝对李陵的豪情非常欣赏，便答应了他的请求，并命令路博德率军在中途接应——而问题也就出在这里。

强弩都尉路博德是当初曾跟随霍去病出征的名将，此时自然不愿做李陵的后援，于是上奏说此时正值秋天，匈奴马肥，不利于作战，应第二年春天再战。可武帝此时却觉得是李陵后悔，而让路博德上书，因此非常生气，便命路博德率军到西河郡攻打匈奴，同时命李陵九月从遮虏障（位于今内蒙古自治区额济纳旗古居延海南，为路博德所筑的城堡）出发，到东浚稽山（今蒙古国戈壁阿尔泰山）以南的龙勒水边，观察敌人的动静，如果没有情况，便返回到受降城休息，这也就意味着一旦有情况，李陵就要在没有后援的情况下与匈奴死战。

李陵于是率领5000步兵出居延塞，向北走了30天，到了浚稽山安营，并将沿途所经过的山川地形绘制成图，派部下骑兵陈步乐送回长安，上奏武帝。武帝召见了他，陈步乐报告说李陵率士兵拼死效力，武帝非常高兴，任命陈步乐为郎官。

可就在此时，形势突变。李陵到达浚稽山，便与单于所率的匈奴大军相遇，匈奴以30000骑兵将李陵军包围，李陵军处在两山之间，以大车围成营寨。李陵率士兵出营寨外摆开阵势，前排的士兵手持戟和盾，后排的士兵手持弓弩。

匈奴见汉军数量少，就直奔营前阵地杀来。李陵军与敌人展开搏斗，他命令战士千弩齐发，匈奴兵应弦倒下，初战不利，只好退到山上，汉军乘胜追击，斩杀匈奴数千人。单于大惊，再派左右80000多名骑兵对李陵军实施攻击。兵力悬殊，李陵边战边向南撤退，数日后，退进了山谷中，由于与匈奴连续作战，士卒多数都身中箭伤，李陵命令有三处创伤的坐在车上，伤两处的驾车，伤一处的坚持作战，又斩杀敌军3000余人。之后李陵率军沿着龙城旧路向东南方向撤退。

走了四五天后，来到大片的沼泽芦苇之中，匈奴此时在上风处纵火，李陵也命令放火烧掉周围的芦苇以自救。汉军继续向南撤到山下，单于在南山上指挥，派他的儿子率领骑兵再次攻打李陵军。李陵率军在树林中徒步战斗，又杀死匈奴数千人，并用连弩射击单于，单于逃到山下。

此时，且鞮侯单于说："这是汉朝的精兵，我们猛攻也攻不破他们，他们日夜引诱我们向南靠近边塞，莫非有埋伏的军队？"

而当户和匈奴君长们都说："如今单于亲率数万骑兵，攻打汉军数千人却不能将其消灭，如此以后就无法再命令防守边塞的官兵，也会使汉朝更加轻视我们，所以要在山谷中继续作战，前面还有四五十里的路才到平原地带，如果到时还不能攻破汉军，那也只好返回。"

这时，李陵的情势更加危急，匈奴的骑兵太多，一天交战数十回合，汉军又杀伤匈奴2000多人。此时，匈奴人的心理防线开始崩溃，认为作战形势不利，准备撤退。就在此时，李陵军中有一名叫管敢的军候，因被他的校尉欺辱，逃亡到匈奴军中投降，并告诉匈奴，李陵所部没有后援，且箭矢也很快要用完了。只有李将军部下和校尉成安侯韩延年的各800名士兵为前导，以黄白两色旗帜为标记，应该派精锐骑兵先射杀他们，汉军很快会被击败。单于非常高兴，便调集骑兵继续围攻，并大喊："李陵、韩延年快快投降！"

此时李陵被围困在山谷中，匈奴的部队在山上，四面八方箭如雨下。汉军只好继续向南撤退，还没到鞮汗山（今蒙古国西南部诺颜博格多山），50万支箭已全都用完，此时李陵军中还剩3000余名士兵，只好退到峡谷之中，匈奴将山上巨石滚下，汉军很多人被砸死，至此无法再继续前进。

黄昏时分，李陵叹息着对众人说："如每人能再有几十支箭，我们足以脱身，而现在我军已败，天亮之后便只能束手就擒，不如大家趁夜逃命，如有能回去的向天子报告。"于是李陵下令，军中每个人各带2斤干粮，1片冰块，约定逃到遮虏障集合。到了半夜，李陵命令击鼓突围，但此时战鼓已被击破，敲不出声音。李陵与韩延年一起上马，十几名壮士跟随在后，数千名匈奴骑兵在后面追赶。韩延年战死，李陵说："我已无脸面回报陛下了！"于是投降了匈奴。其他人四处逃散，逃回边塞的共有400多人。

李陵战败的地方仅距边塞百余里。武帝希望李陵战死，后来听说他投降，非常生气，责问之前来报信的陈步乐，陈步乐自杀。此时群臣纷纷指责李陵，只有太史令司马迁认为，李陵为人有国士之风，死战后投降，必然是想寻求机会，再次报效朝廷。太史公的这番言辞在《报任安书》中也有提及，其实投降就是投降，如果司马迁的理由成立，那以后的投降怎么算？当然武帝也没有听司马迁的话，并认为司马迁这番言论是在诋毁李广利，于是下令将司马迁处死。当时的法律规定死刑可花钱赎买，可司马迁没钱，同时还可以受宫刑代替死亡，司马迁为了完成《史记》，便忍受屈辱，受了宫刑。

李陵在匈奴一年后，武帝派公孙敖带兵深入匈奴境内接李陵，但"迷路将军"公孙敖啥也没找到，无功而返，还对武帝说："听俘虏讲，李陵在帮单于练兵以对付汉军，所以我们接不到他。"武帝听后，便将李陵夷灭三族，全家诛尽。而且鞮侯单于十分器重李陵，封其为王，并把女儿嫁给他。

而此时的苏武，已经在北海牧羊，他日日拄着汉朝使臣的旄节，天长日久，节上的旄尾都掉光了。过了很久，单于命李陵前往北海边劝降苏武，二人在汉朝时便有旧交，李陵为苏武置办了酒席乐舞，席间对他说："单于知道我与子卿向来交情深厚，所以让我来劝说足下，单于随时欢迎你归降。你终究不能归汉，在这无人之地白白受苦，谁又能知道你的气节呢？前几年，你做奉车都尉的大哥，随皇上到雍城棫阳宫，侍奉皇上下车时，不慎撞到柱子折断了车辕，被弹劾'大不敬'，举剑自刎，只赐钱二百万用来安葬。你弟弟孺卿随皇上到河东祭祀地神，一宦官与黄门驸马争夺渡船，驸马被推落河中淹死，宦官潜逃，皇上令孺卿追捕，未能抓获，他惶恐不安，也服毒而死。我来匈奴前，你母亲已去世，我曾送葬到阳陵。你的妻子还年轻，听说已经改嫁。家里只剩下你两个妹妹、两个女儿和一个儿子，现在已过了十多年，也不知死活，人生如朝露般短暂，何必如此自讨苦吃呢？我刚降匈奴时，也曾感到有负于朝廷，加上老母被囚，几近发疯，难道你不降的心志还能超过我李陵吗？况且陛下年事已高，法令失准，大臣无罪被诛灭族的就有几十家，连自己的安危都不能预料，你还为谁效忠呢？希望子卿听我一言，不要再拒绝了。"

李陵的这番话说得可谓动情至深，不过此时的苏武已经不是语言可以说服的了，他说："我苏武父子没有什么功德，只因皇上提拔，才官至将军，爵封彻侯，几兄弟得以做皇上近侍，一直愿为皇上肝脑涂地。今天我能牺牲性命报效国家，即使刀砍斧劈，赴汤蹈火，也甘之如饴。臣事君，犹如子事父，子为父死，无所遗憾，请你也不要再说了。"

一连几天，李陵与苏武喝酒，李陵再劝，苏武直接说："我早已做好必死的准备，右校王如果一定要让我投降，就请结束今日欢宴，让我死在你面前。"李陵见苏武出于赤诚，喟然长叹说："真义士也，我和卫律真是罪可通天啊。"说罢李陵泣下沾襟，告别苏武而去。此后李陵羞于再见苏武，只是让自己的妻子为苏武送去几十头牛羊。

后来武帝驾崩，李陵派人告知苏武，苏武听罢，面朝南方大哭，一连数月，早晚祭奠。汉昭帝即位后，与匈奴通婚，要求释放苏武等人，匈奴拒不承认，后来还是苏武的老部下常惠叫汉使说知道苏武还活在某个大湖之中，苏武这才得以归汉。

临行前，李陵为其摆酒钱行，说："今足下还归，威名扬于匈奴，功德显于汉室。即使那些史册所载、丹青所画的人物，也比不过你子卿啊！李陵虽怯懦，但假使汉朝当初宽赦我的罪过，保全我的老母，让我洗刷耻辱，奋发报国之志，也许我会做出像曹刿在柯邑之盟上的壮举，这是我当初念念不忘的想法，但汉朝竟将我全家诛灭，让我蒙受屈辱，还有什么值得留恋？罢了！只是说说，让你知道我的心罢了。此后你我为两国之人，今日一别即当永诀！"说罢，李陵唱道：

径万里兮度沙漠，为君将兮奋匈奴。路穷绝兮矢刃摧，士众灭兮名已隤。老母已死，虽欲报恩将安归？

唱罢，李陵泪下数行，与苏武诀别，随苏武归汉的共有9人。

从卫青到霍去病，从苏武到李陵，前期汉朝与匈奴的战争是为了保卫家园，洗刷多年的屈辱。而自从霍去病死后，这场与匈奴的战争，已经变成了汉武帝一个人的独角戏，李陵与苏武都是这场独角戏中的受害者，而武帝对天下的征伐，还远不止匈奴一家。

第八章

万里开疆

我们常将西汉的第五任皇帝刘彻称为"汉武帝",其中的"武"指的是谥号。所谓谥号,就是在一位身份较高的人死后,后人给予他的一种评价性的文字,从一两个字到几十个字都有,这些评价大致分为美谥、中谥和恶谥三种,像汉朝的前几位皇帝的谥号高、孝惠、孝文、孝景等都是美谥,除了刘邦之外,西汉皇帝的谥号中都带一个"孝"字,以示孝治天下,但按照习惯,我们只称呼对其评价的那一个字,汉武帝的"武"当然也是美谥,意思是威强睿德,用来展示汉武帝生前开疆拓土,传播汉朝威德的功绩,而之所以汉武帝能够做到这样,归根结底是因为汉朝的国力在武帝时期,空前地增强了。

汉朝在刘邦建国之初,可谓一穷二白,不管是秦始皇穷奢极欲,造宫建陵,还是秦末以来连年的战乱,都造成了天下财富的巨大损耗,导致的结果就像司马迁在《史记》的平准书中所说:"自天子不能具钧驷,而将相或乘牛车,齐民无藏盖。"也正是因为穷,汉初便推行了一系列休养生息的法令,刘邦还强制命令——商人不准穿丝织的衣服、不许乘坐马车,并且还加重了商人的租税,目的就是为了羞辱他们,并让人们回归到"农之本业"上来。

等到惠帝和吕后在位时,对商人和商业的限制略有放松,但仍然不允许商人的子孙做官。而无论是天子还是各个封国的国君,都主动将自己土地内的收益作为各自私人的财源,并不向朝廷索要经费。朝廷的税收,也是根据官员的俸禄和政府开销情况算出来的,基本上不会多收,百姓的负担也比较轻。朝廷将都城设在长安,每年从崤山以东运往关中的粮食,水运、陆运加起来，也不过几十万石，总体上还是比较节俭的。

文、景两位皇帝在位时，朝廷更加注重简朴廉正，并继续以"黄老之术"治国，安抚百姓。在70多年的时间里，国家都没有发生大规模的饥荒或动乱，在不发生重大旱涝灾害的情况下，百姓基本可以做到衣食无忧，自给自足。天下的粮仓都是满的，各地府库之中也储存了许多物资，国库中存的钱已经数以亿计，串钱的绳子都烂了，根本数不清楚有多少钱，至于太仓的粮食更是"陈陈相因，充溢露积于外，至腐败不可食"。

除此之外，汉初连天子都凑不齐四匹纯色的马，此时在寻常街巷中都能见到，山野之间，更是马群遍布，甚至骑着母马的人都要被瞧不起，连参加聚会的资格都没有。看大门的都吃着精肉细粮，做官的人仅靠俸禄便可抚养子孙，天下人对朝廷可谓百般拥护，还有人把官名直接当作自己的姓氏。在这样的社会之下，人们都提高了自己的道德标准，犯法之人逐年减少。

武帝就是在天下这样富裕的情况下登上皇位，可当56年之后，武帝去世前，他发现天下的财富已被自己耗尽，所以他选择了一位跟他性格完全不一样的太子即位，他就是汉昭帝刘弗陵，可西汉王朝衰落的大势已不可避免了。

但换个角度说，正是因为汉武帝这些空耗国力的南征北讨，才奠定了我国大一统王朝的雏形，也才有了今日中华民族的格局。

一、凿空西域

武帝建元三年（前138），刚刚经历新政被太皇太后叫停的武帝得到了一个消息。一些投降的匈奴人说："月氏国原来居住在敦煌与祁连山之间，是个强国，被冒顿单于击败，后来老上单于斩杀了大月氏国王，用他的头骨做成了酒杯。大月氏于是向西逃亡，大月氏人和匈奴仇深似海。如果能与他们取得联系，就可以对匈奴发动夹击。"当年18岁的武帝对此很感兴趣，便下诏征召愿意出使大月氏国的使节。

汉中人张骞此时在朝中担任郎官，所谓郎官，就是皇帝的侍从官，隶属于郎中令，人数不定，多的时候能有5000人，分为议郎、中郎、侍郎、郎中四等。在听说了朝廷需要使节之后，张骞响应招募，被朝廷封为使节，出使大月氏，张骞的队伍中有位堂邑氏的胡奴，名叫甘父。

之所以要对外招募，是因为出使大月氏实在是不容易，途中一定会经过匈奴的领地。张骞率领队伍从陇西郡出发，果然途中被匈奴擒获，押解至单于王庭。此时的匈奴正值强盛，并没有把张骞一行放在眼里，军臣单于问道："大月氏在我之北，汉朝欲与大月氏通使，怎能不经我允许就穿越我的领地？如果我出使越国，汉朝会允许我通过吗？"就这样，张骞被匈奴扣押在匈奴十多年，还为张骞找了一位匈奴女子为妻，然而张骞始终保留着汉使的符节，没有丢失。

张骞住在匈奴西部，十几年之后，趁着匈奴人放松警惕，带着妻子向大月氏方向逃去，西行数十日，进入大宛国。大宛国早就听说汉朝富庶，很想与之建立联系，却苦于没有途径，见张骞忽然来到，非常高兴，为他安排了向导和翻译，并送他到康居国，又转送到大月氏国（月氏西迁后，留在祁连山南麓的称为小月氏，迁居到中亚的，称大月氏）。

原月氏国的太子已经做了国王，月氏西迁时，击败了大夏国，在它的土地上定居下来，这里土地肥沃富饶，而且很少有敌人侵扰，所以大月氏已经没有了报复匈奴的想法。张骞在此停留了一年多，终究无法改变月氏人的态度便离开月氏，回归汉朝。

这次张骞沿祁连山南麓走，打算从羌人的地盘返回，结果又被匈奴俘获。这次被扣留一年多，正赶上匈奴伊稚斜单于驱逐太子于单，匈奴国内混乱，张骞带着匈奴妻子与甘父一起逃回长安。元狩元年（前122），三人进京，武帝任命张骞为太中大夫，甘父为奉使君。张骞的队伍刚出发时有100多人，一去13年，只有张骞和甘父两人活着回来。

回国之后，张骞向武帝详细地报告了西域各国的风土民情，其中张骞提到了一件事，他在大夏国时，曾见到邛都山出产的竹子做成的手杖，还有蜀郡出产的细布。张骞特地调查一番，大夏人说这些是商人从身毒国买回来的。身毒国大概位于大夏国东南数千里处，张骞由此认为，这个身毒国应该距蜀郡不远，以后如果出使大夏，看起来从蜀郡出发距离更近，而且没有诸如匈奴或羌人的破坏阻挠。

刘彻听到大宛、大夏、安息等国，都是大国，而且盛产奇珍异宝，有城市、农田，跟汉朝一样。而他们的武力却很弱，又喜爱汉朝货物。北方的月氏、康居等国，武力虽然较为强大，但可以用金银贿赂，使他们归附汉朝。假如真能够不经过战争而使他们臣服，就可扩地万里。远方来客要经过九次翻译，才能互相沟通，风俗习惯更是差异巨大。可汉朝的威德却能传遍四海，这对武帝来说实在是颇有吸引力的事情，因此武帝非常重视张骞的言论。

元鼎二年（前115），随着匈奴浑邪王的归降，汉军将匈奴驱逐到了大漠以北，从盐泽以东，再也见不到匈奴的踪迹，去往西域的道路为汉朝敞开。于是张骞向武帝建议说："乌孙王昆莫本来臣服于匈奴，后来兵力逐渐增强，不肯再侍奉匈奴，匈奴派兵攻打他，不能取胜，只好离去。现在匈奴单于被我军击败，而过去的浑邪王辖地又空无人烟。蛮夷依恋故土，又贪图中原的财物，现在如果用丰厚的赏赐贿赂乌孙，招引他们东来，居住在以前浑邪王所辖地区，与我朝结为兄弟，他们必会听从我朝调遣，这样就如同折断了匈奴右臂。一旦与乌孙联合，其西面大夏的属国都可以招来成为我朝的藩臣。"武帝认为说得很有道理，便任命张骞为中郎将，率领300人，每人两匹马，牛羊数以万计，随身携带价值数千万钱的黄金布帛，同时又任命了多名持符节的副使，只要路途方便，就派他们出使其他各国。

张骞到达乌孙国后，乌孙王昆莫虽然接见了他，态度却十分傲慢，也不讲礼数。张骞向他转达汉武帝的谕旨说："乌孙如果能回到河西故地居住，汉朝就把公主许配给昆莫做夫人，并与乌孙结为兄弟之国，共同抗拒匈奴，匈奴一定会被击败。"

可乌孙王和乌孙贵族们都认为自己离汉朝太远，也不知汉朝的大小，长期以来，乌孙一直臣服于匈奴，且又与匈奴更近，朝中大臣都很害怕匈奴，不想迁回河西故地了。张骞在乌孙国滞留了很久，一直没得到明确的答复，便派各路副使分别到大宛、康居、大月氏、大夏、安息、身毒、于阗等附近国家进行联络。

而乌孙国则派翻译和向导送张骞回国，同时派使节数十人，马数十匹，随张骞到汉朝答谢，乌孙王密令他们了解汉朝的大小强弱。同年，张骞回到长安，汉武帝任命他为大行，元鼎三年（前114），张骞病故。一年多以后，张骞所派遣出使大夏等国的副使都与各国的使臣一起回到长安，至此，西域各国开始与汉朝联系往来，而中国的触角也深入西域各国，这些都是张骞凿空西域的结果，此后汉朝的使者都自称博望侯，这样才能取得西域各国的信任。

张骞最初出使西域时，西域共有36个国家，南北是大山，中部有河，东西有6000多里，南北有1000多里，东面与汉朝的玉门关、阳关相连，西面直到葱岭。中部的河有两个源头：一出自葱岭，一出自于阗，合流后向东流入盐泽。盐泽距玉门关、阳关三百多里。

从玉门关、阳关出发到西域有两条路：从鄯善国沿昆仑山北麓前行，向西到莎车国，这是南道；从南道向西越过葱岭，就能到达大月氏、安息。从车师国前王庭顺天山南麓向西到疏勒国，这是北道；从北道向西越过葱岭，就能到达大宛、康居、奄蔡等国。以前这些国家都隶属于匈奴。匈奴西面的日逐王设置僮仆都尉管辖西域各国，经常驻在焉耆、危须、尉黎等国之间，向各国征收赋税，掠夺客商。这两条路也就是后世所说的丝绸之路中的两条，只是此时这两条路上还没有成群的商贾和驼队。

既然乌孙王不肯回到河西故地，汉朝便在河西设置酒泉郡，并逐渐迁徙内地的百姓充实这个地区。后来又从酒泉郡分出一部分，设置武威郡，以此隔绝匈奴与羌人联系的通道。这样一来，汉朝和西域的联系得到加强，也不断有西域新奇的物种来到汉朝，比如芝麻、大蒜、蚕豆，等等。

元鼎六年（前111），自从张骞出使西域获得尊贵地位以后，很多下层官吏纷纷上书，大谈外国物产的稀奇与利害关系，请求出使。武帝认为西域路途遥远，不是谁都愿意去的，便也接受这些人的建议，并赐予符节，让他们自行招募官吏和百姓，不问来历和出身，以此来扩大和西域的往来。

但这些人派出后，不免有侵盗礼品财物的行为，以及违背朝廷旨意的事情。武帝认为他们熟悉西域事务，一边判处他们重罪，一边还继续派他们出使，戴罪立功。结果这样一来，出使的使臣大多是品行不端，夸夸其谈之辈，一边忽悠武帝，一边也忽悠西域诸国。

因此，西域各国开始讨厌汉使，并且这些国家都认为汉朝太远，不太可能派兵出击，于是有的西域国家开始拒绝为汉使提供食物，并且百般阻挠，其中楼兰、车师两个小国，处在汉朝通往西域的通道上，对汉使的攻击尤为严重，匈奴的军队也时常袭击劫掠汉使。使者争相向武帝报告，说西域各国都有城邑，兵力薄弱容易攻击。

于是武帝派浮沮将军公孙贺率15000骑兵从九原郡出发，西行2000多里，到浮沮井返回。又派匈河将军赵破奴率10000多骑兵，从令居出发向西数千里到匈河水返回。目的都是为了驱逐匈奴，让汉使不受阻拦，但两路大军一个匈奴人都没碰着。武帝便再次下令，划出武威、酒泉两郡的土地，设置张掖、敦煌二郡，迁徙内地的百姓充实边疆，至此，河西四郡正式形成。

元封三年（前108）冬十二月，武帝派赵破奴攻打车师、楼兰两国。赵破奴本为霍去病部将，深得霍去病战法的真谛，亲自率轻骑兵700多人，率先到达西域，俘虏楼兰王，然后攻破车师国。又乘机率军围困乌孙、大宛等国。春正月，汉武帝封赵破奴为浞野侯。王恢因帮助赵破奴攻打楼兰国，被封为浩侯。此后从酒泉郡到玉门关，汉朝都修筑了亭障。

此战之后，西域震动。元封六年（前105），之前奉命出使的乌孙国使者看到汉朝疆域广大，回国向乌孙国王报告，于是乌孙国更加重视与汉朝的关系。匈奴听说乌孙国与汉朝通使，改善关系，非常愤怒，准备攻打乌孙；而乌孙国附近的大宛、月氏等国也都归附了汉朝。乌孙王很害怕，派使者到汉朝表示愿娶汉朝公主为妻，并与汉结为兄弟之国。

武帝与群臣商议后，答应了乌孙王的请求。乌孙国以1000匹马为聘礼，迎接汉朝公主，汉朝以江都王刘建的女儿刘细君为公主，嫁给乌孙王为妻，并赠送丰厚的礼物。不过此时乌孙王昆莫还是选择两边押宝，以刘细君公主为右夫人。同时还有一位匈奴女子嫁过来，昆莫封她为左夫人，西域诸国普遍以左为尊，因此看出，匈奴王的女儿还是要更受重视一些。

细君公主自从嫁到乌孙以后，自己建宫室居住，每年只能与昆莫见面一两次，且只是设置酒宴而已。昆莫已经年老，语言不通，更谈不到与细君公主同房了，公主因此悲伤愁苦，思归家乡。武帝听说后也很可怜她，每年就派使者送去帷帐、锦绣等物品。昆莫觉得自己老了，就想将公主嫁给他的孙子岑娶为妻。如此有违人伦之事，细君公主不同意，上书武帝说明此事。武帝回信说："你既然远嫁乌孙，就要遵从那里的风俗，因为朝廷想与乌孙共同击灭匈奴。"于是细君公主只好同意嫁给岑娶为妻。昆莫王死后，岑娶即位为乌孙王，王号为昆弥。

这时，汉朝使者向西越过葱岭，到达安息国。安息国王也派出使者，并将大鸟蛋和黎轩国善于变魔术的艺人献给汉朝,如欢潜、大益、姑师、扜采、苏薤等诸小国,也都随汉朝使者来朝见天子,汉武帝非常高兴。以后每次沿海巡游,都会带上外国使者,凡是遇到大都市或人口众多的地方都要经过那里,散发金钱和布帛,赏赐当地的居民,准备丰厚的物品重重地赏赐各国的使者,以展示汉朝的富有和宽厚。除了赏赐,武帝还经常组织各国使臣观看大规模的摔跤比赛,以及展示各种奇异的动物。每逢赏赐,武帝都大摆宴席,布置酒池肉林,让外国使节到各处观看汉朝仓库所储藏的物品,以此来宣扬国威。所有这一切除了满足武帝本人的虚荣心之外,目的无非是一个——武帝想让他们倾慕,进而归附汉朝。

大宛及邻近的国家盛产葡萄,可以酿造葡萄酒;大宛还盛产苜蓿,大宛的宝马最爱吃它。汉朝使者采其果实带到内地,武帝命其种在离宫附近,长势很好。这些物种的交换,都是张骞凿空西域带来的深远影响。然而西域各国毕竟还是更靠近匈奴,对匈奴的使者常常怀有畏惧之心,因此,西域各国对匈奴使者的恭敬程度,还是汉朝不能比的。

二、百年南越

早在秦朝时,秦始皇曾派任嚣和赵佗率大军攻打岭南,之后在岭南设置了南海、桂林和象三个郡,之后任嚣做了南海(今广东省广州市)都尉,而赵佗则担任了龙川县(今广东省龙川县)令。秦末之际,任嚣病重,将赵佗召来,对他说:"秦朝暴虐,天下人苦不堪言。听说陈胜等人起兵造反,天下不知何时能安定下来。我们南海虽偏远,我仍担心会有盗匪侵犯这里,所以想派人将此地通往中原的道路切断,以作防备,静观其变。此时我病重,番禺城(今广州市)北有山岭,南有南海,东西数千里,得到很多中原人的辅佐，完全可以自立一国。但郡中无人与我商议，所以召你前来，据实以告。"说罢，任嚣立即为赵佗写好任命书，让他行使南海郡尉的权力。

任嚣死后，赵佗立即向横浦（今广东省南雄市）、阳山（今广东省阳山县）、湟溪关（阳山县西北二十公里茂溪口）发布文书说："盗匪之军就要来了，各处赶快切断道路，聚集兵力自守！"随后逐渐利用各种法令，杀了秦朝所任命的官员，换上自己人。秦朝灭亡后，赵佗又出兵占领了桂林郡和象郡，并自立为南越武王。

汉十一年（前196）五月，刘邦下诏书封秦朝南海尉赵佗为南越王，并派陆贾前去授予赵佗印信绶带、兵符等，互通使者，让他安定百越各部，不要成为南方边境的祸患。此时的册封纯属刘邦的一厢情愿，赵佗的南越国实际上早就是独立的王国，而且在岭南地区势力很大，与汉朝几乎没有什么联系，而此时的刘邦忙于平定异姓诸侯王，根本不可能出兵攻打南越国。

陆贾堪称自郦食其之后，刘邦手下的第一说客，到了南越之后，赵佗头上梳着椎形的发髻，两腿伸开坐着接见他，明显摆出一副不合作的态度。陆贾对他说："您本是中原人（赵佗是恒山郡真定人），兄弟亲族及祖先陵墓都在真定县。现在您抛弃中原汉礼，想以小小的南越与天子抗衡，恐怕灾祸将要降临到您身上了。况且秦朝腐败，诸侯、豪杰并起反抗，是汉王先入关中，占据咸阳。项羽违背盟约，自立为西楚霸王，诸侯归附，可谓强大。然而汉王起兵于巴蜀，征服天下，诛灭项羽。五年之间，海内平定，此非人力所为，乃是上天的功劳！天子听说您在南越称王，并未帮助天下去诛杀暴秦，朝廷的将相都在请求出兵讨伐您，只因天子怜悯百姓刚刚经过战争之苦，所以暂且休兵，派我前来授予您君王的印信，剖符盟约，互通使者。您应该亲自到郊外迎接，并且北面称臣才是，而您竟然要凭着人心不稳的越国，如此倔强而不服从于汉朝。如果汉朝知道了，毁弃您先人的坟墓，灭了您的宗族，再派一名偏将率十万大军亲临南越，那时的南越人就会杀了您，投降汉朝，这不是易如反掌吗？"

话音刚落，赵佗便从位置上站了起来，向陆贾谢罪说："我在蛮夷中住久了，忘记了礼仪。"之后赵佗与陆贾一起交谈数日，并对陆贾说："南越中没有和我谈论的人，只有先生才让我每日听到新鲜事。"陆贾在南越国留了几个月，赵佗赏赐给陆贾许多珍宝，价值千金，而陆贾完成使命，拜赵佗为南越王，赵佗也同意向汉朝称臣，奉行约定。陆贾回报后，刘邦听了非常高兴，封陆贾为太中大夫。

后来吕后当政时，采取了一系列对付南越的方法。高后四年（前184）夏五月，官员奏请在与南越的贸易中禁止出售铁器。赵佗非常不满，说："高祖立我为王，互通使者，贸易往来不断。现在吕后听信汉臣的谗言，视我们为蛮夷，断绝中原物品交流。这肯定是长沙王的计谋，他想依仗中原的力量攻灭我南越国，作为自己的功劳。"转过年来，赵佗干脆自称南越武帝，发兵攻打长沙国，连克好几个县之后才撤军。

高后七年（前181）九月，吕后派隆虑侯周灶率军攻打南越。结果周灶一去，正赶上南方暑热，士兵们感染瘟疫，部队根本无法越过山岭。一年多以后，吕后去世，汉军随即撤回。当时南越附近共有四个大国，除了南越之外，还有闽越（首都东冶，今福建省福州市）、西瓯（首都郁林，今广西桂平市），以及骆越（首都交趾，今越南共和国河内市）三国，赵佗派人送厚礼给这几国，让他们对自己称臣。就这样，南越国一下领土倍增，东西之间幅员万里，赵佗用黄绫作为车盖，并在左边竖起大旗，俨然跟汉朝皇帝的排场一模一样。

而文帝即位后，决定对南越实行怀柔政策，用政治手段解决争端。于是便下令整修赵佗父母的坟墓，并设立守墓人，负责祭扫，征召赵佗的亲人兄弟，再以高官厚禄善待他们，刘恒派陆贾再次出使南越，携带刘恒写给赵佗的亲笔信，这封信中，文帝将姿态放得很低，强调了战争对双方并无好处，最后委婉地提出了赵佗不应该称帝，希望双方互市，恢复友好关系。

陆贾这次再到南越，赵佗也非常识时务，马上取消帝号，表示愿永远做汉朝藩属，供奉天子，并在给汉文帝的回信中自称"蛮夷大长老臣赵佗昧死再拜"，强调了吕后对南越的打压，同时表示自己愿意改号为王，不敢再称帝了。

武帝建元四年（前137），南越王赵佗去世。赵佗出生时，秦始皇还没有统一六国，而他去世时，天下已经来到了汉武帝时期，和他同岁的老朋友陆贾已经算是高寿，但也早在30多年前就去世了，而赵佗则活了104岁。赵佗去世时，他的儿子已经去世，由赵佗的孙子赵胡继位。

建元六年（前135）秋八月，闽越王郢出兵攻打南越边境的城邑，南越王赵胡遵守与汉朝的旧约，不敢擅自出兵，便派人上书汉武帝。武帝称赞南越王遵守信义，便调动大军援助南越，派大行王恢率军从豫章郡出发，派大农令韩安国从会稽郡出发，攻打闽越。

汉朝这边大军还没有越过仙霞岭（位于福建、浙江、江西三省交界处），闽越王郢已派出劲旅，把守仙霞岭关隘险要。不过闽越内部意见并不一致，郢的弟弟余善跟闽越丞相以及王族，商议应对之策。余善说："大王擅自出兵攻打南越，事先并没有呈报汉朝批准，所以汉朝前来讨伐。汉军又多又强，即使侥幸战胜，他们只会来得更多。不如我们直接将大王杀掉，再向汉朝道歉，汉朝如果接受，那一切照旧，汉朝如果不接受，我们再与之作战，大不了战败了就逃到海上。"大家听罢一致赞成。

议决之后，余善负责执行，他用短矛刺杀了哥哥郢，派使节把人头送给了汉军统帅王恢，王恢说："我们此行目的就是诛杀骆郢，郢既死，对方又来请罪，不战就先把敌人歼灭，真是社稷之福。"于是下令大军停止前进，并通知大农令韩安国。接着派人携带郢的人头，飞报武帝。武帝下诏班师，说："郢是罪魁，但无诸（闽越第一代国王）的孙儿繇君丑没有参与恶谋。"

汉武帝便派中郎将封丑为越繇王，让他来祭祀闽越的先祖。余善杀了闽越王郢之后，在闽越国内很有威信，国中百姓都拥护他，余善就自立为王。繇王丑无法控制他。武帝知道后，认为不值得为了余善再兴师动众调动军队，就以"余善多次与郢谋划反叛，但后来又带头杀了郢，使汉军免受劳苦"这一理由，封余善为东越王，与繇王共同治理闽越国。

闽越的事情解决后，武帝派庄助出使南越，向南越王说明了情况。南越王赵胡感谢道："天子竟然为了我而发兵讨伐闽越，就是死了我也无法报答天子的恩德。"于是就派遣太子赵婴齐到汉朝廷做侍卫，并对庄助说自己很快就到京城朝见天子。

庄助离开南越之后，南越大臣们都劝告南越王说："汉朝派大军诛杀闽越王郢，对南越也是敲山震虎，况且先王曾说，侍奉天子一定不要失礼。更重要的是，不要因为听信汉朝使臣的好话，就去朝见天子，否则只恐有去无回，那样就有亡国的风险。"于是赵胡谎称自己生病，没有进京朝见武帝。

元鼎四年（前113），南越王子赵婴齐到长安为武帝充当侍卫，娶了邯郸樛氏女子为妻，并生下一子，名叫赵兴。赵胡去世后，赵婴齐继承王位，上书朝廷请求立樛氏女为王后，立赵兴为太子，得到批准，这次长安之旅也为南越国种下了一颗危险的种子。尽管后来朝廷多次派使臣劝勉赵婴齐入朝觐见天子，可赵婴齐害怕一入朝廷，武帝就会用汉朝法令比照内地诸侯来约束他，所以仍然称病不朝。赵婴齐去世后，太子赵兴继承王位，其母樛氏为王太后。

结果此时事情发生了变化，樛氏在成为赵婴齐的姬妾之前，曾与霸陵人安国少季私通。这一年，汉武帝派安国少季出使南越，目的还是劝赵兴和太后去长安觐见天子。这次武帝下了一番功夫，除了安国少季之外，还派能言善辩的谏大夫终军等人宣读朝廷谕旨，勇士魏臣等人协助他们做决定，而卫尉路博德则率军驻守桂阳，等待使臣的消息。

为前锋，到达南越番禺城下。南越王赵建德、丞相吕嘉据城防守。杨仆在东南，路博德在西北。黄昏时分，杨仆发动攻击，纵火烧城，路博德则设立军营，派使者招揽投降的南越官兵，赐给印信绶带，又命他们去招降自己的同伴。

二人配合无间，杨仆军全力攻击，大火再加上强敌，将南越军全部赶入路博德的军营中。天亮时，城中的南越军全部投降。赵建德、吕嘉已在夜里逃到海上，路博德派人追击。校尉司马苏弘俘虏了赵建德，南越郎官都稽俘虏了吕嘉。戈船、下濑所率的部队与驰义侯所率的夜郎军还没到达，南越国已被平定。

至此，传承了近百年的南越国就此灭亡。汉朝在此地设南海、苍梧、郁林、合浦、交趾、九真、日南、珠厓、儋耳九郡。大军班师返回，武帝下旨增加路博德食邑，并封杨仆为将梁侯、苏弘为海常侯、都稽为临蔡侯，南越降将苍梧王赵光等四人也都被封为列侯。

此次出征，东越王余善首鼠两端，一面答应出兵助汉，一面又派使者去南越观察，后来又切断道路，攻击汉军，所以武帝下令，直接将闽越也灭掉了，同时武帝认为闽越之地路途遥远，反复无常，屡次与汉朝为敌，就下令将当地居民全部移至长江、淮河之间，闽中于是成为真空地带。

三、贰师将军

在和西域的交往过程中，武帝偶然得到大宛产的汗血马，非常喜爱，命名为"天马"。而之后到大宛去搜求"天马"的使者在路上络绎不绝。汉朝出使外国的使团，多的一行数百人，少的百余人，他们所带的礼物与博望侯张骞出使时大抵相当，后来随着对西域的熟悉，出使的人数也逐渐减少。汉朝在一年中，派往西域的使者，多时十余批，少时五六批，路程远的八九年才能返回，路程近的也需好几年才能回来。

太初元年（前104），汉朝出使西域的使臣上奏说："大宛有良马，藏在贰师城内，不肯给我们。"于是武帝决定重金求购，下令派壮士车令等人带着千斤黄金和用金子铸成的马前往大宛请求换取良马。大宛国王与其群臣商议说："汉朝离我们太远，中间隔着盐泽，道路行走艰难，常常致人死亡；若从北路来，会有匈奴的阻挡，如果从南路来，缺乏水草，又没有城郭，所以缺乏粮食。汉朝使者每次来几百人，都常常因缺乏粮食而死亡过半，又怎么可能派大军前来呢？因此汉朝对我们是没有办法的。那贰师城的马，可是大宛国的宝马。"于是不肯给汉使。

汉使非常恼怒，大骂着用铁锤砸破金马，愤然离去。大宛的贵族十分生气地说："汉使居然如此轻视我们！"便直接将汉使驱逐，并下令大宛国东面的郁成王去截杀汉使，抢夺了汉使的财物。武帝得知消息后大怒。曾出使过大宛国的姚定汉等人说："大宛兵力薄弱，如果派3000名汉兵，以强弩射击，就能将其全部俘虏。"

武帝曾派浞野侯赵破奴率700骑兵俘虏了楼兰王，所以认为姚定汉等人说得有道理，既然如此简单，这个任务必定要落到皇帝想要封赏之人的手里。此时后宫得宠的李夫人有个哥哥名叫李广利，还没有封侯，此次正好是立功的好机会，武帝便任命李广利为主帅。

既然好打，也没有必要兴师动众，于是武帝下诏征发防备匈奴的6000骑兵与各郡国罪人数万，远征大宛国。期望李广利到贰师城获得宝马，因此称他为"贰师将军"。另外任命赵始成为军正，原浩侯王恢为向导，李哆为校尉，负责指挥作战。

太初二年（前103），李广利率军西征，渡过盐泽之后，沿途的小国都紧闭城门，不肯供给汉军粮食，李广利只有发动进攻。攻下的就可以得到粮食，攻不下的几天后只好绕行。等到达郁成国时，军队只剩下数千人了，且又饥又乏。攻打郁成国时，反被郁成国的军队打得大败，伤亡惨重。

之后，李广利与李哆、赵始成等人商议说："到郁成国都不能攻下，更何况到大宛的国都了？"于是干脆带兵返回敦煌郡，此时士兵剩下的不过十分之一二。李广利只好上书汉武帝，说："路途遥远，又缺乏粮草，士兵不怕作战而害怕饥饿，况且人数太少，不足以击败大宛国。希望暂且停止进攻，等到增调军队后再前去攻打。"汉武帝看到奏书后大怒，直接派使臣到玉门关拦截，同时传下命令："军队有敢退入玉门关者，一律斩首！"李广利此时非常恐惧，就只好留在敦煌。

太初三年（前102），朝臣们议事，都希望停止对大宛国用兵，集中力量攻打匈奴。但武帝则认为既然已出兵讨伐大宛，如果连大宛这样的小国都打不下来，那么大夏等西域属国会渐渐地轻视汉朝，不仅得不到大宛的好马，就像乌孙、轮台等国也会虐待汉朝使者，这样做必会遭到外国的耻笑。

于是汉武帝对讨伐大宛不力的邓光等人做了处罚。经过一年多的时间，又集结起6万人，去敦煌增援贰师将军李广利，一些自带装备跟随出征的还不包括在内。另外，还征调牛10万头，马3万匹，驴和骆驼数以万计。粮食、兵器、弓弩都十分充足，从各地调来攻打大宛的校尉军官有50多名。又征调戍卒18万驻扎在酒泉、张掖的北部地区，设置居延城、休屠城，屯兵以保卫酒泉。

武帝下令：全国犯罪的官吏与在逃人员和赘婿、商人，原来属商人户籍的，其父母、祖父母属商人户籍的，共7种人，一律充军从征。专门为贰师将军运送粮草的人马与车辆络绎不绝。汉武帝还专门派遣两名熟悉马匹情况的人担任执马校尉和驱马校尉，准备在攻破大宛后挑选那里的好马。

得到支援的李广利奉命再次率军出征攻打大宛。由于军队规模浩大，沿途的西域小国纷纷开城迎接，向汉军提供粮食。大军到达轮台国，轮台国不肯投降，汉军攻城数日，城破后将其全城屠灭，轮台这个地方，后来就成为汉朝在西域的根据地之一。大军继续向西进发，一路顺利到达大宛国边界，此时汉军共有士兵3万人。大宛出兵迎战，汉军以弓箭射击，大败大宛军队，大宛军队只好退回防守。

李广利本想先行攻击上次让自己吃亏的郁成城，又担心屯兵坚城之下，如果一时不能攻克，大宛可能有其他的策略。于是李广利下令绕过郁成城，直接攻击大宛国的都城贵山城，将其四面包围。大宛城中没有水井，靠汲城外的河水，于是李广利派水工将城外的水改道，用旧水道挖洞攻城。

此时贵山城内早已苦不堪言，城内没有水喝，城外有汉军攻城，前后围攻了40多天。城内贵族开会商议说："都是因为国王藏匿宝马，杀害汉使，才招致今日的灭国之灾。现在不如我们杀了国王，再献出宝马，汉军自然就会退去，如果汉兵不退，那我们再奋力死战也不迟。"众人达成一致之后，一起杀了大宛国王毋寡。此时贵山城的外城已被攻破，大宛国贵族中最猛的名将煎靡也被俘虏。

大宛人极为恐慌，纷纷逃入内城，派人拿着大宛王毋寡的头颅去见李广利，请求说："汉军如果停止进攻，我们就献出最好的马任你们挑选，并向汉军提供粮草。如果不听取我们的意见，我们就将好马全部杀死，康居国的援兵不久将至，他们一到，我军在内，康居兵在外，内外与汉军决一死战。请将军认真考虑，到底怎么办。"

这时康居国王也知道汉军强大，根本不敢派援兵。但李广利听说贵山城内的守军已向新近抓到的一些汉人学会了凿井，并且城内的粮食还很多。而且考虑到这次来主要是为了惩罚罪魁祸首国王毋寡的，现在毋寡的人头已经送到，如果拒绝他们的请求，他们就会死守城池，而康居的援兵在汉军疲惫时再来救援，恐怕胜负难料。于是李广利答应了大宛的求和条件。大宛献出所有的名马，供汉军挑选，又向汉军提供大批的粮食。汉军选出数十匹良马，中等及以下的雌雄马3000余匹。又另立过去对汉使友好的大宛贵族昧蔡为国王，和他订立盟约，然后撤兵回国。

当初，贰师将军李广利自敦煌出兵西征时，分兵几路，由南、北两道同时进军。校尉王申生率千余人监视郁成城，结果被郁成王击灭，只有数人逃到了李广利那里。李广利命搜粟都尉上官桀去攻打郁成城，郁成王大败，逃往康居国，上官桀又追到康居。康居王听说汉军已攻破大宛，不敢与汉军作对，便将郁成王交给了上官桀，上官桀命四名骑士把他捆绑押送到李广利的军营。上邽骑士赵弟担心郁成王逃走，拔剑将其头砍下后，追上了李广利的大军。

太初四年（前101）春，李广利回到长安。汉军回程途中沿途经过的小国听说大宛已被攻破，纷纷派其子弟随李广利到长安进贡，拜见天子，并主动留在汉朝做人质。此次战争汉军损失也很大，西征军队返回玉门时，士兵只剩下1万余人，3万匹战马也只剩下1000余匹，而失去的士兵大多并非战死，而是因为将领们的虐待。但汉武帝认为大军万里远征，不必计较小的过失。

因此，依战功，封李广利为海西侯，封赵弟为新畤侯，任命上官桀为少府，上官桀后来成为武帝的托孤重臣，此时刚刚崭露头角。将校中官至九卿者3人，任诸侯王国相、郡太守及二千石官员的100多人，任一千石以下官员的1000多人。那些自愿出征的人得到的官职都超过了他们的期望，因犯罪而令其出征的都被免罪，士兵们的赏赐达4万钱。

当匈奴听说李广利率军征讨大宛时，曾想进行阻截，但发现汉军兵力强大，匈奴不敢正面对抗，便派骑兵前往楼兰国，等候阻断大军后面的汉朝使臣的通道。这时汉军军正任文率军驻扎在玉门关，抓到了匈奴俘虏，得知此事后上奏朝廷。汉武帝下诏书命令任文领兵逮捕楼兰王，押到长安审讯。楼兰王回答说："楼兰是个小国，处在汉朝与匈奴两大国之间，如不两边依附，难以生存。我愿举国迁入汉地居住。"汉武帝认为他说得有理,便放他回国窥视匈奴的动静,匈奴人从此也就不再相信楼兰国了。

自从大宛国被攻破之后,西域各国都十分震恐,被派往西域的汉朝使者都各尽其职。于是从敦煌以西到盐泽处处建起堡垒,而汉朝在轮台城、渠犁国的屯田士兵各有数百人,并分别设置使者、校尉统领,用以供应出使西域人员的需要。

过了一年多之后,大宛贵族们认为昧蔡过于谄媚汉朝,使大宛国遭受屠城厄运,于是联合杀死了国王昧蔡,另立毋寡的弟弟蝉封为大宛王,并派蝉封的儿子入汉朝充当人质。武帝也没有多管,对其好言安抚,并派出使者赏赐蝉封。蝉封与汉朝达成盟约,每年向汉朝贡献天马两匹。通过此一战,贰师将军也成了李广利固定的封号。

作为武帝末期出战最多的将领,李广利显然不能与卫青、霍去病相比,甚至从指挥和带兵水平上来说,也比不上赵破奴或李广,在经历了李陵投降事件之后,李广利有十年没有出战,李夫人早死,而李延年等人也因故被杀,李广利唯一的指望,就是李夫人的儿子昌邑王刘髆,所以在征和三年(前90),李广利再次出征匈奴之前,他和自己的亲家丞相刘屈氂想合力举荐刘髆为太子。但此时的朝廷已经今非昔比,巫蛊势力仍在巅峰,少府内者令郭穰告密,说丞相夫人设巫蛊诅咒皇帝,并打算拥立刘髆上位。武帝下令追查,最后刘屈氂被判腰斩,李广利的妻子家人都被下狱。

此时的李广利军在战场上本来打得还可以,刚刚击败了匈奴右大都尉和卫律的军队,匈奴因此退往北方,不敢再战。此时消息传来,就有人劝李广利投靠匈奴,李广利虽然动心,但他仍觉得只要自己建立更大的功勋,或许武帝会饶了他。于是就指挥大军渡过郅居水,跟匈奴左贤王、左大将的两万骑兵遭遇,双方血战一昼夜,汉军斩杀匈奴左大将,匈奴兵死伤甚众。

然而此时长史和决眭都尉、辉渠侯雷电(匈奴裔)商量说:"李将军已怀二心，只想自己建功立业，却将我们置于危险之境，如此恐怕大军一定失败。"之后二人企图扣押李广利，押回长安。李广利得到消息，知道军心已经动摇，无法再向北挺进，便杀掉长史，率军班师。

大军退至燕然山（今蒙古国杭爱山），匈奴单于狐鹿姑发现汉军疲惫混乱，形色有异，于是亲统5万骑兵截击，双方军队死伤惨重。入夜后，匈奴兵绕过汉军，在汉军退路上挖掘壕沟，深达数尺，然后从背后发动猛烈攻击，汉军大败溃散。李广利在绝望之中，向匈奴投降。武帝闻言也下令诛杀了李广利全族。

狐鹿姑单于素来听说李广利的威名，不禁大喜，把女儿嫁给了他，李广利在匈奴备受推崇，地位甚至在卫律之上，这也引起卫律的妒忌，一年多以后，狐鹿姑单于母亲生病，卫律收买巫师，让其在占卜时进谗言，狐鹿姑单于便诛杀了李广利。

长达几十年的汉匈战争，让汉朝几乎耗尽国力，此次战役之后，武帝也下了罪己诏，检讨自己的过失。而匈奴被汉朝压迫20多年，人口、牲畜大量减少，且生育不旺，也陷入困苦之中。李广利死后3年，武帝驾崩，而武帝的晚年，整个国家始终被一层阴云笼罩——巫蛊。

第九章

盛极而衰

汉朝自刘邦建立以来，就是一个带有浓厚楚地文化的政权，楚文化有一个重要的特点，就是崇尚巫文化，西汉前期的几位皇帝，都是非常迷信的，而到了武帝，所有的迷信都发展到了新的高度，而且武帝的迷信从他很年轻的时候就表现出来。

元光二年（前133）冬十月，有个叫李少君的术士，说自己可以凭借祭祀灶神长生不老，灶神就是灶王爷，据说商朝时就有人祭祀，李少君凭此在长安的王公贵胄中很受追捧，见到武帝后，李少君吹嘘自己见过安期生（古代神仙，据说已有千岁），又说祭祀灶神就可以驱使鬼神，把丹砂转化成黄金，服食后可以延年益寿。武帝听得如痴如醉，亲自祭祀灶神，并派术士去海上寻找蓬莱仙岛和安期生的仙踪。

后来李少君病死，武帝坚持认为他只是"化去"，因此，燕、齐之地的巫师纷纷涌向京城，此时追求长生的武帝才24岁。

元狩四年（前119），又有齐国人少翁，据说能召唤鬼神，得到武帝的接见，武帝所宠幸的王夫人刚刚去世，少翁就在夜里用法术招来魂魄，武帝在帷帐之中看见外面倩影，跟王夫人一模一样，当即封少翁为文成将军，并赏赐给他许多财物，待若上宾。后来少翁法术失效，便在丝绸上写字，让牛吃下，再佯装不知，对武帝说牛肚中有蹊跷，杀牛后果然发现帛书，但武帝认出是少翁的笔迹，追问之下，少翁露馅儿，武帝便将其诛杀。

后来又有上郡的巫师，可在长安寿宫中让神灵说话；又有少翁的师兄弟栾大，在庭院中竖立旗杆，旗杆可以相互攻击，武帝不但给栾大封侯，还把自己的女儿卫长公主嫁给了他,以至于长安贵胄,上至窦太主刘嫖,下到丞相、将军,纷纷献礼栾大,后来栾大宣称要到海上寻找仙师,武帝派人跟踪,发现栾大是到泰山祭祀,再加上栾大此时已无法术可以展示,武帝认定其欺诈,将其腰斩。

武帝时朝的术士事件层出不穷,受这样的社会风气影响,很多长安权贵的宅门府邸,都有术士出入,而全国的各种巫婆神汉纷纷聚集到京城,最终,终于爆发了武帝晚年最大的政治危机。巫蛊被奸臣术士利用,导致太子被逼反后自杀,大量的朝臣勋贵因为巫蛊事件被诛杀甚至灭族,受株连者有数万人之多。有人认为,巫蛊之祸就是汉朝由盛转衰的转折点。

一、巫蛊之祸

在中国历史的大一统王朝中,在位时间超过50年的只有3位皇帝,即汉武帝(在位54年)、清圣祖康熙(在位61年)、清世宗乾隆(在位60年),皇帝在位时间越长,姬妾自然越多,康熙、乾隆的后妃都有几十人,而被武帝封为皇后或夫人的,史书上提到的只有7位,武帝的皇子只有6人,卫子夫的皇后做了38年。不过武帝的后宫当然远不止这些女人。

在武帝执政末期,对后宫进行了一番改革,取消了自汉高祖以来就有的"夫人"封号,将后宫皇后以下女子分为十级:

一级"婕妤",位比宰相,爵比亲王;

二级"娥",位比上卿,爵比封侯;

三级"容华",位比中二千石,爵比关内侯;

四级"充衣",位比真二千石,爵比大上造;

五级"美人",位比二千石,爵比少上造;

六级"良人",位比千石,爵比中更;

七级"八子",位比千石,爵比左更;

八级"七人",位比八百石,爵比右庶长;

九级"长使",位比八百石,爵比左庶长;

十级"少使",位比六百石,爵比五大夫。

但实际上,除非牵连进某些特殊的事件,不然这些女子根本没有在历史上留下名字的机会。

太始三年(前94),武帝最小的皇子刘弗陵出生。刘弗陵的生母是河间人,姓赵,封为婕妤,住在钩弋宫,这位婕妤就是钩弋夫人,据说她怀孕14个月后才生下刘弗陵,武帝说:"听说当年唐尧是怀胎14个月生的,如今婕妤生这个孩子也是如此。"于是下诏将钩弋宫宫门改称为"尧母门",宋代名臣司马光认为,整个"尧母门"向天下传递了"皇帝爱少子"的错误信号,最终酿成了危及皇后和太子的巫蛊之祸。

征和元年(前92)夏,汉武帝住在建章宫,忽然看见一个男子,带着剑直入中龙华门。武帝感到来者不善,便下令捉拿此人。结果该男子扔下佩剑,仓促逃走,没能抓住。武帝大怒,直接处死了掌管城门的官吏。十一月,汉武帝征调三辅地区的骑兵对上林苑进行搜查,并关闭长安所有城门,逐户排查,11天后才解除戒严状态。(太初元年,即前104年,武帝使用了太初历,从此以后就改正月为岁首。同时武帝还在这一年,将长安城的左、右内史两部分,改成了左冯翊、京兆尹,同时又分割部分西部土地,设立右扶风,合称"三辅"。)

从这件事开始,一连串"巫蛊"案正式爆发。

丞相公孙贺的夫人卫君孺是卫皇后的姐姐,公孙贺受到武帝宠信,担任太仆，后来又升任丞相。后来他的儿子公孙敬声也子承父业，继任为太仆，但此子骄傲奢侈，不遵法度，擅自挪用北军军费1900万钱，东窗事发，被捕下狱。

当时朝廷正下令紧急通缉阳陵大侠朱安世，汉代的"侠"指的并不是行侠仗义，而多少带有暴力抗法的性质。公孙贺主动揽下了这个搜捕"大侠"的差事，想要以此来为公孙敬声赎罪，武帝批准。后来朱安世果然被公孙贺逮捕，审讯中，朱安世笑着说："丞相抓到了我，恐怕您的灾祸要殃及宗族了！"于是这位"大侠"从狱中上书朝廷，告发公孙敬声与武帝的女儿阳石公主有染，在天子要去甘泉宫的时候，派巫师在皇上专用的驰道上埋下木偶人，口出恶言，诅咒皇帝。这种以木偶的方式害人，便是巫蛊。

征和二年（前91）春正月，公孙贺被捕入狱后，经核查犯罪情况属实，父子都死在了狱中，公孙家族也被株连殆尽。闰四月，诸邑公主、阳石公主和皇后弟弟卫青的儿子长平侯卫伉，都因受巫蛊案的牵连被杀。同月，武帝封中山靖王刘胜的儿子涿郡太守刘屈氂为丞相。

这段时间，全国的巫师术士都聚集在长安，以各种手段欺骗、迷惑众人，邪门歪道，无所不有。还有许多女巫时常出入宫廷，教那些后宫妇人如何求福避祸，几乎宫廷的每个房间，地下都埋着祝祷的木偶，各自祭祀。

宫中一旦争风吃醋或者怨恨怒骂时，就会互相告发，指责对方诅咒皇帝，大逆不道。每次武帝都大发雷霆，对参与者大加株连，殃及朝臣，死者动辄数百人。而且武帝还因此产生心魔，总是怀疑有人要害自己。一次白昼小睡，武帝梦见有数千个人偶，手持木棍攻击自己。武帝猛然惊醒，觉得身体不适，精神恍惚，而且时常健忘。

在武帝如此神经质的时候，有一个名叫江充的人抓住了机会，想要借巫蛊之祸，打压皇后和太子。

江充是赵国人，官居水衡都尉。此人起初是赵王刘彭祖的门客，后来因为得罪了赵王的太子刘丹，便逃往长安，向朝廷告发刘丹与自己的姐妹通奸，于是刘丹太子之位被废。武帝召见江充，发现他高大魁梧，但穿的衣服则轻柔美丽。武帝觉得很惊奇，和他谈论政事后，非常惊喜，从此便宠信江充，封他为直指绣衣使者，派他去督察皇亲、近臣的僭越、不敬等不法行为。

江充做官，可谓"铁面无私"，无所顾忌，武帝认为他这是忠直的表现。有一次江充随武帝到了甘泉宫，看见太子使者的车跑在了天子专用的驰道上，江充当即派人拿下，太子听说后，赶紧派人来求情，强调自己并非舍不得那一套车马，而是不想让武帝知道自己管教无方，但江充却不为所动，坚持将事件上报武帝，武帝还称赞江充说："为臣本应如此！"这件事让江充的名声和威势传遍了京城。

而江充这人的正直完全是表演，他是一个投机分子，而且心狠手辣，他自认为与太子和卫皇后有嫌隙，此时武帝年老，他担心皇上去世后自己被太子清算，因此便使用奸计，说武帝心神不宁的毛病是因为巫蛊的缘故。武帝便派江充为使者，去查处巫蛊案件，其实江充从一开始的目标便是太子刘据。

江充接旨后，就率领胡人巫师掘地三尺，寻找木偶人，搜捕那些用巫术害人，以及在夜间祈祷、诅咒，声称自己见到鬼的人，同时如果想害谁，江充就命人事先把木人埋入地下，上面洒上血污，然后对主人刑讯逼供，用烧红的铁钳灼烤他们，强迫他们认罪。这样使许多人被迫相互诬告，官吏就上奏弹劾这些人大逆不道，整个京城乃至三辅地区，甚至牵连到各郡、国，前后被处死的人多达数万。之后他便将矛头指向了太子刘据。

太子刘据是皇后卫子夫嫡出的儿子，武帝29岁时才生下此子，十分喜爱。刘据长大后，性情宽仁，温和恭谨，但武帝嫌他没有什么本事，不像自己。后来王夫人为武帝生了儿子刘闳，李姬生了儿子刘旦、刘胥，李夫人生了儿子刘髆。随着时间推移，武帝对皇后和太子的宠爱也日益减少。

为此，皇后卫子夫和太子都觉得心里没底。武帝也有所察觉，一次他对卫青说:"汉家诸事草创,外又有四夷入侵,朕如果墨守成规,后世子孙难免行为失范;如不出兵平定天下,四境也难以安定。这样看来,也只有劳苦天下的百姓了。可如果朕的继任者还像我这样做,那恐怕就难逃亡秦的覆辙了。太子性情敦厚、内敛,将来必定能安邦治国,若说文治,谁又能比太子更合适呢?如果将军也听说皇后和太子有些忐忑,请将我的意思告诉他们。"卫青听罢赶紧磕头谢恩。卫子夫听说后,也向武帝脱簪请罪。后来太子每次反对武帝出兵打仗的时候,武帝常会笑着说,打仗的苦由我来承担,将以后的安逸留给你,这样不好吗?

武帝每次外出打猎,或者出巡,后方的朝政全都交托给太子负责,后宫也由皇后全权管理。太子刘据非常谨慎,有些非常重要的事务,他一般都会等到武帝回来再行汇报,武帝大多数时候都会同意太子的处理意见,有时则干脆问都不问。一切看起来都像是父慈子孝的模样,其实武帝和太子的风格一张一弛,完全不同,武帝喜欢用酷吏;而太子则忠厚宽仁,甚至有些案件,太子会平反一些量刑过重之人,这样做虽然百姓比较认可,但却得罪了那些酷吏。皇后卫子夫经常告诫太子应揣摩圣意,不应纵容那些罪人。但武帝听说后,却认可了太子的思路,认为皇后不应这样教导太子。所以时间长了,朝臣中许多德高望重的人都党附太子,可酷吏们却以太子为眼中钉。后来卫青去世,那些反对太子之人认为太子失去了靠山,便结党攻讦太子刘据,所以太子在群臣中的名声可谓毁誉参半。

再后来,武帝开始追求长生之术,这样一来就与诸子都疏远了许多,连皇后也很难面圣。有些人觉得太子已经失宠,便蠢蠢欲动。一次太子进宫拜见母亲,很久才出宫。黄门苏文就向武帝进谗言说太子与一些宫女在宫中嬉戏。武帝听说后,马上为太子增加宫女到200人。不知道以苏文和小黄门常融为首的这些人是觉得皇帝不喜欢太子,还是有别的什么原因,总之这些人总喜欢在武帝面前搬弄是非,用"显微镜"找太子的毛病。皇后对此也很生气,想让太子去跟武帝表明心迹,可太子认为"身正不怕影子斜",武帝不会相信那些奸佞小人。

有一次武帝觉得身体不适,派常融去召见太子,常融回来说"太子面有喜色",武帝沉默无语。等太子来了,武帝察言观色,发现太子脸上有泪痕,还强装欢笑,武帝觉得奇怪,详细问过,才知道事情原委,于是下令诛杀常融。皇后卫子夫也十分小心,提防闲话,避开嫌疑,虽然很久都得不到皇帝的宠爱,但武帝始终对她以礼相待。

巫蛊爆发之际,武帝年事已高,还总是怀疑身边的人都用巫蛊诅咒他,没有人敢向武帝陈述冤情。江充此时揣摩上意,之后指使胡人巫师檀何说:"宫中有蛊气,如果不除去,陛下的病就治不好。"就这样,汉武帝派江充进入宫内,直至宫中的深处,拆毁天子的宝座,挖地三尺,寻找巫蛊。武帝还派按道侯韩说、御史章赣、黄门苏文等人协助江充。

江充与这些武帝近臣沆瀣一气,准备对付太子和皇后,于是他们先从那些很少得到武帝召见的后宫女人下手,之后才轮到皇后和太子的宫中,最后搞得乌烟瘴气,地面全部被翻起,皇后的床都放不下了。之后,江充声称,从太子宫中所挖获的人偶最多,还有一些布帛,上面都写满了悖逆之言,理应上奏天子。

太子听到消息后很害怕,便问老师石德该当如何。此时的石德,害怕自己因太子的巫蛊受到牵连,竟然建议太子说:"之前的丞相公孙贺,还有两位公主等人都是因巫蛊之祸株连被杀。现在朝廷使者得到证物,谁能说清这些巫蛊是何时放的,又是谁放的呢?此时陛下远在甘泉宫,说是患病,皇后和太子派去请安的人都没有回应。皇上是否还活着都不知道,而奸臣竟如此猖狂,太子您不会忘记秦公子扶苏之事吧?"石德的这番话可谓是唯恐天下不乱,按他的建议,等于让太子矫诏,之后再造反。

太子说道:"我身为人子,怎能擅自诛杀大臣。不如去甘泉宫说明情况,或许能侥幸免罪。"于是太子准备前往甘泉宫，可江充已先派人奏报天子，刘据想不出别的办法，就实施了石德的计策。

征和二年（前91）秋，七月九日（一说七日），太子刘据派门客冒充武帝的使者，将江充一伙逮捕下狱。其中按道侯韩说质疑使者身份，不肯受诏，被太子门客当场诛杀。之后太子判处江充死刑，亲自监斩，并大骂其挑拨自己与武帝的关系，之后太子将包括江充在内的所有巫师术士全部烧死在上林苑中。

处理完毕后，太子派舍人连夜进入未央宫长秋门，将事情原委经过禀报皇后，之后调动宫中的骑兵，以及长乐宫的侍卫若干，打开军械库，为将士分发武器。这时"太子谋反"的传言已经传开，长安城已然陷入混乱之中。

之前抓江充一党时，黄门苏文趁乱逃出长安，直奔甘泉宫找武帝报信，说太子谋逆。武帝此时感叹道："太子想必是害怕这巫蛊之事，又痛恨江充，才会走上此路啊！"于是武帝派使者去召太子到甘泉宫说明情况。但是这位使者到了长安却没敢进城，为了交差，直接回去禀报说："太子已反，竟想杀我，我奋力逃了出来。"这次武帝怒了。偏偏此时，丞相刘屈氂的长史到甘泉宫报信——这位刘屈氂听说太子谋反，他没有采取任何应对措施，拔腿就逃，甚至慌乱到连丞相的印信都丢了，武帝见刘屈氂的长史报信，便问道："丞相现在何处啊？"

长史回答："丞相封锁消息，不敢行动。"

武帝骂道："事情已经到了这个地步，还有什么好封锁的？丞相根本没有当年周公的风范，周公不是将管叔、蔡叔都杀了吗？"管叔和蔡叔都是姬姓诸侯，周成王时二人联合霍叔作乱，被辅政的周公旦击败，而此时的丞相刘屈氂和太子刘据跟当初周公与管叔、蔡叔一样，也是兄弟同辈的关系，都是景帝的孙辈。

于是武帝正式下诏给丞相刘屈氂："格杀叛逆之人，自有重赏。以牛车阻塞街道，不要肉搏，免得杀人太多。关闭所有城门，叛逆者一人不得漏网。"

就在武帝下令之时，太子也对外发布诏令："陛下在甘泉宫卧病，现在看来，只恐生变，有奸佞之人想趁机作乱！"说罢派人假传圣旨，赦免长安城中的罪犯，命自己的老师石德与门客张光分别统领，除此之外，太子还准备调长水和宣曲两地的胡人骑兵，到长安集结。可此时的武帝已经回到了长安城西的建章宫，并下诏三辅地区的驻军、二千石以下的官员，全部听从丞相刘屈氂的调遣，双方大战一触即发。

不过太子这边发生了意外，武帝派出的侍郎马通在前往长安的路上抓了太子命令去调兵的如侯。马通宣布此人带来的符节是假的，并率胡人骑兵直入长安，这一支武装力量由大鸿胪商丘成指挥。与此同时，为了以正视听，所有天子授予的符节，一律加上黄缨，以示与太子所授的红色符节的区别。

现在的太子刘据基本上败局已定，如果说还有一丝反叛的机会，那就是京城附近战斗力最强的一支军队——北军。前朝诸吕之乱，周勃就是掌握北军才得以获胜。所以太子刘据亲自到了北军营外，召护军使者任安晋见，并下令让任安率军支持自己。但现在的京城，很明显是一池浑水，任安接受太子符节后，直接紧闭营门，北军决定作壁上观。

调不动北军，太子只好回长安组织百姓来作战，据记载也有几万人。最后，在长乐宫的西门外，太子军与丞相刘屈氂的平叛军遭遇，双方打了五天。此时舆论都说太子谋反，所以许多支持太子的百姓都转而支持丞相刘屈氂，太子军逐渐失势。

征和二年（前91）七月十七日，太子见败局已定，便逃到长安城的南门覆盎门。此时把守城门的是司直田仁，田仁觉得太子毕竟是天子的儿子，不愿将事情做绝，于是就开城放行。丞相刘屈氂闻讯大怒，想当场杀了田仁，御史大夫暴胜之赶紧阻拦，说："司直可是二千石的官员，丞相怎能擅自做主，还是应该先请示天子。"刘屈氂觉得有理，就放了田仁。武帝知道后震怒，派人质问暴胜之说："司直放走反叛之人，丞相依律处置，你为何要横加阻拦？"暴胜之听武帝这么说，诚惶诚恐，直接自杀身亡。从这件事看，此时的武帝已经失去了理智。

之后，武帝派宗正刘长、执金吾刘敢按其下达的谕旨收缴皇后的印绶，皇后卫子夫自杀。武帝认为任安老奸巨猾，紧闭营门，无非是首鼠两端，想坐观成败，看谁胜就投靠谁，是怀有二心的表现，所以将他与田仁一同腰斩，后来任安请求司马迁帮忙说情，才有了司马迁流传千古的《报任安书》。

武帝因马通捕获如侯，长安男子景建跟随马通捕获了石德，商丘成努力奋战俘获了张光，封马通为重合侯，景建为德侯，商丘成为秺侯。太子的宾客凡出入过宫门的，一律处死。跟随太子起兵的，以谋反罪灭族。官吏士卒被胁迫参加反叛的，全家都流放到敦煌郡。因太子逃亡在外，为了防备反击，长安各门，开始驻屯重兵。

武帝已经愤怒到了极点，群臣上下人人自危，无所适从。此时壶关三老令狐茂上书，认为太子不过是恐惧江充，并非有不臣之心，此时应该赦免。奏章递上后，武帝看后已经明白，但并未公开表示赦免太子。

太子刘据向东逃到湖县，隐藏在泉鸠里（今河南省灵宝市西北阌乡东南）。主人家贫，靠织卖草鞋供养刘据。刘据有一位旧部属，也住在湖县，听说他很有钱，刘据便派人求助，结果消息走漏。

征和二年（前91）八月初八，太子遭地方武装包围，自知不免，便回到屋中自缢而亡。据史书记载，士兵山阳县男子张富昌率先踹开房门，新安县令史李寿上前抱住太子的脚将尸体解下，太子所投靠之人与官军血战，被当场杀死，而跟随太子的两个皇孙也被杀身亡。武帝悲痛万分，但还是下诏，将李寿封为邘侯，张富昌封为题侯。

征和三年（前90）九月，官吏和百姓以巫蛊害人之罪相互告发，经查多属不实。这时，武帝也渐渐知道太子是被江充所逼，才起兵诛杀江充，并无反叛之意，但为时已晚。恰巧守卫高祖祭庙的郎官田千秋上奏，为太子申冤说："为子者，调动为父的军队，论罪应鞭笞。太子误杀了人，该当何罪呢？"田千秋还特意强调了这是自己做梦时一位白头发老头教自己说的话。

　　武帝此时，幡然醒悟，召见田千秋说："父子之事，外人不足道也，可你却一语中的。看来是高祖有灵，让你来提醒我，我应该重用你。"随即武帝命田千秋为大鸿胪，并下诏江充夷三族，将报信的黄门苏文在横桥上烧死。那些最后参与围困太子之人，也都难逃灭族厄运。武帝对太子之死万分哀恸，下令在湖县修建思子宫，并建"归来望思之台"。天下人知道这件事后，都为这对父子感到悲伤。

二、罪己托孤

　　就在太子自杀的几个月后，贰师将军李广利兵败，投降匈奴，武帝迎来了一生的至暗时刻。征和四年（前89）春正月，武帝巡游东莱（今山东省莱州市），来到海边，望着汪洋大海，想着自己一生寻找仙人的梦想，此刻的他竟然想亲自乘船到大海上寻觅仙人的踪迹，随行的官员们竭力劝阻，武帝拒不接受，并下令让众人准备。然而天气忽然变坏，风势猛烈，天空晦暗，海水像沸腾一般汹涌。武帝一直在海边停留了十余天，但终究还是不能出海，只好返回长安。

　　在回程途中，武帝在巨定田间，亲自推犁耕种，以示重视农耕。之后，武帝再次去泰山祭天，之后又去石闾山祭地，这时的武帝似乎感觉到了这可能是他最后一次来到泰山封禅，想起这两年的巫蛊之祸，想起自己波澜壮阔的一生，他对群臣说："朕自即位以来，做了许多狂妄悖逆之事，使天下百姓蒙受灾祸，至今想起，朕追悔莫及。从今以后，凡有伤害百姓，浪费天下财物的事，一律停止。"

田千秋说："天下口称神仙的方士很多，却没有谁有啥真本事，臣请求将这些方士遣散。"武帝同意后，这场闹剧才终告段落。此后，武帝还常常后悔，经常对群臣感叹自己过去鬼迷心窍，天下怎会有仙人？都是这些方士蒙骗自己罢了！所谓节食服药，也不过是养生之术而已。六月盛夏之时，武帝返回长安，再次前往甘泉宫。

过了几日，武帝提拔大鸿胪田千秋为丞相，封富民侯。田千秋这个人，一无资历，二无军功，三无背景，只因一封奏疏，一句话，让武帝醒悟，就在几个月之间封侯，官居丞相，这是之前从没有过的，然而田千秋为人敦厚，又非常聪明，身居丞相后居然非常称职，强过之前数任，一直做了12年，最后就在丞相任上去世了，因为田千秋年老，后来昭帝善待他，准许他朝见时坐车进宫，所以被称"车丞相"，后来也有人将他的名字写作"车千秋"。

就在这一年，搜粟都尉桑弘羊联合丞相、御史大夫共同上奏，说西域轮台以东，可以灌溉的土地很多，建议武帝设置校尉分别负责屯田，而酒泉、张掖两郡，派出骑假司马视察，并派人拓荒，加强对西域诸国的压力，来帮助乌孙国。

武帝没有同意，而且还下了一道"罪己诏"，表达了自己的悔意。诏书中强调，轮台远在车师国（今新疆维吾尔自治区吐鲁番市）西1000余里，去年开陵侯成娩攻击车师时，虽然大胜，但也伤亡颇多，何况更远的轮台呢？

同时武帝还反思了李广利兵团的覆灭，虽然自己曾告诫李广利不要贪功冒进，可李广利还是不听，最后将士们四散逃亡，让皇帝心中常怀悲痛。而今去轮台屯垦，需要开山凿河，势必使天下震动，并非利民之举。

而今的当务之急，就是要严格禁止官员们暴虐，不准擅自征收赋税，百姓都要把力量投入农业生产。同时恢复"养马代役"的法令，补足战马损失的数量，不让边塞缺乏战力，如此而已。各郡各封国二千石以上的高官，现在都应开始培育战马,补充边塞的急需。在呈报年终工作时,一并提出方案。

这封诏书因事关轮台,因此称为轮台诏令,也因武帝所做的自我批评,被人称为"轮台罪己诏",从此之后,汉朝不再有军事行动。武帝封田千秋为富民侯,其实就带有与民休息的意思。另外武帝还任命赵过为搜粟都尉,赵过这人堪称农业专家,他在任时,推广轮耕、耦犁、代田法等措施,为农业生产效率的提高,做出了非常重要的贡献,赵过的贡献甚至在我国古代农业科技的历史中都占有一席之地。

处理完几件事之后,武帝终于开始思虑自己的继承人问题。太子死后,几位皇子中,武帝最喜欢的是钩弋夫人生的儿子刘弗陵,此时只有几岁,身体却长得很壮实,懂得很多事,武帝想立他为太子。只是刘弗陵年纪太小,钩弋夫人又太年轻,因此武帝犹豫不决,想找个合适的大臣辅佐他。此时观察群臣,武帝认为只有奉车都尉、光禄大夫霍光为人质朴,值得托付。于是汉武帝特意让黄门画了一幅"周公负成王朝诸侯"的画赐给霍光。

除此之外,武帝决定除掉刘弗陵的生母,以防止外戚的问题。于是一日武帝借故谴责钩弋夫人,夫人脱簪请罪,请求武帝宽恕,而武帝直接下令:"拖出去,关进宫中监狱。"钩弋夫人回头看着平日里对自己宠爱有加的丈夫,武帝又说一句:"快走,你不能活着。"随后将她赐死。

不久后,武帝闲居之时,问周围人说:"外界对于钩弋夫人之死有何议论?"

周围人答道:"人们都疑惑,既然立了她的儿子为太子,却为何要杀他母亲呢?"

武帝说:"这就不是你们这些愚人能懂的了。自古以来国家动乱,都是因为主幼而母壮,女主独居,就会骄傲霸道,淫乱放纵,无人能约束。你没听说过吕后之事吗?所以朕不得不先将其除掉。"

后元二年(前87)春二月,武帝病重,霍光在旁,流着泪问道:"陛下万一不测，由谁来继承皇位？"

武帝说："先生真的没理解之前朕赐你那幅画的意思吗？立我幼子刘弗陵，而由先生代行周公之事。"

霍光连忙叩首，推让说："臣不如金日磾。"

金日磾也推辞说："臣是个外国人（匈奴人），不如霍光，如果由我辅政，会使匈奴轻视汉朝。"

不过武帝最终还是执行了自己原来的决定。二月十二日，汉武帝颁布诏书立刘弗陵为皇太子，时年8岁。十三日，武帝任命霍光为大司马、大将军，金日磾为车骑将军，太仆上官桀为左将军，三人共同接受遗诏，辅佐幼主。同时又任命搜粟都尉桑弘羊为御史大夫。几人都是在武帝卧病的床前接受的任命。十四日，69岁的武帝驾崩于五柞宫。十五日，太子刘弗陵即位，史称汉昭帝。

那么金日磾和上官桀都是什么人呢？

金日磾本是匈奴休屠王的太子，当年浑邪王、休屠王降汉，休屠王中途反悔，被浑邪王杀死，其部众也被浑邪王吞并，金日磾便和母亲阏氏、弟弟金伦随浑邪王一同降汉，被安置在黄门署养马，时年14岁。

过了很久，武帝在宴饮时要看马，后宫佳丽都在身旁，几十个养马人牵马经过殿下时，都向殿中偷看，只有金日磾一人，目不斜视，再加上他身高八尺二寸，相貌威严，养的马又异常肥壮，武帝觉得很惊奇，就召他问话，得知他的经历后，更是惊奇，于是任命他为马监，后来又提升为侍中，兼任驸马都尉、光禄大夫。

金日磾的母亲教子有方，很受武帝赞许，后来阏氏去世，武帝还特地命人画像，并题名"休屠王阏氏"，挂在甘泉宫，金日磾每次经过都会流泪。金日磾的两个儿子也受到武帝宠爱，养在后宫，后来孩子长大，行为不端，在殿下与宫女嬉闹，被金日磾撞见，金日磾竟将儿子杀死。武帝得知后大怒，金日磾下跪请罪，说明原因，武帝心里十分难过，但对金日磾更加佩服了。

后来武帝任用江充，有一个叫莽何罗的人与江充是朋友，莽何罗的弟弟因与太子作战得力被封爵，后来武帝同情太子，将江充灭族。兄弟二人担心受株连，就准备刺杀武帝造反。金日磾发现这几人鬼鬼祟祟，便暗中注意动静，这几人也察觉到金日磾在关注自己，便也没有动手。后来找到机会，莽何罗亲自刺杀武帝，金日磾发现之后躲在门后，抱住莽何罗，大喊："莽何罗造反！"武帝这才从床上惊起。侍卫想击杀莽何罗，但武帝怕伤害到金日磾，就下令侍卫不得用刀，这时金日磾揪住莽何罗，将其摔倒殿下，侍卫一拥而上，将其拿下。

金日磾为人非常谨慎，皇帝赐他宫女，也不敢亲近，要将其女儿纳入宫中，他也不肯，这或许也是武帝托孤于他的原因。至于上官桀，则是武将出身，当年武帝去甘泉宫，上官桀可以手握着车盖为武帝挡风。后来给武帝养马，武帝生病时他茶饭不思，马都瘦了，于是武帝认为他忠心，提拔他做了太仆。而他最大的军功则是贰师将军李广利出征大宛，上官桀做搜粟都尉出征，最远一直打到康居国。于是武帝因他敢于深入，提拔他做了少府。

武帝去世后，刘弗陵的姐姐鄂邑公主陪他一起住在寝宫中，负责抚养幼主，霍光、金日磾、上官桀一同主管朝政。霍光辅佐幼主，朝廷政令都由霍光自己发出，此时霍光俨然成为一个政治明星，甚至天下人都想一睹他的风采。

一天夜里，宫中曾出现怪物，群臣都为怪物惊慌不安，霍光在慌乱中召见尚符玺郎，想收回皇帝的御玺。尚符玺郎不肯给他，霍光想强迫他交出。尚符玺郎手持宝剑严肃地说："臣的头大将军可以拿到，但御玺大将军不可能得到。"霍光非常赞赏他的尽忠职守。第二天，下令将尚符玺郎品秩提了两级。众人也为此更加敬重霍光。

虽然在几人辅政之下，刘弗陵成功即位，但此时的天下，还有一双眼睛盯着这个宝座，那就是武帝还在世的庶长子——燕王刘旦。

三、燕盖之乱

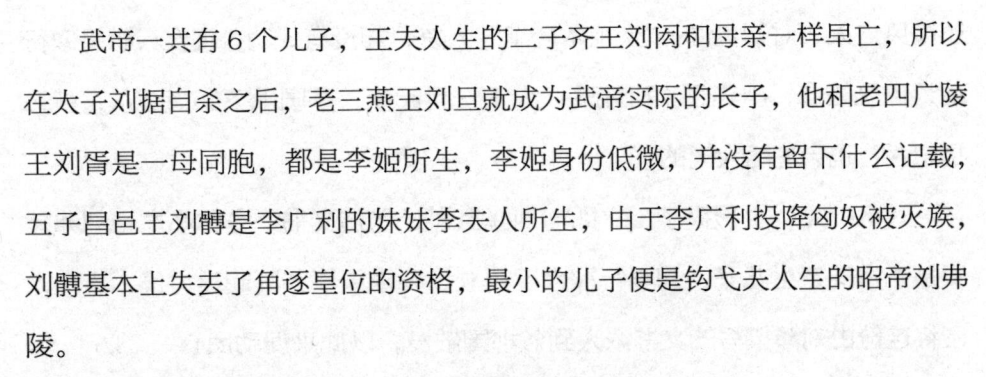

武帝一共有6个儿子，王夫人生的二子齐王刘闳和母亲一样早亡，所以在太子刘据自杀之后，老三燕王刘旦就成为武帝实际的长子，他和老四广陵王刘胥是一母同胞，都是李姬所生，李姬身份低微，并没有留下什么记载，五子昌邑王刘髆是李广利的妹妹李夫人所生，由于李广利投降匈奴被灭族，刘髆基本上失去了角逐皇位的资格，最小的儿子便是钩弋夫人生的昭帝刘弗陵。

太子死后，本来燕王刘旦认为自己依长幼次序应该被立为太子，但迟迟没有动静，所以在后元元年（前88），刘旦便上书请求入宫充当侍卫，这很明显是试探，像武帝这样既聪明又跋扈的人，怎么可能吃这一套，所以大怒，直接将燕王的送信使者在未央宫北门外斩首，后来又找了个理由，说燕王刘旦窝藏逃犯，下诏削去了燕王封地中的良乡、安次、文安三县。武帝原本只是不喜欢燕王刘旦，但这件事之后，武帝开始厌恶燕王刘旦。刘旦这人喜欢花言巧语，耍小聪明，自恃博学多才，他的弟弟广陵王刘胥是个粗人，力气很大，这两人平日里都不守法度，多次犯错，因此在武帝心里，这二人也没有继位的资格，所以其实武帝的选择只剩下了刘弗陵。

可是武帝册封刘弗陵为太子，是在自己去世前三天，武帝死后，诏书才得以颁行天下。汉昭帝始元元年（前86），燕王刘旦接到加盖玉玺的诏书，没有哭泣，只是说了句："这诏书封面太小，我怀疑京师是发生了什么变化吧。"于是刘旦派他宠信的手下寿西长、孙纵之、王孺等人前去长安，以询问相关礼仪为由，暗中打探朝廷的情况。

昭帝刘弗陵即位之后，对自己的这位哥哥也加以封赏，下诏赐刘旦30

万钱，其封国增加 13000 户。消息传回燕国，刘旦却生气地说："我本该被立为皇帝，用得着他来赏赐我吗！"于是便与宗室中山哀王的儿子刘长、齐孝王的孙子刘泽等共同密谋，谎称在武帝在世时就接受了诏书，可以掌握封国内各级官吏的任免权，并调动军队，防备变乱发生。燕王手下的郎中成轸还煽风点火，对刘旦说："大王本应承继大统，却没有成功，现在只有采取行动，自己去拿，坐等是不可能的。大王一旦起事，燕国上下必当跟从，就算是妇女，也会追随大王的。"

刘旦听完，更积极了，立即与刘泽密谋，伪造文书，宣称小皇帝刘弗陵不是先帝的亲生儿子，却强行被大臣拥立，要求天下共同起兵讨伐，这几人还将这份由刘泽撰写的文书派人到各郡国散发，以此来煽动民心。

刘泽计划从临淄发兵，杀青州刺史隽不疑。而刘旦则广招郡国中地痞奸邪之人，发给他们铜铁，让他们来制造武器。刘旦本人还多次检阅燕国的军队，征调民众举行大规模的围猎活动，希望以此来进行军事训练，来等待约定起兵的日期。刘旦手下的郎中韩义等人多次规劝，而此时刘旦已是猪油蒙心，直接将韩义等 15 人杀死。

就在此时，瓶侯刘成得知刘泽等人要谋反，便告诉了青州刺史隽不疑。八月，隽不疑逮捕了刘泽等人，并上报朝廷。汉昭帝派大鸿胪到齐郡负责审理此事，过程中自然牵连出燕王刘旦。但昭帝以刘旦是至亲为由，下令不予追究，只诛杀刘泽等人。同时隽不疑处事果决，被擢升为京兆尹。

放过燕王刘旦这件事，应该是霍光决定的，因为此时朝廷的大小事务基本由霍光决定，而放过燕王刘旦，则是霍光在为昭帝赢得好名声，也是对他的一种教导。此时的三位辅政大臣中，金日磾已经病重，后来很快就去世了。

据说汉武帝托孤之时，将金日磾封为秺侯，上官桀封安阳侯，霍光为博陆侯，这个册封主要是跟逮捕莽何罗有关。但金日磾认为刘弗陵年纪太小，不肯接受，因此霍光和上官桀也没有接受。等到金日磾病危，霍光将侯爵的印绶拿给金日䃅，最后金日䃅是在病榻之上接受了秺侯的爵位，第二天，金日䃅便去世了，他的两个儿子金赏和金建都是十来岁的孩子，此时担任侍中，与昭帝刘弗陵同吃同住，感情至深，金赏以长子身份袭爵秺侯，身上有两条绶带。昭帝问霍光："金家兄弟，难道不能都配两条绶带吗？"

霍光说："金赏是继承他父亲的爵位，才多了一条绶带。"

昭帝笑着说："侯爵不侯爵的，还不是我跟您一句话的事吗？"

霍光回答："高祖有言，只有对国家有功之人，才可封侯。"

昭帝这才打消了原来的念头，从连续的几件事来看，霍光可谓是持心公正，对待昭帝也是边做边教，一心培养。此时的朝中，只剩下了霍光与上官桀两位辅政大臣，两人关系很好，每次霍光休假离朝，都由上官桀代替霍光处理朝政。可这样一来，二人就必须合力，且二人都要没有二心才行。

最初时相安无事，霍光的女儿是上官桀儿子上官安的妻子，生了一个女儿，年方5岁，上官安就想以霍光的关系，送女儿进入宫中服侍皇帝，可霍光认为她年龄太小，没有同意。霍光这么做一是避嫌，二是确实不合适，如果十来岁的皇帝就娶了个5岁的皇后，天下人必然会认为皇帝是被胁迫才这样做的，可是上官安目光短浅，非要促成此事。

于是他去找了自己的朋友丁外人，这个丁外人是河间人，本是汉昭帝的姐姐盖长公主（盖长公主原封鄂邑公主，后来嫁给盖侯王充，故称盖长公主）儿子的门客，后来这个丁外人竟与盖长公主私通，上官安想走盖长公主的门路，就对丁外人说："我女儿容貌姣好，如果能得盖长公主的相助进宫为后，我们父子在朝廷就有了靠山，此事能否办成全都在您。依照汉家旧制，通常是公主嫁给列侯，您又何愁不被封侯呢！"丁外人听了非常高兴，便对盖长公主说了这件事。盖长公主也表示赞同，于是请汉昭帝颁布诏书，命上官安的女儿入宫，封为婕妤，并任命上官安为骑都尉。

始元四年（前83）春三月二十五日，6岁的上官氏被正式立为皇后，同年，上官安又被加封为车骑将军，一年之后，上官安获封桑乐侯。至此，上官安开始变得跋扈起来，昭帝在宫中设宴，上官安竟对宾客说："今日我跟我女婿同饮，很高兴。"后来看见昭帝的服饰华美，自惭形秽，就派人回家，要烧掉自己的衣物。他的儿子病死，上官安居然狂悖到仰天大骂老天爷的地步。

元凤元年（前80），上官桀父子的地位已经非常显贵。为报答当年盖长公主的恩德，便想为丁外人谋求封侯，但霍光不同意。于是几人又想为丁外人求一个光禄大夫，让他有被皇帝召见的机会，但霍光还是不允许。因此，盖长公主开始怨恨霍光，而上官桀、上官安多次为丁外人求封未果，也觉得脸上无光。

可事情总是一件接着一件。有个太医监名叫充国因私闯宫禁被捕，霍光批准定其死罪，可偏偏此人深受上官桀的岳父宠信，但上官桀、上官安父子不敢向霍光求情，最后是盖长公主为其缴纳了20匹马作为赎金，将充国赎为庶人。上官桀父子对盖长公主感恩戴德，但对霍光则更加不满。

至此，裂痕开始显现。

早在武帝在世时，上官桀就已经身居"九卿"之位，那时上官桀的地位可比霍光还高。现在上官桀父子都身居要职，上官家的女儿又是皇后，而你霍光不过是皇后的姥爷而已，却独揽大权，打压我们父子，基于此，上官桀父子决定反击。

此时，一个"反霍光联盟"正在形成。其中除了盖长公主和上官桀父子之外，还包括对皇位觊觎已久，心存怨恨的燕王刘旦，再加上"盐铁官营"的总设计师御史大夫桑弘羊——和上官父子一样，桑弘羊多次为子弟求封，均被霍光拒绝，因此也怀恨在心。于是这伙人准备除掉霍光，夺取大权。

燕王刘旦派孙纵之等人带着大量的金银、珠宝及良马去长安，前后分十余批贿赂盖长公主、上官桀、桑弘羊等人。上官桀等人又命人伪造燕王上书，说"霍光出外检阅郎官和羽林军时，清理道路，禁止行人来往，还让太官先行为其准备饮食",这显然都是天子的特权。又指责"苏武出使匈奴,被扣留二十年都不愿投降,回来后,才任命他为典属国的小官。而大将军长史杨敞并无功劳,却被任命为搜粟都尉,此外,霍光还擅自增加大将军幕府校尉的人数,大权独揽,为所欲为,臣怀疑他对朝廷有不利之举。我刘旦愿意归还燕王印绶,进入宫中做皇帝侍卫,洞察奸臣的预谋,以备不测"。上官桀等人准备在霍光出朝廷休假时,将这些上奏给昭帝。之后只要皇上下令查办,就让桑弘羊与各大臣共同捉拿霍光。

可是奏书呈上后,昭帝拒绝下令查办霍光。第二天,霍光听说这件事情后,不敢上朝,躲在挂着那幅"周公佐成王"的画室内。此时昭帝问左右:"大将军安在?"

上官桀赶紧在旁说:"因燕王首告大将军之罪,所以他不敢进殿面圣。"

昭帝示意让霍光进来,霍光进殿后,便摘下官帽,跪拜磕头,向昭帝请罪。昭帝说:"大将军请不必如此,朕自知此奏书均系谣言,大将军无罪。"

霍光不解,问道:"陛下如何知道?"

昭帝回答说:"大将军去检阅郎官和羽林军,都是最近之事;至于增调校尉,更是才不足十日,这么短的时间,燕王如何能知?何况大将军如想谋反,又何须增调什么校尉呢?"此时的昭帝才14岁,他身边的尚书和左右官员都感到吃惊。再看呈送奏书的人,果然已经逃走,昭帝下令搜捕,上官桀等人害怕事情败露,便赶紧劝昭帝说:"区区小事,陛下明察,不必再追究了。"昭帝不听。后来上官桀的手下又有人诬陷霍光,这次昭帝震怒,说:"大将军受先帝托付,辅佐朕治国理政,何人再敢诽谤非议,朕绝不轻饶。"自此之后,上官桀等人便不敢在昭帝面前陷害霍光。

既然无法借昭帝之手除掉霍光,上官桀等人便起了杀心,密谋让盖长公主设酒宴邀请霍光,于两侧埋伏杀手,直接将霍光干掉,再废掉昭帝,迎立燕王刘旦为天子。刘旦一见机会来了,便专门设置驿站,命人传递往来书信,并向上官桀承诺,事成后封上官桀为王,与此同时,刘旦还向外联络数千名各郡、国的豪杰。从这些表现来看,刘旦在政治上实在是太幼稚了,情势完全不掌握在自己手里,却想着自己可以成为这件事的最大受益者。

刘旦把这个计划告诉了燕国丞相平(姓不详),丞相平一语中的,说:"大王以前与刘泽合谋,事未成功,却被发觉,因为平时刘泽就是个浮夸轻佻之辈。我听说左将军上官桀为人轻率,车骑将军上官安年少骄横,我担心此事如刘泽那时一样难成,又担心事成之后他们会背叛大王。"这句话其实已经告诉刘旦,就凭你想在这坐收渔利是不可能的。

可刘旦不这么认为,他说:"前些天有一男子去皇宫前,自称是前太子刘据,长安城中的百姓前来围观,喧哗不止。大将军担心发生意外,竟派军队弹压。我是先帝的长子,天下都相信,还会有人反对吗!"之后,刘旦又对左右说:"盖长公主报来消息说,只担心大将军霍光与右将军王莽(并非后世篡汉的王莽)。如今右将军已经去世,丞相(田千秋)又病了,事情必会成功,不久就可验证。"于是刘旦居然命令群臣全都整理行装,准备前往京城接班。

就在刘旦还在做他的春秋大梦时,京城的爷儿俩又变卦了。上官安又研究将燕王引诱到京城后干掉,然后废昭帝,直接让父亲上官桀做皇帝,这样将来天下不就是自己的吗!可有人问:"皇后该怎么办?"

上官安回答说:"追逐麋鹿的猎狗,还会顾及兔子吗!况且利用皇后得到恩宠,一旦皇帝的心意有所转移,我们即使想做个普通百姓,恐怕也不可能了。此时正是千载难逢的好机会!"中国历史上,举凡疯狂之人,大多都有这个特点,事情还八字没一撇呢,先想着要牺牲别人。

恰在此时,盖长公主一位舍人的父亲,稻田使者燕仓得知了上官桀等人的阴谋,便报告了大司农杨敞。杨敞为人谨慎,素来怕事,知道此事后也不敢发,只能称病在家休息,燕仓见不行,又去禀报谏大夫杜延年,杜延年听罢立即上报朝廷。这样一来，事情也就有了结果。

元凤元年（前80）九月初一，汉昭帝颁布诏书，命丞相田千秋带领中二千石的官员，捉拿上官桀、上官安、桑弘羊、丁外人等人，连同他们的家族全部处死。盖长公主自杀。

燕王刘旦得知消息后，召见丞相平说："事情已经失败，我们可以就此发兵吗？"

平说："上官桀已死，百姓皆知，发兵无益。"

刘旦非常忧虑，便摆设酒宴，与群臣、妃妾诀别。不久，汉昭帝的诏书到了，责问刘旦，刘旦便用王印的绶带自绞而死，刘旦的王后、夫人等20多人随同刘旦自杀。昭帝加恩，赦免了燕王太子刘建的死罪，将其废为平民，并赐刘旦谥号为"剌王"，意为"暴戾无亲，违背常情"。上官皇后因年纪尚幼，没有参与谋反，又是霍光的外孙女，所以未被废黜。

这一伙人被一网打尽之后，霍光便成了名副其实的"周公"。

第十章

宣帝中兴

当初武帝托孤之时，除了加封霍光几人的官爵之外，还都给他们三人加了"领尚书事"这个头衔。武帝时期，为了更多地将权力握在自己手中，武帝设置了"中朝"，所谓中朝，又称内朝，主要就是一些尚书、侍中之类的官员，虽然品级不高，却是皇帝近侍，负责处理文件，传达皇帝的指示和决定。因为居于权力中枢，所以大权在握，武帝时，尚书共有5人，所有奏章，只有过了尚书一关，才能到达武帝面前，从霍光以后，无论是丞相还是大将军，都必须加"领尚书事"或者"录尚书事"，才能算是掌握了真正的权力，进入了权力中枢。上官桀被杀以后，朝中辅政的大臣就只剩下霍光。

霍光这个人在中国历史中是个相当特殊的存在。当年霍去病出塞与匈奴作战，被河东太守迎到了平阳侯国的传舍，19岁的霍去病才第一次见到了自己的父亲霍仲孺，也就是在这次出塞凯旋之后，他除了为父亲购置田产，改善生活之外，就是将年少的霍光带回了京城，武帝此时正倚重霍去病，便将十几岁的霍光封为郎官，后来又担任过侍中等官职。元狩六年（前117），霍去病去世后，霍光被武帝任命为奉车都尉、光禄大夫等职，一直侍奉在武帝身边。这一侍奉，就长达30年。在这期间，霍光的官职没有变化，也没有做过什么具体的事情，但最重要的就是霍光在武帝朝这样纷乱复杂的局面下，接近30年的时间，没有犯过什么错，没有卷入什么事件当中，这足以证明他的谨慎，甚至有人看到霍光每次进出宫廷，所走的台阶都是同一个区域，他就是以这样的方式度过了接近30年的时光。

许多人物我们都可以想象他们的样子，要么威严，要么和善，要么专注，要么威武，只有霍光给人的感觉是模糊的，史书上虽然记载他身高七尺三寸，皮肤白皙，眉目疏朗，留着好看的胡子，但这个人站在别人面前，似乎总是一副难以看透的样子。就是这样一个人，做出了中国大一统王朝历史上由权臣废立皇帝的事情。

一、废立天子

元凤三年（前78）春正月，发生了两件怪事，先是泰山上有块大石头忽然自己站了起来，之后在上林苑中有一棵已经枯死的柳树死而复生，有虫子在啃柳叶的时候，啃出了"公孙病已立"五个字。

这两件事对于本就迷信的汉朝人来说，实在是非同寻常。当时符节令眭弘就上书说："巨石自立，倒柳复生，这些都表示，会有一位平民成为天子。枯树复生，定是有没落的支系皇族将要复兴，刘氏乃唐尧之后，上天恐有'禅让'之意，所以，应寻找贤能之人，请陛下行'禅让'之事，退位后，可享百里之侯，此为顺应天命之举。"

眭弘的这番话实在不能不让人浮想联翩，此时朝中所有事情都由霍光一人掌握，这个时候提出尧舜禅让，在朝局中会引起怎样的反响呢？答案是，霍光没有让流言发酵，直接将眭弘以妖言惑众的罪名斩首。这也就说明了，霍光辅政，没有二心。

可是霍光辅佐的昭帝，在刚刚举行完加冠礼之后不到三年，就去世了，死的时候只有21岁，而且此时皇后才14岁，二人也没有子嗣。正常情况下，皇帝绝嗣，应从皇帝的兄弟中挑选继承人，当时武帝的儿子中，只有广陵王刘胥还在世，所以在商量人选时，很多人都主张立广陵王刘胥为帝。

不过刘胥这人力大如牛，行为乖张，据说一次空手斗熊，被熊抓伤，几乎死掉。武帝在世时就不喜欢他。霍光总觉得不太合适，此时一位郎官上书说："周太王废弃长子太伯而立太伯的弟弟王季为继承人，周文王舍弃伯邑考而立伯邑考的弟弟周武王为继承人，由此看来，适合继承王位最重要，即使是废长子而立少子也是可以的。广陵王不适合继承皇位。"儒家向来讲究事事法古，既然史书上都有先例，霍光也就有了反对的理由。

于是霍光将这份上书拿给丞相杨敞等人传阅，同时又将这位郎官提拔为九江郡太守。当天，就由上官皇后颁布诏书，并派遣代理大鸿胪职务的少府乐成、宗正官刘德、光禄大夫丙吉、中郎将利汉几人前去迎接昌邑王刘贺到长安昌邑王官邸。霍光又向皇后禀明，调右将军张安世为车骑将军。

之所以选择刘贺，其实也是排序的结果，既然不在武帝的儿子辈中找，那就轮到武帝的孙辈，太子刘据的儿子也在巫蛊之祸中死去，儿子刘闳早逝无子，燕王刘旦和广陵王刘胥都不被考虑，那么就只剩下昌邑王刘髆的这个儿子刘贺了。只是这位刘贺的名声并不好，他在自己的封国之中，狂暴放荡，为所欲为，武帝去世时，他本来应该禁欲守丧，可他却外出打猎，一日骑马狂飙200里。手下大臣劝谏他，他倒是赏赐了这位大臣，也承认自己的行为有过失，但是仍然坚持不改。

就在刘贺成为皇帝之前，刘贺的昌邑国并没有出现什么祥瑞，反而是接连出现了三起凶兆。先是有一天，刘贺忽然看见一只白色的大狗，脖子以下却是人的身体，戴着一种前高后低的帽子，身后无尾，刘贺吓了一跳，就问郎中令龚遂，龚遂说："这是凶兆，说大王身边的亲信都是戴着人帽子的狗，不赶走他们，必定灭亡！"刘贺一笑置之。

不久他又听到怪声，之后看见一只大熊，又刹那消失。再问龚遂，龚遂说熊是山林猛兽，出现在王宫，那说明王宫就要变成空屋，是不祥之兆。第三次则是在刘贺的王座上，忽然出现一摊污血。刘贺再问龚遂，龚遂大叫："王宫毁灭，就在眼前，血象征着黑暗中的凶险……"但刘贺仍然不在意。

就在这之后，昭帝去世。上官皇后的诏书送达昌邑国时，夜幕刚刚降临，刘贺在烛灯下得知了自己将要做皇帝的消息。第二天中午，昌邑王的车队便出发，直奔京城，当天下午就走了135里，到了定陶县，随从的马已经有累死的，从现在开始，刘贺犯了第一个错误——不仁。

中尉王吉在大队人马出发时，写了一封上书给刘贺，大致内容就是列举古圣贤王的例子，告诉他王叔去世，他应该悲伤，到了京城，对于国事一定要谨慎，不要随意发号施令，凡事多听霍光的，之后赞美了一番霍光的美德，其实就是让刘贺观察形势，听从霍光的安排，可刘贺显然没有把这些放在心上，而是在一路上招猫逗狗，一会儿要地方贡献长鸣鸡，一会儿派手下人去买竹杖，后来竟然还弄个女人放到车里随行——这便是第二个错误"丧期淫乱"。

就这样一路来到霸上，朝廷派大鸿胪到郊外去迎接，侍奉他换乘皇帝坐的马车。刘贺命太仆寿成为他驾车，郎中令龚遂陪乘。将要到达广明亭、东都门（长安城东城北面外郭的门称东都门；广明亭在东都门外）时，龚遂说："依照礼制，奔丧见到都城就要哭的。前面就是长安城外郭的东门了。"

刘贺说："我喉咙很疼，哭不出来……"——这是第三个错误"不孝"。等到了城门前，龚遂又提醒他。刘贺说："还是哭不出来。"最后快要到未央宫的东门时，龚遂又说："昌邑国的丧帐设在未央宫门外御道的北侧，帐的前面，有一条南北通道，马车走不了，大王应该下车，面对门阙，向西方伏地痛哭，哭到表达哀悼为止。"

刘贺说："这个我行。"于是到了灵堂前，按照规定的礼仪哭拜。六月初一，昌邑王刘贺接受皇帝的玉玺，继承帝位，尊15岁的上官皇后为皇太后。

可在登基路上就"连犯三错"的刘贺即位之后，所做之事和在封国时差不多，依旧荒淫无度。不仅如此，刘贺还大量调原昌邑国的人进京做官，甚至不惜破格提拔。原昌邑国相安乐被任命为长乐卫尉，负责长乐宫的警卫工作。龚遂见到老同事，流泪对安乐说道："昌邑王为天子后，日益骄横，我的话他已经不听了，如今正值国丧，他却每日与近臣嬉闹，还在上林苑观看虎豹决斗，坐着悬挂天子旗帜的车东西驰突，不成体统。上古之时，大臣尚可隐退，如今你我却无路可走，装疯又害怕被戳穿，死了也会遭人唾弃。您原为国相，此番为近臣，应极力劝谏天子才是。"可虽然下面的人痛心疾首，但刘贺却一如往常，并没有什么改变。

一日，刘贺梦见在宫门西阶的东侧，堆积着青蝇的粪便，约有五六石那么多，上面盖着大片的屋瓦。刘贺不解，就去询问龚遂——这刘贺还真是很信任龚遂，每次都被怼，还每次都问他。龚遂当然不会放过这个教育他的机会，就说："陛下所读的《诗经》中不是这样说吗：'营营青蝇，止于樊。岂弟君子，无信谗言。'如今陛下左右进谗言的人很多，如同您梦中见到的苍蝇粪便一样。因此，应当注意选用先帝大臣和子孙，去亲近他们，并让他们成为陛下身边的侍从。如果总不忍舍弃昌邑国的那些故旧，重用阿谀奉承之人，必会有祸事发生。希望陛下转祸为福，将他们都驱逐出去，我愿做最先被驱逐的那个。"但刘贺照例，依旧不听从龚遂的劝告。

太仆丞张敞上书劝谏刘贺，说："先帝早逝无子，群臣惶恐，要选择明达、有才之人承继大统。群臣去昌邑国迎立陛下之时，只恐走得慢了，误了时期。陛下壮年继位，天下人都在等着陛下的善政与教化。可眼下辅国之臣未赏，昌邑国的小人却得到重用，这实在是说不过去。"刘贺的态度是不生气不合作，依然故我，对这些上书全都置之不理。

大将军霍光看到刘贺的所作所为，真是又上火又郁闷，千挑万选，找了这么个人，于是就独自去问亲信部属大司农田延年该如何是好。自己人说话倒也直接，田延年说："将军身为国家柱石，既然观察天子失德，为何不向太后禀告，改选贤德之人立为新君呢？"

霍光犹豫说："我今天正想这样去做，不知古代可有先例吗？"——以儒为尊就是要这么想问题，事事都要想想古代圣贤是怎么做的。

田延年答："当年伊尹是商朝宰相，为安定国家，废除了太甲，后世都称颂他的忠诚。将军若能这样去做，也自然是汉朝的伊尹。"于是霍光有了底，为田延年加上了给事中的头衔，方便他四处行走联络，让他与车骑将军张安世商量废黜刘贺。

商量之后，张安世也同意。二人便决定废黜刘贺，便派田延年将事情报告给丞相杨敞。杨敞为人谨慎，听了之后又惊又怕，不知该说什么好，一会儿汗就浸湿后背，只剩下支支吾吾地应和。杨敞的夫人听了着急，趁田延年起身如厕之际，赶紧从东厢房走出对杨敞说："此事事关重大，现在大将军已经决定，派九卿之一的大司农来告诉你，你不赶快答应，表示与大将军同心勠力，还在那里犹豫不决，这不是找死吗？"田延年如厕回来，杨敞在夫人的提示下表示，一切唯大将军命令是从。

六月二十八日，霍光召集群臣，在未央宫开会。霍光开门见山，说道："昌邑王德行昏乱，我担心他会危害国家，该怎么办呢？"群臣听霍光这么说，全都大惊失色，无人作声，只是唯唯诺诺，不敢说是，也不敢说不是。

此时田千秋离席，走上前去，手按剑柄说："先帝托孤于大将军，并将天下安危委托于大将军，只因将军忠诚贤能，必能安定刘氏天下。如今一群奸佞小人把朝廷搅得乌烟瘴气，国家处于危险之中，况且汉家天子以'孝'为谥号，为的就是长治天下，使宗庙祭祀延续。如今如果汉家的祭祀断绝，将军即使死，有何面目见九泉下的先帝呢！今天大家所议论之事，必须立即作出决断，群臣中何人最后响应，我必杀之！"田千秋这番话可谓掷地有声，大家听完都傻眼了，这时，霍光道歉说："大家对我的责备是对的，天下动荡，我应负首责。"这时，朝臣也都反应过来了，赶紧叩头请求，说："天下百姓之命皆决于大将军，我等全部听命。"

霍光见朝臣已经"达成一致"，便立即带着大家去晋见太后，向太后详细讲述昌邑王刘贺的问题所在。皇太后此时只是个十几岁的孩子，听霍光说完，便乘车前往未央宫的承明殿，下诏命各宫门的守卫，不许昌邑王的亲信入内。刘贺朝见太后准备乘辇车回温室殿时，中黄门的宦官各把持门扇，当刘贺一进去，宫门立即关闭，昌邑王的手下均被关在门外。

刘贺此时还不清楚情况，便问道："为何关门？"

大将军霍光下跪答道："皇太后有诏，不准昌邑王的群臣进宫。"

刘贺还没察觉到称呼的变化，还说："大将军应该好好说即可，这样太吓人了！"此时，刘贺手下人已被赶到了金马门之外，车骑将军张安世亲率羽林军，将一干人等全部押送至廷尉监下狱。同时命当年昭帝时期的宦官看守刘贺，霍光还特意交代说："请诸公务必小心，如果昌邑王有事，我不但愧对天下，更会背上弑君的骂名。"直到此时，刘贺还不知道会被废黜，还问身边的宦官自己那些侍从所犯何罪，为什么要抓他们。

片刻之后，上官太后下诏召见刘贺，这时刘贺才知道害怕，问旁边的人："朕犯了何罪？太后为何召我？"但此时已经没有人回应他了。只见太后身披珠宝编织的外衣，盛装出席，坐在特设的武帐中，数百名侍卫手持武器，与光禄勋手下的期门武士——所谓期门武士，是因为"约期在大殿门口集合"而得名，后来用以称呼皇帝的贴身侍卫，此刻，他们分列两侧，文武百官依照官阶位次，跽坐在大殿上。

此时召唤刘贺到面前，俯身听候宣诏。霍光与群臣联名弹劾刘贺，尚书令宣读弹劾奏章，指出刘贺从昌邑国出发开始，所做的种种劣行，在昭帝丧期之内，胡作非为，演乐淫乱——说到这里，上官太后已经气得发抖，说："停一下，为人臣者，该这样悖逆昏乱吗？"刘贺听到这赶紧伏地请罪，尚书令继续宣读，主要意思是刘贺接受玉玺的27天以来，派使者去各地官署征调物资，竟达1127次。群臣屡次劝阻，刘贺非但不改，反而日甚一日，恐怕继续下去，会危害国家，陛下既然不能承继天命，侍奉宗庙，不能爱民如子，就该废黜！因此，臣等请求用猪、牛、羊各一头的祭礼，祭告高祖庙。

皇太后同意之后，霍光命刘贺起身，拜受皇太后的诏书。刘贺说："我听说，天子有争臣七人，虽无道不失天下……"还没等刘贺说完，霍光将其打断："皇太后已经下诏废帝，您怎敢再自称天子？"于是霍光强行将刘贺佩戴的天子印绶解下，交还给皇太后，然后搀着刘贺走出大殿，朝臣在霍光身后跟随，出了金马门，刘贺面向大殿叩拜辞行，之后对群臣说："是我天生驽钝，无法胜任汉家大事。"然后，刘贺起身登车，由大将军陪同，霍光将刘贺送回昌邑王在京城的私宅后，口称大王，辞别说："您的所作所为，自绝于天下，臣不敢有负天下，只好辜负您了。希望大王今后自重自爱，恕臣不能再侍奉陛下了。"说完，霍光流着泪，离开了昌邑王府。

接下来的事才是真正麻烦的，虽然天子被废，但毕竟没有改朝换代，废帝如何安排，这在之前还未有先例，因此如何处置刘贺，便成了一个棘手的问题。群臣建议应该将刘贺放逐到汉中去，让他远离封国和朝政，但皇太后——或者说霍光没有这样做，只是下诏让刘贺回到昌邑，赐 2000 户作为其封地，并将原来属于昌邑王的财产尽数归还，刘贺的四个姐妹也各获封 1000 户作为汤沐邑，将昌邑国改为山阳郡，封国撤销。

至于原先那些刘贺从昌邑国弄来的随从，霍光全都给予重罚，罪名是身为封国臣子，不举报昌邑王的不当言行，导致国家决策失误；到了京城之后，也无法匡正昌邑王的行为，反而为虎作伥，致使昌邑王日益骄横，因此，这些人中大部分被杀。只有中尉王吉、郎中令龚遂，因多次劝谏昌邑王，得以免死，但被处以髡刑——即剃光头发，之后去做苦役。

天子失德，最应该负责的就是天子的老师——昌邑王太傅王式。王式被捕之后，本应处死，主审官员质问王式作为昌邑王太傅，为何不上书规劝其行为。王式强调说："我每日为昌邑王讲述《诗经》305 篇，凡提到忠臣孝子之事，总是特别关注；讲到幽厉之君致使国家蒙难的篇目，也曾流着泪向他说明。我认为讲《诗经》已经是在规劝他，所以不必再刻意上书了。"主审官员将这番言辞奏报朝廷，王式得以免去一死。

而此时国家没有君主，大臣只好到未央宫，向皇太后奏报军国大事，霍光见状，赶紧建议——上官太后必须通晓儒家"五经"。于是霍光命夏侯胜向上官太后讲解《尚书》，并提拔他为长信少府，赐爵关内侯。

二、权臣宿命

刘贺被罢黜之后，霍光、张安世与大臣们商议皇位继承人选的问题，一时间难以决定——因为没有人选，刘贺被废之后，武帝儿孙辈的人选都在刘旦、刘胥这两支皇族中，但这两支明显是不被考虑的。这时，光禄大夫丙吉给出了另一个选择，他上书霍光，说："大将军以前曾侍奉孝武皇帝，接受托孤之责，治理天下。孝昭皇帝早逝，又没有子嗣，所以四海之内都非常忧惧，急切希望听到新君嗣位的消息。为孝昭皇帝发丧之时，大将军就秉承大义确立了皇位的继承人。后来发现所立之人不能胜任，又秉承大义将其废黜，天下人无不敬佩。如今国家、宗庙、百姓，全都取决于大将军的意志。我私下曾听到百姓们议论，经观察现有的诸侯、宗室成员，在百姓中名声不佳。而奉遗诏在掖庭外曾祖母家抚养的武帝曾孙，名叫刘病已，我以前在郡邸狱做事时，见他年纪幼小，收养了他，现在已经十八九岁了，他通晓儒家经典，很有才干，举止有度，性格温和。希望大将军对刘病已详加考查，再参照占卜的结果断定其继承帝位是否合适，可先让他入宫侍奉太后以示褒扬，发布诏令，使天下人都知道他，然后再决定大计，那实在是天下百姓之幸了。"连一向宽厚的杜延年也听说刘病已品德很好，因此劝霍光、张安世立他为帝，霍光也同意了。

不知此时霍光会不会想起当年那条"公孙病已立"的谶言，如今的皇位就要来到这位刘病已的头上了。刘病已的"已"是停止的意思，这个名字很明显是给小孩起的名字，后来刘病已即位后，改名为刘询，他是武帝卫太子刘据的孙子，那他是如何躲过巫蛊之祸的呢？

太子刘据的生母是卫子夫，后来自杀，为了与刘弗陵区分，称其为卫太子，他的姬妾中有一姓史的良娣（太子正妻称"妃"，姬妾分两级，一级"良娣"，二级"孺子"）生皇孙刘进，因此称史皇孙，后来刘进娶了涿郡女子王氏，生下刘病已。刘病已刚出生，就遇到巫蛊之祸，卫太子的三儿一女及所有妻妾全部遇害，只有刘病已被关在大鸿胪管辖的郡邸狱。原廷尉监鲁国人丙吉奉命审理巫蛊案，丙吉心里知道卫太子没有犯罪事实，对皇曾孙无辜被关押而深感怜悯，于是便特意挑选稳重的女囚徒渭城人胡组、淮阳人郭征卿二人，将她们安置在条件好些的牢房中哺育刘病已，丙吉每天都前去探视——这已经是他职权范围的极限了。

巫蛊案连续几年都没有结果，后来武帝患病，往来于长杨宫、五柞宫。专门负责观望云气的人说："长安监狱中有天子的气象。"于是武帝派使者分别通知长安城中的各官府，凡各监狱的在押犯人，不分罪行轻重一律处斩。内谒者命令郭穰夜间来到郡邸狱调查，丙吉关闭大门，不让郭穰进入，说："皇曾孙在这里。一般人都不能被无辜处死，更何况是皇上的亲曾孙呢！"双方一直僵持到天亮，郭穰最后也没进去。只好返回，将此事奏报武帝，并弹劾丙吉之罪。此时武帝也已经醒悟，便感叹说："此为天意。"于是大赦天下，此时长安的监狱已是血流成河，只有郡邸狱的罪犯，依靠丙吉的保护得以活了下来。

不久，丙吉认为皇曾孙不应留在监狱里，便吩咐狱吏将刘病已跟奶娘胡组移交给京兆尹。这样的烫手山芋京兆尹哪敢接手，直接拒绝。胡组只好又将刘病已抱回监狱。后来胡组刑满释放，刘病已日夜啼哭，思念乳母，还是丙吉个人出钱，将胡组雇佣过来，继续抚养刘病已，几个月后才让胡组回家。

之后，主管官署财务的少内啬夫报告丙吉，由于没有诏令，刘病已的伙食费用无法继续供给。丙吉就自己出钱，雇乳母抚养孩子，后来刘病已几次病重将死，都是丙吉督促养育的乳母，二人恩情深厚。后来丙吉听说刘病已的祖母史良娣的母亲和哥哥还在世，便雇了一辆小车，将刘病已送到史家抚养。

后来昭帝即位，才下诏将刘病已纳入掖庭抚养，并由宗正将刘病已登记为皇家成员。当时的掖庭令张贺曾是太子门客，后来巫蛊案时，是弟弟张安世求情，才得以免死。张贺心中感念太子旧恩，又可怜这个孩子，所以精心抚养，自己出钱供他读书，想着等到刘病已成年，将自己的孙女嫁给他。此时的汉昭帝刚刚举行加冠礼，听说之后，很不高兴，于是张贺只好作罢。当时主管宫中监狱的暴室啬夫许广汉有个女儿，张贺便牵线想将许广汉的女儿许配给刘病已，虽然许夫人大闹不同意，但这门亲事终究还是成了，连聘礼都是张贺出的。

此后，刘病已过了一段时间的自由日子，学习《诗经》，喜欢游侠，足迹遍布三辅地区，有时也参加朝会，过得非常闲散。元平元年（前74）秋七月，霍光主持朝会，商定继承人选，之后又上报皇太后，正式立刘病已为帝，二十五日，刘病已进入未央宫，拜见皇太后，被封为阳武侯，然后群臣奉上皇帝的御玺绶带，刘病已正式即皇帝位，史称汉宣帝，之后宣帝拜谒汉高祖陵庙，尊皇太后为太皇太后。

宣帝即位之后，就要册封皇后，许广汉的女儿许平君此时已经为宣帝生下儿子刘奭（shì），宣帝即位后便受封婕妤。此时霍光的小女儿霍成君正好与宣帝年龄相仿，朝中大臣都有意让霍成君入宫为皇后，这时刘病已下诏，

第十章 宣帝中兴

让群臣寻找他卑贱时的一把宝剑，群臣听闻，知道这是皇帝不忘旧情的讯号，心领神会，遂上奏请求晋封许婕妤为皇后，这也为后来留下了"故剑情深"这一典故。

十一月十九日，刘病已正式封许婕妤为皇后，只是许广汉曾受过宫刑，按理不能封侯。事情拖了一年，霍光将其封为昌成君。转过年来，宣帝为霍光、张安世等人增加了封邑，同时又封了一些功臣为侯，汉宣帝时年19岁，霍光也没有理由继续辅政，于是在大殿之上，霍光向宣帝行稽首大礼，以头碰地，请求归政于天子，但宣帝不肯接受，并下令今后凡国家大事，均需先经过大将军裁决，再转呈皇帝。

无论是许婕妤被立为皇后，增加封邑，还是继续让其主持大局，霍光都没有提出异议，从之前的行为来看，霍光一直以来都算是持心公正，所做之事基本都是按照同一套政治准则在进行，可即使像霍光这样，虽然主观上未必想要"营私"，但"结党"的后果却是很难避免的。在宣帝继位时，朝中的格局如下：霍光的儿子霍禹和他哥哥的孙子霍云都任中郎将，霍云的弟弟霍山为奉车都尉、侍中，统领胡、越民族归降的士兵，霍光的两个女婿分别为东、西宫卫尉，霍氏家族在朝中出任诸曹、大夫、骑都尉、给事中等各级官职，一荣俱荣，盘根错节。到昌邑王被废以后，霍光的权力更是如日中天，每次宣帝见到霍光，都会以非常恭敬的礼仪对待他。

其实早在霍光刚刚辅政时，就有人劝过他，建议他凡事参照吕氏家族，做法要与之相反，应接纳皇室成员，遇事多与诸卿商议，霍光此时居于伊尹、周公的地位，只有这样，才能免除灾祸。霍光当时觉得很有道理，但时过境迁，此时的霍光恐怕早已忘了当年的提醒，此时他没有急流勇退，这也间接酿成了霍氏家族的覆灭之祸。

问题就出在霍光的夫人显（姓不详，以下称"霍夫人"）身上。宣帝本始三年（前71）春，霍夫人想让小女儿霍成君为皇后，但没有机会，此时许皇后再次怀孕，身体不适，有位女医名叫淳于衍，受霍氏喜爱，此时入宫为许皇后看病，淳于衍的丈夫担任掖庭护卫，想调任安池监一职，安池是山西的产盐大县，安池监无疑是个肥缺。

淳于衍见到霍夫人后，果然提出请求，霍夫人便趁机要求淳于衍毒死许皇后。淳于衍回家后，用附子制毒，给许皇后服下，许皇后头痛欲裂，不久身亡。但许皇后的死哪有那么简单，宣帝震怒，将包括淳于衍在内的全部御医都逮捕下狱，追查许皇后的死因。霍夫人这时才感到害怕，只好将实情原原本本地告诉了霍光。

一向沉稳的霍光听到之后也大惊失色，立即就想去亲自检举霍夫人，可是霍夫人终究是自己妻子，谋事又是为了女儿，霍光实在不忍，犹豫之下，最后还是出面结案，并特别标记此事与淳于衍无关，于是淳于衍得以释放。后来霍夫人又趁机要求霍光将女儿送进皇宫。本始四年（前70）春，宣帝将霍光的女儿霍成君立为皇后，之前许皇后出身平民，因此非常节俭，而霍成君为皇后，车驾、侍从都非常奢华，赏赐官属动辄数以千万计，与许皇后时有天壤之别。

地节二年（前68），霍光病重，宣帝亲自慰问并将霍光之子霍禹封为右将军。三月，霍光病逝，宣帝亲到灵堂吊唁，厚葬霍光，并免除霍氏子孙的赋税徭役，霍氏承袭霍光的爵位和食邑，万世不变。而看起来霍光也并没有让自己的后代继续担任大司马大将军的意思，霍光死后，御史大夫魏相上奏，举荐张安世为大将军，其子张延寿为光禄勋。同时为了回报霍光，宣帝还将霍去病之孙霍山封为乐平侯，奉车都尉，主管宫廷机要。

就像所有的权臣一样，霍光一死，原本在朝中的暗流，立刻就会浮出水面。御史大夫魏相通过昌成君许广汉，向宣帝密奏，大意为指责霍氏专权，此刻霍氏子弟身居要职，霍夫人可以随时出入长信宫，甚至半夜叫开宫门，如果不加以限制，恐怕未来会危害国家，同时也不利于保全功臣于后世。同时，原本奏章都要誊写两份，一份送交尚书，由其审查，认为不合适的，一律搁置，魏相认为应废除此制度。宣帝一一采纳，并给魏相加给事中，允许其参与决策。

地节三年（前 67）夏四月，宣帝立许皇后的儿子刘奭为皇太子，任命丙吉为太傅，太中大夫疏广为少傅。同时，加封太子刘奭的外祖父许广汉为平恩侯，同时宣帝也没有忘记霍氏，将霍光的侄孙中郎将霍云封为冠阳侯。

霍夫人听说刘奭被立为太子，愤怒至极，茶饭不思，甚至吐了血，说："刘奭是皇上在民间时生的儿子，怎么能被立为太子！如果以后霍皇后生了儿子，却反倒成了诸侯王吗？"于是霍夫人故技重施，又教唆皇后，想要毒死太子，但太子身边戒备森严，霍皇后一直没有机会下毒。

霍氏家族在霍光死后，完全不知收敛，其实宣帝在民间的时候，就曾听说霍氏尊贵日久，奢侈无度。后来魏相做了丞相，与平恩侯许广汉多次出入宫廷，与宣帝议事，同时宣帝命官吏百姓可以向自己秘密上奏，不许经过尚书群臣，所以霍山虽然领尚书事，却并没有机会插手朝政。

也就在此时，霍氏的"阿喀琉斯之踵"被揭了出来。有传言说霍氏毒杀了许皇后，宣帝听到这个说法，虽然没有马上发作，但很快就开始着手解除霍氏的兵权。先是霍光的女婿度辽将军、未央卫尉、平陵侯范明友被调任为光禄勋，接着霍光的二女婿中郎将、羽林监任胜被调任为安定太守。过了几个月，又将霍光的姐夫给事中、光禄大夫张朔调任为蜀郡太守，将霍光的孙女婿中郎将王汉调任为武威太守。不久，又调霍光的大女婿长乐卫尉邓广汉为少府。

八月十四日，宣帝任命张安世为卫将军，未央、长乐两宫卫尉，各城门的警卫部队和北军也都交给张安世管辖。同时任命霍禹为大司马，但这个大司马一不佩戴大官帽，二不颁发印绶，等于直接将其架空，同时范明友的度辽将军印绶也被收回。霍光的另一个女婿赵平的骑都尉印绶也被收回，凡是由霍氏统领的胡人与越人组成的骑兵和羽林军,以及未央、长乐两宫的禁卫军将领,全都由汉宣帝所亲信的许家和史家子弟担任。

地节四年(前66),霍显及霍禹、霍山等人眼见霍氏地位一落千丈,常常聚在一起哭泣抱怨,霍山说:"此时魏相当权,更改大将军当年定下的法度,诸多儒生上书奏事,也大多将矛头直指我家,被我扣留之后,这些人就选择密奏,直接由中书令取走,根本不通过尚书来转呈,陛下也越来越不相信我,甚至民间还有传言,说什么霍氏毒死了许皇后,这不是冤枉人吗?"霍夫人一听,非常害怕,便将实情告诉了兄弟几人,霍氏兄弟大惊,再联想到霍家女婿最近的遭遇,更加不寒而栗,于是就开始有了谋反的企图。

霍云的舅父李竟有一位好友,名叫张赦,看到霍云一家整天惶恐不安,便建议诛杀魏相和许广汉,再废掉皇帝,改立新君。不料这一消息被一名叫张章的男子告发,此案交由廷尉和执金吾审理,结果仅是张赦等人被捕,宣帝就下令不再扩大。但此事也让霍山等人更加惶恐,认为如果再不动手,就会遭遇灭族之灾,不如先下手为强。于是霍家的女儿便各自回家通知自己的丈夫做好准备,众人都说:"灾祸来了,我们谁也躲不过去!"

恰在此时,李竟犯了与诸侯王勾结之罪,供词中涉及霍氏,宣帝便下诏,将霍云和霍山都驱逐出宫,免去职务,但没有削去他们的封爵。此时的霍家已经到了穷途末路,剩下的唯一一张牌就是太皇太后上官氏。几人又想让太皇太后下旨,请魏相和许广汉等人赴宴,再让范明友、邓广汉两位将军以太后名义将二人诛杀,再废掉宣帝,改立霍禹为帝。

结果还没来得及开始,东窗事发。秋七月,霍云、霍山与范明友自杀,霍显、霍禹、邓广汉等被捕。霍禹处腰斩,霍显和她的女儿兄弟们都被处以死刑,因受霍氏家族牵连而被杀的有数十家。连太仆杜延年这样与霍光政见并不一致的老臣,也因为与霍家是老友,受牵连而免官。

八月初一,霍皇后被废,被囚禁在昭台宫,不久后自杀。十七日,宣帝下诏，封举报霍氏反叛的男子张章、期门董忠、左曹杨恽以及侍中金安上、史高为列侯。其中杨恽是前丞相杨敞的儿子，金安上是前车骑将军金日䃅弟弟的儿子，史高是史良娣哥哥的儿子。

至此，霍氏家族覆灭。中国古代像霍光这样的权臣其实不在少数，但真的像霍光这样一心为公的却凤毛麟角，除了最后维护自己夫人和女儿之外，霍光在朝政上并无偏私，至于他的党羽遍布朝廷，其实是掌权者的必然结果，但无论是早期的田千秋、后来的杜延年，甚至到最后几乎扳倒霍氏家族的魏相，都曾受到霍光的礼遇或提拔，而霍光最大的问题，便是对子孙家眷缺乏约束，才酿成最后的灭族之祸。除此之外，宣帝刘病已在整个事件中表现出来的隐忍和智慧，也让他成为一位领导汉家中兴的皇帝。

三、西域都护

自从武帝时期对匈奴用兵以来，匈奴不断向北方和西方迁徙。贰师将军李广利虽然战败，却仍然给匈奴带来了很大的打击。与汉朝长达几十年的作战几乎耗尽了匈奴的国力，因此，匈奴常常表达要与汉朝恢复和亲的愿望，但都没能实现。同时，匈奴汗国内部的倾轧与斗争也越来越严重。

狐鹿姑单于有个异母弟担任左大都尉，非常贤能，但此事引起了狐鹿姑单于母亲的担忧，害怕单于不能将位置传给儿子，于是就派人直接杀了左大都尉。狐鹿姑单于是个孝子，当年就是因为母亲得病，有巫师进谗言，就杀了投降的李广利，因此也没有对此事作出反应。但这件事引起了左大都尉同母哥哥的怨恨，从此不再到单于王庭朝见。后来狐鹿姑单于病逝，临死前因为自己的孩子太小，无法治国，就将单于传给弟弟右谷蠡王，可卫律与狐鹿姑单于的颛渠阏氏（颛渠为匈奴语"正宫"的意思，颛渠阏氏是单于妻子的封号）秘不发丧，并假传命令，立颛渠阏氏的儿子左谷蠡王壶衍鞮即位，史称壶衍鞮单于。

后来消息走漏，左贤王、右谷蠡王得知真相后都心怀不满，准备率部众向南归附汉朝，可担心单于会半路截击，就准备胁迫卢屠王一起向西去投降乌孙国。但卢屠王忠心耿耿，将消息告诉壶衍鞮单于，左贤王和右谷蠡王两人见阴谋败露，反而陷害卢屠王，于是卢屠王被杀，匈奴人都觉得卢屠王冤枉，之后左贤王与右谷蠡王瓜分了卢屠王的部众和土地，从此也不再参与匈奴王庭的祭奠，匈奴从此走向了衰落。

此时的匈奴汗国进入了一个奇怪的战略模糊阶段，一方面单于总是通过各种方式向汉朝传递和平友好的信号，另一方面，袭扰边境的事情却仍然时有发生，可此时匈奴军队的战斗力早已今非昔比。元凤元年（前80），匈奴出动左、右两部骑兵2万人，分四路袭扰汉朝边境，居然被防守的汉朝守军反攻，斩首、俘虏了9000人，匈奴瓯脱王被生擒，汉军几乎没有什么伤亡，匈奴担心瓯脱王会为汉军引路，还向西北远遁；一年之后，匈奴又派9000骑兵屯驻受降城，防备汉军袭击，但在受降城北边的余吾水上兴建了桥梁，准备随时逃走。这些都反映了此时的匈奴已经没有能力与汉朝再战。

元凤三年（前78），单于再派梨污王侦察汉朝边境，梨污王认为酒泉、张掖的守军力量薄弱，可以出兵收回二地，可最终匈奴出兵的计划泄露，又被汉朝打得大败，梨污王被射杀，从此匈奴再不敢入侵张掖。

匈奴此时不只是与汉朝作战不利，冒顿单于曾经征服的东胡人，后来退居乌桓山和鲜卑山，形成了乌桓与鲜卑两个部落。汉武帝击败匈奴左翼之后，便将乌桓人迁移到上谷、渔阳、右北平、辽东等郡的塞外地区，为汉朝侦察匈奴的动静。此时的乌桓逐渐强大，开始反叛汉朝，同时又袭扰匈奴边境。霍光派女婿范明友为度辽将军，率军2万出辽东，匈奴听说汉朝要来，便撤军离去。范明友临行时受霍光命令，不得空手而归，于是范明友直接攻击乌桓，杀了乌桓的三个王，斩首6000多人，匈奴非常恐惧，不敢再出兵。

东边不行，匈奴又攻击西域。汉宣帝本始二年（前72），匈奴联合车师出兵乌孙。乌孙是汉朝在西域的盟国之一，之前有公主刘细君来和亲，后来细君公主去世，楚王刘戊的孙女刘解忧接替病亡的细君公主，嫁给乌孙昆弥军须靡，后来又嫁给军须靡的弟弟翁归靡，生下3男2女，在乌孙地位颇高。

此时匈奴大军压境，刘解忧便上书向朝廷求援，本来朝廷已决定出击，恰在此时，昭帝驾崩，汉朝国丧，后来又经历了刘贺的废立，最后即位的汉宣帝派常惠出使乌孙，常惠当年随苏武出使匈奴被扣押，19年不改志向，最后还协助救出苏武，此时担任光禄大夫。

不久匈奴大军展开攻击，乌孙派大军迎战，乌孙王再次向汉朝求援。秋季，汉朝封御史大夫田广明为祁连将军，率领4万多骑兵出西河郡；度辽将军范明友率领3万多骑兵出张掖郡；前将军韩增率3万多骑兵出云中郡；后将军赵充国为蒲类将军，率3万多骑兵出酒泉郡；云中太守田顺为虎牙将军，率领3万多骑兵出五原郡；约定各路军马出塞2000里，同时命常惠为校尉，携带符节监督乌孙的军队，共同攻击匈奴。

本始三年（前71）春，五路大军出发，匈奴听说汉军大规模来讨伐，老弱病残都抓紧向北逃走，五路大军收获很小，其中田广明出塞1600余里，才击杀19人，恰好与奉命出使匈奴的汉使冉弘相遇，冉弘等人说前方鸡秩山以西地区有匈奴军队，但田广明没有进击，田顺这一路走到距离边境800里的丹余水边，便率军撤回，斩杀1900余人，宣帝认为此二人谎报战果，下狱治罪，二人自杀，其他几路都是因为得知匈奴撤退的消息，便率军返回，没有被治罪。

而战果最为丰富的一路，是乌孙大军。这一路大军由乌孙王昆弥亲自率5万骑兵，与校尉常惠一同从西侧进攻匈奴，一直攻到右谷蠡王王庭，俘获单于的父辈及嫂子、公主、名王、犁污都尉、千长、骑将及以下共计4万人，缴获马、牛、羊、驴、骆驼共计70余万头。乌孙人将他们所俘获的人及牲畜全部留下自用。宣帝认为5位将军都没什么战绩，只有常惠奉命出使乌孙，取得丰硕的战果，因此封常惠为长罗侯。然而匈奴受此打击之后，伤亡极为惨重，牲畜在长途迁移中死亡的不计其数。

冬季，壶衍鞮单于亲率匈奴骑兵数万骑攻击乌孙，战果颇丰。但在撤军之时，大军遭遇了大雪的袭击，一天之内雪下了一丈厚，匈奴百姓、牲畜大量冻死，生还者不到十分之一。之后，匈奴第一次遭遇了来自北方丁零人的攻击，再加上东方的乌桓和西边的乌孙，三国共杀伤匈奴数万人。同时，这一时期的匈奴汗国还爆发了大面积的灾荒，人口损失了十分之三，牲畜更是损失了一半，匈奴汗国更加衰落。甚至汉朝派出3000侦察兵，还兵分三路，就能俘虏数千匈奴人。所以匈奴已经不敢来边境骚扰，同时，更加盼望与汉朝和亲。

汉宣帝地节二年（前68），壶衍鞮单于去世，他的弟弟虚闾权渠单于继位，封右大将的女儿为大阏氏，废黜了前单于所宠爱的颛渠阏氏。匈奴的动乱也由此开始。汉朝觉得匈奴已经不再威胁边境，就裁撤了许多边防机构，希望以此让百姓得以休养生息。

虚闾权渠单于听到这个消息后，非常高兴，便召集贵族们一起商议，准备与汉朝和亲。但左大且渠想破坏此事，便说："以前汉朝使臣来到，大军紧随其后。如今我们也该效法汉朝发兵，先派使臣到汉朝去，然后派兵进行袭击。"于是左大且渠请求与呼卢訾王各率1万骑兵南下，沿汉朝边塞地区骚扰，两路会合之后，再一起攻入汉朝边境，但此时的匈奴兵早已不是过去了，基本上每次匈奴的军事行动，全都会有人告密，这次也一样，3个匈奴骑兵逃到汉朝，将匈奴的计划和盘托出。于是宣帝命边塞骑兵加强防御，同时派遣三路大军共2万人，出塞数百里迎击，但匈奴因为这3个骑兵逃跑，早就取消行动逃走了，所以几路大军也并没有什么斩获。

匈奴大军一无所获而归，本年度匈奴又爆发了饥荒，百姓、牲畜死亡十之六七。之前被匈奴降服的一个小部落西嗕，在其首领的率领下，驱赶着牲畜南下投降汉朝，被匈奴截击，双方两败俱伤后，西嗕部落还是投降了汉朝。

而此时西域的许多国家，也开始背叛匈奴。之前在昭帝时期，匈奴曾派4000骑兵驻扎车师国屯田，后来两国联合去攻打乌孙，结果汉朝五路派兵，匈奴军没等打就仓皇逃走，车师国就又投靠汉朝，双方恢复了关系。但匈奴认为车师此举是背叛行为，便要召车师国的太子军宿到匈奴做人质。军宿不只是车师国太子，还是焉耆国王的外孙，所以不愿去做人质的军宿直接逃到了焉耆国。军宿一走，车师王便改立另一个儿子乌贵为太子。等到乌贵即位为车师王之后，与匈奴结成姻亲关系，他向匈奴建议，出兵拦截汉朝去往乌孙的使者，但是此时他碰见了一个不好惹的汉朝人。

汉宣帝元康二年（前64），侍郎会稽人郑吉与校尉司马憙（xǐ）率领一些想要戍边免罪的囚犯到渠犁屯田，积存粮食。郑吉见车师国与匈奴联姻，便征发西域各国士兵1万多人，与屯田的1500名士兵一起攻打车师，车师大败，国王乌贵请求投降。

听说车师臣服汉朝，匈奴非常生气，马上派兵攻打，郑吉、司马憙针锋相对，率军北上迎战，不过匈奴没敢正面攻击。郑吉见匈奴示弱，便留下1位军候和20个兵保护乌贵，剩下的撤回了渠犁国。车师王乌贵看着这21位"保镖"，感觉实在放心不下，害怕匈奴杀个回马枪，再威胁到自己的生命安全，最后一想，干脆国王也不当了，直接逃去了乌孙，任由郑吉将自己的妻儿送往长安为质。匈奴见车师王出现空缺，便立乌贵的弟弟兜莫为车师王，但车师毕竟离汉军太近，所以匈奴将其整国东迁。郑吉见状，便派官兵300人前去占领了车师故地，并开展屯田。

元康二年（前64），匈奴贵族一致认为"车师国土地肥美，又靠近匈奴，现在却让汉朝占有，这里大量的土地被开垦，积蓄粮食，之后必然要危害匈奴，应该将该地抢回来"。于是多次派兵攻打在车师国屯田的汉朝军队。郑吉马上率领渠犁国屯田的士兵7000多人前去救援，但被匈奴大军围困。

郑吉上书对宣帝强调说："车师国与渠犁国相距1000多里，汉朝在渠犁国的士兵又很少，就这种形势是不能救援车师国的，希望朝廷能增加屯田的兵力。"宣帝与后将军赵充国等人商议后，准备在匈奴国力衰弱时，再派军队攻打其西部地区，使其不敢再去侵扰西域各国。

但这个建议遭到了丞相魏相的反对，他在上书中指出边境地区百姓贫苦，不该再因为一些小事轻易用兵，而且匈奴频频对汉朝示好，也很少再骚扰边境，再说我们国内目前还有许多问题亟待解决，所以不应该轻易出兵。宣帝听取了魏相的劝告，只派长罗侯常惠率领张掖、酒泉二郡的骑兵前往车师国，迎接郑吉及其官兵回到渠犁国。又召回在焉耆流亡的原车师国太子军宿，立为车师王，将车师国所有的百姓迁徙到渠犁居住，把车师国的故地让给匈奴。同时，宣帝任命郑吉为卫司马，命他负责鄯善以西，南道诸国的安全。

魏相的建议很有道理，但匈奴的问题，并不是退让可以解决的，当汉朝让出西域北道（指塔克拉玛干沙漠以北，天山以南的通道），匈奴就会进一步袭击边境，因为对于当时的匈奴来说，"抢掠"其实是一种生产方式，并不是可有可无的偶发行为，再加上匈奴此时内忧外患，更加需要胜利来掩盖问题。

神爵二年（前60）九月，虚闾权渠单于率领十多万骑兵沿汉朝边塞逡巡，准备侵入边境掳掠。但同样遭到告密，还没等大军到达边境，一位名叫题除渠堂的匈奴人逃亡到汉朝归降，并报告了匈奴军队的行动计划，获封"言兵鹿奚卢侯"，之后宣帝派后将军赵充国率领4万多骑兵屯驻在边境九郡，防备匈奴的侵扰。

此时的汉朝边境已经与汉初完全不同，多年对匈奴的征战，使汉朝建立起了一条从东北绵延至西北的坚固防线。这九郡包括五原郡（今内蒙古包头市）、朔方郡（今内蒙古杭锦旗北黄河南岸）、云中郡（今内蒙古托克托县）、代郡（今河北省蔚县）、雁门郡（今山西省右玉县）、定襄郡（今内蒙古和林格尔县）、右北平郡（今内蒙古宁城县西南）、上谷郡（今河北省怀来县）、渔阳郡（今北京市密云区）。

十多万大军在边境逡巡一个多月，始终找不到突破口，加上虚闾权渠单于患病呕血，匈奴便选择撤军，同时再派题王都犁胡次来到汉朝，请求和亲，汉朝还没来得及回应，就收到了虚闾权渠单于病逝的消息。大家还记得虚闾权渠刚继位时废黜的那位颛渠阏氏吗？她被废之后，与匈奴右贤王屠耆堂有染，此次虚闾权渠病重，颛渠阏氏便向正在单于王庭参加会议的右贤王告密，让他留在王庭，暂时不要离开。几天后单于病逝，管事的郝宿王刑未央下令召集贵族会议，人还没等到齐，颛渠阏氏便和弟弟左大且渠都隆奇宣布，立右贤王为握衍朐鞮单于。这位握衍朐鞮单于是乌维单于的八世孙，从血统上说，已经距离单于嫡系一支很远了。

握衍朐鞮单于是个凶暴残忍的君主，且他只信任拥立自己的小舅子都隆奇，继位之后，他将虚闾权渠的子弟亲属统统免官，换成了自己的亲信。这样一来，就引起了虚闾权渠家族的不满，于是虚闾权渠单于的儿子稽侯狦决定出走，逃到了自己岳父的国家乌禅幕那里。乌禅幕本来是位于康居和乌孙之间的一个小国，由于地理位置的原因，腹背受敌，连生存都成问题，后来被迫归降匈奴，狐鹿姑单于把侄子日逐王的姐姐嫁给了乌禅幕的首领，并让他长期驻扎在匈奴的西部地区。

狐鹿姑单于的侄子日逐王，名叫先贤掸，他的父亲曾担任过匈奴的左贤王，继位顺序非常靠前，但后来让位给了狐鹿姑单于，狐鹿姑单于也向先贤掸保证，以后交还单于的位置，当然后来他食言了，此时先贤掸的周围聚集了一帮人，这些人都认为先贤掸应为合法的单于。现在握衍朐鞮单于自行宣布继位，其与日逐王先贤掸本来就有矛盾，先贤掸觉得自己惹不起躲得起，决定率自己的部众投降汉朝。于是他先派人到渠犁国，与骑都尉郑吉取得联系。郑吉调集渠犁、龟兹等国士兵5万人前去迎接日逐王率领的12000人，虽然有些中途逃跑的人被郑吉追上杀掉，但大部分日逐王的部众都跟着郑吉到达了河曲地区，并在此定居。郑吉带领日逐王来到京师长安朝见天子，皇帝将先贤掸封为归德侯。

郑吉先是攻破车师国，后又接受了匈奴日逐王的投降，从此威震西域。将西域北道也纳入自己的管辖，朝廷封其为西域都护，这个职位也从这里开始，成为威震西域几百年的机构。除此之外，宣帝还封郑吉为安远侯。之后郑吉在西域的中部地区设立幕府，治所设在乌垒城，距离阳关2700多里。匈奴的势力从此愈加衰弱，已无力与汉朝争夺西域。匈奴原设在西域的僮仆都尉，也被撤销。西域都护负责督察乌孙、康居等西域36国的动静，如发生变乱，立即上报朝廷，能安抚的便安抚，不能安抚的便派兵讨伐，从此汉朝的号令在西域各地都得以通行。

四、单于入朝

日逐王归降汉朝之后，匈奴便开始陷入混乱之中，先是握衍朐鞮单于将日逐王的两个弟弟杀死，乌禅幕为他们求情被拒，因此心怀怨恨。后来匈奴左奥鞬王去世，握衍朐鞮单于将自己的小儿子立为奥鞬王，却留在单于王庭。奥鞬部落的贵族自己又立前奥鞬王的儿子为王，之后部落东迁，准备离开单于。单于派右丞相率领1万骑兵前去追击，但伤亡数千人也没能制服奥鞬部落。

这个握衍朐鞮单于不光凶暴，还特别自私，在匈奴很不得人心。连同他的太子和左贤王也特别跋扈，多次诋毁东部贵族，匈奴东部的贵族们对单于父子又恨又怕。后来乌桓攻打匈奴东部的姑夕王，掠走大量人口，单于大怒，姑夕王也很害怕，就联系乌禅幕及东部贵族，共同拥立虚闾权渠单于的儿子稽侯狦为呼韩邪单于，并集结东部地区的匈奴军队四五万人，向西攻打握衍朐鞮单于，两军还未交战，握衍朐鞮单于的部队便溃散而逃，单于想让自己的弟弟右贤王出兵帮忙，但被拒绝，于是握衍朐鞮单于自杀，他唯一信任的都隆奇逃到了右贤王那里，呼韩邪单于占据了单于王庭，兼并了握衍朐鞮单于的部众。但呼韩邪单于犯了个错误，他打算诛杀握衍朐鞮单于的弟弟右贤王。右贤王不甘心坐以待毙，便联合都隆奇，共同拥立日逐王薄胥堂为屠耆单于，征发几万士兵，向东攻打呼韩邪单于，呼韩邪单于兵败逃走。屠耆单于又占领了匈奴王庭。

宣帝五凤元年（前57）秋，屠耆单于派先贤掸的哥哥右奥鞬王与乌藉都尉各率2万骑兵屯驻在东部地区，以防守呼韩邪单于的攻打。这时匈奴西部的呼揭王来与唯犁当户密谋，一起陷害拥立屠耆单于的功臣右贤王，说他想要自立为单于，屠耆单于信以为真，就杀了右贤王父子，后来又得知右贤王冤枉，就将唯犁当户杀死。呼揭王心里有鬼，叛逃而去，自立为呼揭单于。右奥鞬王听到消息，又自立为车犁单于，乌藉都尉手中有兵，也自立为乌藉单于，此时的草原一片混乱，加上之前的两位单于，一时间出现了"五单于并立"的局面。

但很快，屠耆单于亲自率军向东讨伐车犁单于，派都隆奇攻打乌藉单于。乌藉单于与车犁单于均战败，向西北方向逃去，二人与呼揭单于的军队联合，共计4万人。三个单于中，车犁单于的血统最正，乌藉、呼揭二人便去掉单于的称号，共同拥立车犁单于。屠耆单于得到消息，派左大将、都尉率4万骑兵分别驻扎在东部地区，以防备呼韩邪单于的进攻，自己率领4万骑兵向西攻打车犁单于。车犁单于战败，向更西方逃去，屠耆单于带兵转向西南，并在当地驻守。

此时的匈奴已经打成了一锅粥，各个方面可动用的兵力正在以肉眼可见的速度减少，汉朝的大臣此时议论纷纷，很多人认为，此时匈奴虚弱，出兵可一举全歼。宣帝询问当时担任御史大夫的萧望之，萧望之是当时的大儒，他说了一段话：

《春秋》，晋士匄帅师侵齐，闻齐侯卒，引师而还。君子大其不伐丧，以为恩足以服孝子，谊足以动诸侯。前单于慕化乡善，称弟，遣使请求和亲，海内欣然，夷狄莫不闻。未终奉约，不幸为贼臣所杀。今而伐之，是乘乱而幸灾也，彼必奔走远遁。不以义动兵，恐劳而无功。宜遣使者吊问，辅其微弱，救其灾患，四夷闻之，咸贵中国之仁义。如遂蒙恩得复其位，必称臣服从，此德之盛也。

萧望之的这段话，大意就是告诉宣帝不能乘人之危，越是这样的时候，越要用仁义感化对方，让其真心归附。这段话开头引述历史，中间论说仁义道理，已经和后世的儒生论证没有区别了，后来在甘露三年（前51），萧望之主持石渠阁会议，评议儒生对"五经"的意见之异同，这其实证明儒家知识分子已经基本完成了对汉朝的儒家化改造。此时宣帝听从了萧望之的建议。

其实对于汉朝来说，此刻出兵确实不是好的选择，理由倒不是萧望之说的那些，而是从过去的历史经验来看，往往大军调集、准备的阶段都需要几个月，匈奴得到消息就会向北逃走，大军出塞，大概率也会无功而返，所以还不如争取匈奴的归附，最好让单于主动称臣。

此刻的匈奴内乱还在延续，五凤二年（前56）秋八月，呼韩邪单于派他的弟弟右谷蠡王等人向五袭击屠耆单于，斩杀屯驻的士兵1万多人。屠耆单于得到消息后，亲自率6万骑兵攻打呼韩邪单于，结果屠耆单于战败自杀。都隆奇便与屠耆的小儿子右谷蠡王姑瞀楼头逃奔到汉朝归降。之前的车犁单于也向东去投降了呼韩邪单于。冬十一月，呼韩邪单于的左大将乌厉屈和他的父亲乌厉温敦见匈奴陷于内乱之中，便率部众数万人归降汉朝，汉宣帝封乌厉屈为新城侯，封乌厉温敦为义阳侯。

而此时，当年投降的李陵的儿子又立新的乌藉都尉为单于，但很快被呼韩邪单于干掉。就这样，呼韩邪单于重新回到了单于王庭，但此时他身边的部众只有几万人了。消停日子过了没几天，屠耆单于的堂弟休旬王在西部地区自立为闰振单于；呼韩邪单于的哥哥左贤王呼屠吾斯在东部地区也自立为郅支单于。此时的匈奴单于内斗严重，不停有部众投降汉朝，五凤三年（前55）六月，汉朝专门设置西河和北地属国，来安置归降的匈奴人。到五凤四年（前54）春，匈奴单于向汉朝称臣（应该不是呼韩邪单于），并派他的弟弟谷蠡王到长安充当人质，因边境没有外族的侵扰，汉朝便将戍守的士兵减少了五分之一。

五凤四年（前54）夏四月，闰振单于率军东进，袭击郅支单于。郅支单于战胜，闰振单于被杀，他的军队也被吞并。于是郅支单于又去进攻呼韩邪单于。呼韩邪单于战败退走，郅支单于又占据了单于王庭。

甘露元年（前53），呼韩邪单于被郅支单于打败后，已经非常困难了。此时左伊秩訾王为呼韩邪单于谋划向汉朝称臣，并到长安朝见汉朝天子，求得汉朝的帮助，他认为只有这样做，匈奴才能真正安定下来。

呼韩邪单于征求各位大臣的意见，他们都说："这样做不行。我们匈奴人的习俗，本来是崇尚勇力，鄙视屈服别人，以马上作战征服，建立国家，所以威名扬于天下，震慑百族。战斗而死，是壮士的本分。如今我们内部兄弟争国，不是哥哥取胜，就是弟弟取胜，即使战死，也留有威名，子孙永远称雄于各国。现在汉朝虽然强大，但并不能吞并我们，为何要破坏祖先的规矩，去臣服汉朝，辱没祖先，被诸国耻笑？即使那样能得到安宁，我们又将如何去统领百族呢？"

左伊秩訾王说："不然。国家的强弱之势随时都在变化，现在汉朝正盛，乌孙等所有西域诸国都向汉朝称臣。自且鞮侯单于以来，我们匈奴势力日渐削弱，无法恢复，尽管顽强拼杀至今，却一天安稳日子也没过过。如今若臣服汉朝，便可以安定生活，如若不臣，就要陷入危亡之地，这已经是最好的策略了。"此后，匈奴的大臣又不断向左伊秩訾王提出问题，双方辩论，最后，呼韩邪单于还是采纳了左伊秩訾王的建议，率军向南靠近边塞，并派儿子右贤王为人质，决定向汉朝称臣。

甘露二年（前52）冬十二月，呼韩邪单于到达五原塞，表示归降，并愿意将匈奴的珍宝献出，于第二年正月到长安朝见汉宣帝。宣帝下诏，请有关部门研究朝见时的仪式流程。丞相和御史都说："按照古代圣王的制度，先京师而后诸侯，先诸侯而后夷狄。匈奴单于前来朝见，应按诸侯王的礼仪，位在诸侯王之下。"

此时已担任太子太傅的萧望之则认为："匈奴并不是汉朝的正统属国，所以称为敌国，不应用对待臣子的礼仪对待，其位置应在诸侯王之上。外夷向我国低头称藩，我们谦让，而不视他们为臣子，为的是笼络他们，谦虚可以享受福分。《尚书》上说'戎狄荒服'，还说他们反复无常。一旦后世的匈奴子孙做出像鸟飞鼠伏，不来朝贡的勾当，也就不算背叛我们，这是长治久安的策略。"宣帝采纳了萧望之的建议，下诏说："匈奴单于自愿称藩臣，表示明年正月初一前来朝见。朕的德行不够，不能受此重礼。应以国宾之礼接待他们，使匈奴单于的位置在诸侯王之上，拜见时称臣不名。"所谓称臣不名，就是在自称时称臣即可，而不需要说自己的名字。同时，既然是两国交往，宣帝也派出车骑都尉韩昌前去迎接呼韩邪单于，征发沿途七郡的2000骑兵，陈列于道路两旁。

甘露三年（前51）春正月，匈奴呼韩邪单于前来朝见汉宣帝，拜见时只称藩臣而不称名。宣帝赏赐他冠带、衣裳、黄金印玺、绿色绶带，玉石装饰的宝剑、佩刀，1张弓，48支箭，10支棨戟，1辆安车，马鞍马镫1套，马15匹，黄金20斤，钱20万，衣被77套，锦绣、绸缎布帛8000匹，丝绵6000斤。赏赐完毕，宣帝派使臣带领单于先到长平观休息。自己也从甘泉宫出发，前往池阳宫。

此时的长安城万人空巷，大家都想来一睹匈奴单于的样子。宣帝登上长平阪准备在渭桥会见呼韩邪单于，下诏告知单于不必下拜，允许单于左右的随行官员都列队观看，各蛮夷君长、王、侯数万人，全都聚集在渭桥下夹道欢迎。

此时到了汉朝皇帝的高光时刻，宣帝在公侯将相的簇拥下踏上渭桥，周围山呼万岁。这时单于一行前来，行礼之后，宣帝安排单于在长安居住。并在建章宫设酒宴款待匈奴一行人，让众人也见识一下中原珍宝。二月，呼韩邪单于准备归国，临行之际，呼韩邪单于向汉宣帝提了一个要求，那就是将自己的王庭暂时设在大漠以南的光禄塞下，为的是一旦发生意外，希望汉朝能开放受降城，允许呼韩邪等人进城避难。两国既然交好，这个要求也不算过分，宣帝也就同意了，同时派长乐卫尉高昌侯董忠、车骑都尉韩昌率16000骑兵，又征发边疆各郡的兵、马数千，护送呼韩邪单于一行人，出了朔方郡鸡鹿塞。

同时，宣帝命董忠等人留在单于身边效力，帮助单于镇压叛乱。又转运边疆的粮食赠予匈奴，前后共计34000斛。起初，从乌孙到安息的西域各国，全都畏惧匈奴而轻视汉朝，此次单于入朝之后，西域诸国都转而敬畏汉朝了。

第十一章

儒宦之争

黄龙元年（前49）春正月，呼韩邪单于第二次前来朝见宣帝。西边的郅支单于认为呼韩邪单于是因为兵力软弱才归降汉朝，已经没有再与他争锋的能力。于是就率军向西进攻，打了几个胜仗，后来听说汉朝出兵出粮帮助呼韩邪单于，郅支单于知道凭自己已经无法统一匈奴，所以就坚定地向西发展，率军袭击吞并了乌揭、坚昆、丁令三国，并且多次袭扰乌孙，后来郅支单于干脆就在坚昆留了下来，以此作为他的王庭。就在这一年，汉宣帝病逝，他的儿子刘奭即位，史称汉元帝。

从汉元帝即位开始，汉朝多次在呼韩邪单于的请求下给予匈奴帮助，为其解决粮食问题。郅支单于认为自己与汉朝距离遥远，同时怨恨汉朝帮助呼韩邪单于而不是自己，因此便对汉朝使者百般刁难，同时又派遣使臣向汉朝进贡，要求返还自己在长安做人质的儿子。此时朝中一派人主张将质子送至边境，而另一派则主张护送质子去到王庭。汉元帝采纳后者建议，派谷吉为使者，将王子送到郅支单于的王庭，可没想到郅支单于竟然翻脸大怒，将汉使斩杀。之后，郅支单于也知道惹了祸，担心汉朝报复，同时也担心呼韩邪单于日益强大会攻击自己，打算逃到更远的地方。

正在这时，天上掉下来个大馅饼，康居王因为总是受到乌孙的侵扰，便与群臣商议，想让郅支单于到自己国家的东部居住，这样就能帮助康居，抵御乌孙国，最好能支持郅支单于做乌孙王，这样就能消除乌孙的威胁了。这显然是个引狼入室的馊主意，但居然赢得了康居国内的一致赞同。于是康居王便派使臣出发，与单于取得联系。

此时的西域，乌孙国受到汉朝的资助，又有西域都护撑腰，算得上是西域第一大国了。郅支单于一向对乌孙非常忌惮，听到康居王的计策非常高兴，便与康居王结盟，并率军西进，但郅支单于的部众在路途中有很多人被冻死，最后只剩下 3000 人。到了康居王国后，一开始双方处得挺好，康居王把自己的女儿嫁给了郅支单于，郅支单于也将自己的女儿嫁给康居王。康居王非常尊敬郅支单于，想倚重他的武力威胁诸国。郅支单于则经常借康居的军队袭击乌孙，甚至一度打到乌孙的都城赤谷城，屠杀掳掠民众，驱赶牲畜而去。乌孙人不敢追击，西部五千里地区被抢劫一空，没有人敢在此居住，这里成为真空地带。

而此时匈奴的另一股势力呼韩邪单于也度过了最黑暗的日子，部众开始繁盛，另外塞下的鸟兽已经被猎杀殆尽，呼韩邪单于此时也不再怕郅支单于，大臣们都建议他向北回归故地，过了一段时间，呼韩邪单于终于率众北归匈奴王庭，各地分散的民众也渐渐地前来归附，这一支匈奴便逐渐安定了下来。

可是郅支单于与康居王的蜜月关系并没有持续多久，双方的矛盾便爆发了。郅支单于在取得一系列小胜之后越发不可一世。康居国王却对他敬而远之，郅支单于大怒，竟将康居国王的女儿和康居派到匈奴的官员、贵族、平民共几百人，全部杀害，还砍下四肢和人头，扔到都赖水（中亚塔拉斯河）里，并强迫康居人为他兴建城市。在荒凉的沙漠地带，每日动用 500 人，历时两年才告完工，此地后来被称为单于城，位置在中亚巴尔喀什湖的西南侧。同时郅支单于还派出使节，前往周围的大宛、奄蔡等国索要贡品，这些国家都害怕匈奴，所以没人敢拒绝。

而汉朝在派谷吉送郅支单于的儿子回匈奴以后，曾先后三次派使节到单于城，询问谷吉的生死，可郅支单于一方面对汉朝的使节百般羞辱，对皇帝诏书嗤之以鼻，而另一方面，还总是通过西域都护上书皇帝，声称环境困苦，愿归降，听候差遣，并还说要将儿子派到长安做人质。郅支单于的态度十分傲慢，对汉朝也是挑衅加戏弄，于是终于有人看不下去了。

一、犯汉必诛

此时的西域都护是骑都尉北地人甘延寿，他的副手是山阳郡人陈汤。陈汤为人非常沉稳，深谋远虑，而且颇有野心，渴望建立不世之功。目睹郅支单于长期的首鼠两端之后，陈汤对都护甘延寿说："西域民族害怕匈奴是天性。各国一直受到匈奴的辖制，如今这个郅支单于名声很大，不光骚扰乌孙和大宛，还向康居王卖乖，无非就是为了吞并此二国。一旦乌孙和大宛被匈奴征服，不出几年，整个西域又会笼罩在匈奴的阴影下。这郅支单于勇猛好斗，很善于打仗，时间长了，必定是西域的祸患。虽然现在他离我们比较远，但好在匈奴没有坚固的城防和精良的弓箭武器，无法固守，我们如果征调屯田的士兵，以及乌孙的大军，直奔郅支的单于城下，那时他战无可守，退无可逃。斩杀单于，诛灭敌酋这样的千秋功业，你我旦夕之间便可完成！"

甘延寿觉得陈汤说得非常好，但他毕竟是主官，于是就准备履行公文，请求朝廷允许发兵。陈汤又对甘延寿说："此事如果呈报上去，陛下必会召集庭议，朝中的官员尽是些庸碌之辈，目光短浅，怎么可能理解你我的宏图大业？"甘延寿一听陈汤打算擅自调兵，心里便开始打鼓，这样做性质就变了，成功了还好，如若失败，朝廷定会数罪并罚，到时候吃不了兜着走。不知是犹豫还是担忧，甘延寿忽然生病卧床。陈汤见有机会便直接伪造圣旨，征调西域各国兵马，以及那些在车师国屯田的汉军，准备大干一场。甘延寿得到消息后大惊，不顾病体下床阻拦，这时陈汤厉声喝道："大军已发，你小子这是要与大军为敌吗？"说着，手握剑柄。甘延寿看箭已在弦上，也就只好服从。不过这段记载很值得玩味，如果说一切都是二人的默契，也还是说得通的。

既然决定发兵，有些事还是需要补救一下。于是二人联名草拟了一份上书，内容主要是弹劾自己擅自调兵之罪，就在大军开拔出发的这天，二人将这封请罪的奏书发出，之后率军西进。此次二人共集结了4万多军队，分成6路，西域沿途补给困难，大军一起走，给养的压力太大。这6路大军，三路从南道（新疆塔里木盆地南边缘）越过葱岭（帕米尔高原），穿过大宛国，直奔单于城；另外三路由都护甘延寿亲自率领，从温宿国（新疆维吾尔自治区乌什县）出发，经北道（新疆塔里木盆地北边缘）途经赤谷城，穿过乌孙国，再进入康居国的边界，到达阗池（中亚伊赛克湖）西岸，从后面的记载来看，甘延寿和陈汤都在北路的3支大军之中。

这时，康居王国的副王抱阗率数千骑兵正在袭击赤谷城以东的地区，掠走和屠杀了乌孙大昆弥的部众1000多人，抢走大量的牲畜，然后这支军队开始尾随在汉军身后，还夺走了汉军的不少物资。陈汤率军回击，杀敌460人，还夺回了被掳掠的470多名乌孙人，交还给了乌孙大昆弥，至于夺回的牲畜则直接给军队改善了伙食。同时，还抓捕了若干贵族，此役可谓大获全胜。

军队越过康居国的东部边界后，陈汤命令军队不得扰民，并暗中召见康居王国的贵族屠墨，向他展示汉军的军威与决心，与他饮酒结盟之后，送他回去，这显然是心理战。之后，汉军径直朝单于城挺进，在离单于城约60里的地方安营扎寨。这时汉军又俘获康居国的贵族，名为具色子男开牟，让他做向导。具色子男开牟是屠墨的舅父，他们都对郅支单于的残暴深恶痛绝，于是汉朝军队就此知道了郅支单于的内部情况。第二天，汉军继续前行，在距离单于城30里处安营，30里无疑是危险距离，只要突击，一天便可以赶到。

郅支单于派使节前来询问汉军为何到来。汉军将士回答："你们郅支单于曾上书天子，说自己的居住环境不好，愿意归顺汉朝，并亲自到长安朝见，天子心疼郅支单于，放弃故国，委屈地住在康居，所以派都护将军前来迎接单于和妻子儿女。担心惊动单于左右，所以没敢直接到城下。"双方使者来往数次之后，甘延寿、陈汤开始找郅支单于的茬说："我们为了单于远道而来，然而直至今日，郅支单于还没派出一位有名的王爵或者宗族显贵前来，与都护将军当面商谈，为什么单于这样疏忽国家的大事，有失待客之道！士兵远道而来，人马困乏至极，粮草几乎用完，恐怕不等回程就要断绝，请郅支单于和大臣们慎重考虑你们的计策！"这很明显是怕匈奴人逃走的一个陷阱，主要为了稳住郅支单于。

第二天，汉军前进到单于城附近的都赖水，在距单于城三里处安营。望见单于城上竖立着五彩旗帜，数百名匈奴兵身披铠甲在城楼上戒备。不久，城中冲出百余名骑兵来回奔驰，另有百余名步兵在城门两侧结成"鱼鳞阵"，进行战斗演习，城上守军斗志昂扬，向汉军挑战，说："有种过来啊！"而百余名匈奴骑兵直冲汉军大营。汉军阵营戒备森严，强弓拉满，箭头外指，匈奴骑兵不敢进攻，随即撤退。汉军的弓箭手直接出营，射击城门外操练的匈奴骑兵和步兵，所有匈奴军队立即退回城内，城门紧闭。

匈奴的这一系列操作恐怕是在测试汉军的虚实，而此时的汉军没有打持久战的意思。甘延寿和陈汤直接下达了总攻的命令："听到鼓声，直扑城下，四面包围，各部记住所分配的位置，开凿洞穴，堵塞箭孔。盾牌在前，保护强弓部队，强弓部队负责射杀城楼守军。"

攻击开始，城楼上的匈奴守军见箭如雨下，不能立足，很快溃散，单于城的土城外还有两层木制城墙，匈奴兵从木城中向外射箭，杀伤很多汉军。于是汉军从木城外纵火烧城，整个单于城火光冲天。到了夜间，数百名匈奴骑兵想要冲出包围,被汉军迎头痛击,全部歼灭。

其实之前郅支单于听说汉军来了,打算逃走,已经离开单于城,准备投靠康居,可又怕之前杀人家女儿的事被算账,到时候康居充当汉朝内应,就麻烦了。后来进一步了解,听说此次乌孙等西域诸国都派了军队,根本就无处逃跑,所以郅支单于又回到城内,他觉得汉军远道而来,不可能持久。

事实是汉军确实没有围城,而是直接发动了总攻。攻城激烈之时,郅支单于身披铠甲,亲自登上城楼指挥作战。他的阏氏和夫人共数十个也都拉开弓箭,向城外的汉军射击。一会儿,城外汉军的箭射中了郅支单于的鼻子,其夫人也多有死亡,郅支单于浑身是血,退下城楼。

午夜刚过,木城彻底被攻破,城中的匈奴兵退入土城,再登城墙呼喊。此时康居国的1万多骑兵前来救援郅支单于,万余人分成十队,每队千余人,对汉军实行反包围,夜里多次冲击汉军兵营,但都没有成功,之后稍稍向后撤退。

拂晓时分,汉军对单于城发动攻击,四面纵火,杀声震天,战鼓声惊天动地,康居援军再向后撤,汉军举着盾牌冲入城中。郅支单于无法支撑,率领百余名战士退入王宫。汉军纵火焚烧,官兵争先冲入,郅支单于身受重伤而死,军候假丞杜勋砍下郅支单于的人头。汉军在王宫中搜出汉使符节两副和谷吉等人带来的书信。所有俘获的财物,都归个人所有。接下来便是一场大屠杀,汉军一共斩杀阏氏、太子、名王以下1518人,生擒145人,投降的1000多人,生擒或投降的匈奴人及财产,都分给了西域各国派军参战的十五国国王。

汉元帝建昭四年(前35)春正月,郅支单于的人头被送往长安。甘延寿、陈汤上书,这段上书内容可谓荡气回肠,也是汉朝控制西域,击败匈奴的宣言。上书中说:

臣闻天下之大义当混为一，昔有唐、虞，今有强汉。匈奴呼韩邪单于已称北藩，唯郅支单于叛逆，未伏其辜。大夏之西，以为强汉不能臣也。郅支单于惨毒行于民，大恶通于天。臣延寿、臣汤，将义兵，行天诛，赖陛下神灵，阴阳并应，天气精明，陷陈克敌，斩郅支首及名王以下。宜县头槀街蛮夷邸间，以示万里，明犯强汉者，虽远必诛。

槀街是长安一条街道的名称，当时各国的馆驿都聚集于此，在这里悬挂单于头颅，很明显带有杀鸡儆猴的作用。丞相匡衡等人认为："现正是春季掩埋尸体之时，不应悬挂郅支单于的头颅示众。"最终元帝还是下诏悬挂十天，之后将其掩埋。并举行仪式，祭告宗庙，大赦天下。朝廷百官纷纷向元帝上表祝贺，元帝也举行宴会庆祝。

不过此时的朝廷已经不是宣帝时期的朝廷了。此时权倾朝野的宦官石显和甘延寿有点过节。当年石显想把自己的姐姐嫁给甘延寿，但被甘延寿拒绝。此次行动中，丞相匡衡以及朝中御史们都对二人假传圣旨的做法非常不满。而陈汤本人又比较贪财，带回了许多掳掠来的财宝。所以主管三辅地区的司隶校尉发公文逮捕陈汤的下属。于是陈汤上疏说："臣与部下共同攻打郅支单于，有幸将其诛杀，从万里之外凯旋，自以为朝廷会派遣官员在路上劳军。而今不但没有人劳军，司隶校尉反而大批逮捕将士，询问口供，这是替匈奴单于报仇啊！"元帝见到上奏，立即下令释放所有被捕之人，并命令沿途地方都要盛情劳军。

甘延寿和陈汤回到京师后，到了论功行赏的时候了。石显和匡衡都认为："甘延寿、陈汤擅自发兵，假传圣旨，侥幸不被诛杀，如果再加官晋爵，封给土地，那么以后派出的使节将会争先恐后为贪图功劳而冒险行动，在蛮夷中制造事端，为国家招来灾难。"汉元帝内心赞许甘延寿、陈汤的功劳，但又没法否定匡衡、石显的意见，因此，封赏的事情很久都定不下来。

后来还是皇族宗正刘向上书给汉元帝，将二人的功绩与之前的贰师将军李广利相比，认为二人功高盖世，应该受赏。元帝这才下诏，命官员不准再讨论二人的过失，只讨论应如何封爵。但匡衡、石显等人仍然加以阻挠。最后，元帝封甘延寿为义成侯，陈汤封关内侯，食邑各三百户，加赐黄金百斤。同时，拜甘延寿为长水校尉，陈汤为射声校尉。

郅支单于的死不光在西域引起了巨大的震动，建昭五年（前34），远在漠北的呼韩邪单于听说郅支单于被杀，真是既高兴又恐惧，于是便上书，请求进京朝见。

竟宁元年（前33）春正月，呼韩邪单于第三次前来朝见皇帝。这次呼韩邪单于还提出了和亲的请求。于是元帝将后宫良家子王昭君赐给呼韩邪单于。单于非常高兴，上书说自己愿永远做汉朝的警卫，保护东自上谷郡，西到敦煌郡之间的边塞，万世相传。请求皇帝撤销边防，命战士复员，使天子的子民得以休息。

元帝把呼韩邪单于的上书交给官员们讨论，参加议论的大臣都认为对汉朝有利。其中一位熟悉边关事务的郎中侯应认为绝不可以，并列举了十大理由：一是防备匈奴卷土重来；二是安不忘危；三是捍卫汉家法度；四是防止移民偷跑；五是防止边境纠纷；六是禁止汉匈走动；七是防止奴仆逃走；八是防止强盗逃亡；九是百年边塞，撤除不易恢复；十是不想领匈奴戍边的人情。所以，边疆要塞绝不能撤除。

这番理由显然深深地说服了汉元帝，连他这样优柔寡断的人都下令不再讨论此事，并派车骑将军许嘉向呼韩邪单于解释，说："单于上书，请求撤除北部边塞屯田戍守的官兵，愿子孙世代保卫边塞。单于向往仰慕汉朝的礼仪，所以为民众想得深远，这的确是一个长久之策，朕非常赞许。可是中国四面八方都设有关塞，不只是为了防备匈奴，也为了防备中国的奸邪之徒，肆无忌惮地到塞外寇略，造成危害，所以设置边塞修明法度，用来统一民众的思想，消灭人们的邪念。朕对单于心怀敬意，决不怀疑。因担心单于对未撤除边塞而产生误解，所以派许嘉向单于解释。"呼韩邪单于此举想必也就是试探一下，人家说不用，自己也不好再说什么，于是就道歉说："藩臣愚昧，不知道天子这些重大的谋划，幸亏天子派大臣来告诉我，对我真是诚心诚意。"

回到匈奴之后，呼韩邪单于封王昭君为宁胡阏氏，她为呼韩邪单于生下一个孩子，名叫伊屠智牙师，被封为右日逐王。后来呼韩邪单于去世，复株累若鞮单于即位，再娶王昭君，又生下两个女儿。自此以后，汉朝和匈奴维持了几十年的和平局面，著名史学家翦伯赞先生曾写诗评价说：

　　　汉武雄图载史篇，长城万里遍烽烟。
　　　何如一曲琵琶好，鸣镝无声五十年。

二、儒臣之死

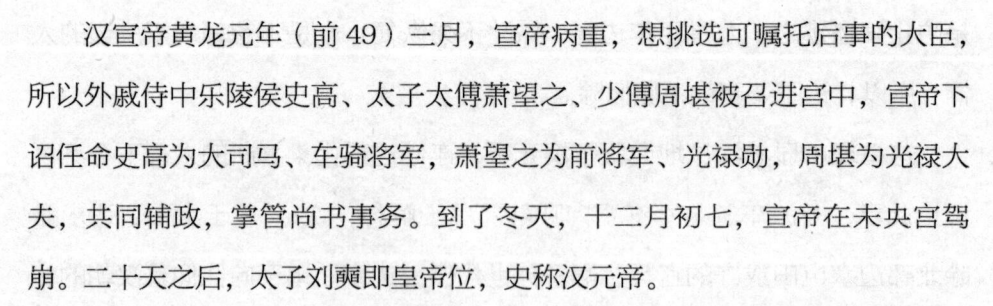

汉宣帝黄龙元年（前49）三月，宣帝病重，想挑选可嘱托后事的大臣，所以外戚侍中乐陵侯史高、太子太傅萧望之、少傅周堪被召进宫中，宣帝下诏任命史高为大司马、车骑将军，萧望之为前将军、光禄勋，周堪为光禄大夫，共同辅政，掌管尚书事务。到了冬天，十二月初七，宣帝在未央宫驾崩。二十天之后，太子刘奭即皇帝位，史称汉元帝。

班固在《汉书》中评价刘奭是一位"柔仁好儒，宽弘温雅"的皇帝，也就是说汉元帝刘奭首先是一个很好的人，但很明显，他有帝王不该有的两个缺点——糊涂且优柔寡断。这个糊涂并不完全指他昏聩，而是元帝经常表现

第十一章 儒宦之争

出对于人情世故和朝堂政务的无知，大臣一发生争论，他往往就觉得公说公有理，婆说婆有理，总是难以决断，很多事情最后都拖到了不可收拾的地步。

元帝即位后，照例尊昭帝的皇后上官太后为太皇太后，宣帝的王皇后为皇太后，转过年，又册封自己长子刘骜的生母王政君为皇后，王政君的父亲王禁也获封阳平侯，这个最终灭亡西汉的王氏家族，此刻还没有进入权力的核心，此时朝堂上的主要外戚还是宣帝时的史家和许家，元帝封许广汉的侄儿许嘉为中常侍——这个官职在历史上还是第一次出现，指的是可以进入皇帝寝宫的最亲近的官员，后来专门由宦官担任。

不过此时在朝中最为得意的是辅政的儒臣集团，前将军萧望之在宣帝朝就已经名满天下，当元帝做太子时，萧望之和光禄大夫周堪还分别担任过太子的老师，与皇帝关系很亲近，元帝对二人也十分信任。每次退朝之后，常常召见二人，谈论历代治理的历史及相关的国家大事。

之后，萧望之又推举出自宗室又精通儒家经典的散骑常侍、谏大夫刘向为给事中，与侍中金敞一起辅佐在皇上身边，这位刘向此时还叫刘更生，后来在成帝时改名为"向"，但因其以"刘向"闻名，故本书以下统一称刘向。此时，四位儒臣同心协力，出谋划策，劝导皇上实行古代圣王的制度，打算从多方纠正朝政的失误，元帝接纳了他们的意见。而史高虽然官居辅政之首，掌尚书事，却只是充数罢了，由此，外戚集团与儒臣们产生了嫌隙。

这时的朝中还有一股势力——宦官。中书令弘恭、仆射石显在宣帝朝就长期掌管中枢机要，对法令非常熟悉。元帝即位后身体多病，所以石显长期掌管要事，因其是宦官，没有外戚亲党，精明专一，可以信任，于是元帝对其委以重任，朝廷中无论大小事，都经石显上奏，再由元帝裁决。所以石显一时间权倾朝野。

石显为人非常聪明狡猾，通晓人情事理，深知皇帝内心的想法，同时内心阴毒狠辣，善于诡辩，陷害他人，任何一点小的怨恨，石显都会动用法律予以报复，此时见儒臣势大，石显便与车骑将军史高相互勾结，在议论政事时，常常坚持按老规矩办，不听从萧望之等人的意见。

面对外戚和宦官集团的联手，萧望之等人十分忧虑，便向元帝建议说："中书是发布皇上诏命的地方，是国家中枢，应该由贤明公正的人担任要职。武帝因常在后宫游玩宴饮，因此才改用宦官，这并不是古代流传的制度。所以陛下应该废除中书官职由宦官担任的规定，这样才符合古代君主不接近刑余之人的训诫。"这段话虽然是积极的建议，但言语间对于"刑余之人"的宦官来说，无异于奇耻大辱，因此，双方的矛盾更加突出。此时元帝刚刚即位不久，不想改变先帝时期的安排，所以这件事拖了很久，不能决定，不久更是将刘向从中书调走，改任皇族宗正，从此刘向也就没法再随意进宫了。

此时，关键人物出现了。当时萧望之、周堪为了扩大儒臣集团的影响力，继续向皇帝推荐儒生出任谏官，会稽人郑朋是个投机分子，他见朝中两大势力正在争斗，就想去依附萧望之。于是就上书元帝，揭露车骑将军史高派门客到各郡国牟取私利。同时郑朋又给萧望之写信，将萧望之比作周公，并表示愿意追随效忠他。萧望之接见了郑朋，开始还以礼相待，后来萧望之发现此人是个巧言令色的邪恶之徒，便与他断绝了来往。

郑朋对萧望之由失望转为怨恨。于是便直接原地掉头，去投靠外戚集团，对于自己过去诋毁史高的事，他竟不要脸地推到了周堪和刘向的身上，指责都是他们教我做的，自己是关东人，哪里知道朝堂的事呢？于是侍中许章便奏请皇上召见郑朋。郑朋出来后，扬言说："我见到了皇上，和他说了前将军萧望之的五点小过错，一项大罪过。"还有一个待诏，名字叫华龙，品行卑劣，本打算加入周堪等人的派系中，但周堪不愿与他为伍，于是华龙也与郑朋勾结在一起。

弘恭、石显见二人也没啥底线，就命郑朋、华龙二人告发萧望之等密谋

第十一章 儒宦之争

打算罢黜车骑将军史高，唆使皇上疏远许、史两家亲戚的罪状——这俩宦官把自己撇得多干净，整件事外戚集团就相当于挡箭牌，等到萧望之休假出宫之时，命二人上奏。元帝派弘恭处理此事，弘恭就此事询问萧望之，不知道他是不是用原话问的，总之萧望之回答："外戚身居高位，大多奢侈无度，我希望皇上疏远他们，是为了纠正国家的过失，并无邪恶的想法。"得到这样口供，至少证明了萧望之确实有过这样的企图。于是弘恭、石显便上奏说："萧望之、周堪、刘向等人结成朋党相互吹捧推荐，多次诬陷大臣，离间皇上与至亲骨肉的关系，想要专擅权势。作为臣子，不忠；陷陛下于不义，无道。不忠无道，请陛下派谒者将此案移交廷尉处理。"

此时元帝的糊涂本质暴露出来——作为皇帝，他竟然不知道"移交廷尉"是什么概念。廷尉作为国家主管司法的最高机关，是九卿之一，元帝此时已经做皇帝两年了，居然连"移交廷尉"的意思都不懂，就直接批准执行了，后来有一天，元帝召见周堪、刘向晋见，左右回答说："他们已被捕收押。"

元帝大惊道："不是说只是去廷尉府问话吗？"之后元帝诘问弘恭和石显二人，二人叩头请罪。元帝说："快请他们出来办公。"此时弘恭和石显发现，如果一旦周堪、刘向官复原职，一定不会饶过他俩，于是二人就指使史高说："陛下刚刚即位，还没有传出德布天下的美名，却先将老师下狱，如果天下知晓此事竟是因为程序错误导致，朝廷必然颜面无存，不如借此机会，将他们免职，以示朝廷没有过错。"史高这条不靠谱的建议，居然就说动了元帝，元帝下诏给丞相和御史大夫，说："前将军萧望之，辅佐朕八年之久，没有其他罪过，只因年老，记忆衰退，应免除其前将军、光禄勋的职务，周堪与刘向，皆贬为平民。"

不过过了没几天，元帝便下诏赐萧望之为关内侯，加给事中，每月初一、十五去朝见皇帝。同时，元帝又征召周堪、刘向，准备任命他们为谏大夫。但弘恭、石显从中阻挠，后改任二人为中郎。元帝一直很尊重萧望之，很想重用他，任命其为丞相，但弘恭、石显及许、史家族的子弟、侍中、诸曹都记恨萧望之。

此时，书呆子刘向出手，帮了一把倒忙。他让自己的亲戚上书议论灾变——汉朝自从董仲舒的"天人三策"之后，很重视这些自然灾害，认为这都是上天给统治者的启示，刘向的亲戚在上书中说"前些时地震的发生恐怕是针对弘恭等人的，而不是针对萧望之、周堪、刘向三人的。臣愚昧地以为，应该斥退弘恭、石显，以彰显对压制善良的惩罚，应该重用萧望之等人，以便打开通贤者之路。如果能这样，天下太平的大门被打开，灾异的源泉也就被堵塞了"。奏章呈上之后，弘恭、石显怀疑是刘向所为，要求皇上派人去追究责任，结果这位上书之人供出了刘向，于是元帝将刘向下狱，后来免官为民。

此时儒臣方面再出一位"猪队友"。萧望之的儿子散骑、中郎萧伋为之前"移送廷尉"的事上书鸣冤。此时的尚书被宦官和外戚集团掌握，奏章提交到尚书之后，尚书批复并上奏，说："萧望之等人于正月间被控的罪行，证据明确，并非陷害。他却教唆儿子，向陛下上书，还引用《诗经》上无罪的诗篇，实在有失大臣体统，属于大不敬，建议逮捕审讯。"

弘恭、石显等人了解萧望之的脾气，知道他不可能忍受下狱的屈辱，所以心生毒计，二人向元帝建议说："萧望之在前案中侥幸没被牵连进去，又得到赐爵封邑，却不悔改认罪，反而心怀怨恨，教唆儿子上书，把过失归罪于陛下。他自认为是陛下的老师，无论如何也不会治罪，如不稍加警戒，将其下狱，来阻止他的不满之心，陛下就无法再施厚恩于他了。"

元帝说："萧太傅一向性情刚烈，怎么肯去坐牢呢？"

石显等人回答："人都是惜命的，萧望之所犯的不过是言语间的小罪，下狱关两天不会有问题的。"元帝的糊涂本色再次暴露，这段话很明显前后矛盾，既是小罪，何必要下狱，况且之前的事情是因为什么元帝一清二楚，这哪是心生怨念啊，就算你碍于天子颜面，不能承认错误，但也得想想当初自己是怎么犯下这样的错误的，谁利用了自己。可元帝似乎早就忘了之前的前因后果，直接同意了石显等人"警戒"老师的要求。

于是悲剧发生了。初元二年（前47）冬十二月，石显等人封好皇帝批复同意的诏书，上交谒者，命其交给萧望之，让他亲手拆封。同时命令太常紧急调动执金吾（汉初称中尉，武帝时改名执金吾，掌管北军）的战车、骑兵包围了萧望之的府第，这实际上是在为萧望之"造舆论"，动静越大，知道的人越多，萧望之的心理压力也就越大。

使者到了萧望之的住所，当面交了诏书。萧望之问他的学生朱云该如何处理，朱云是鲁国人，崇尚气节，劝老师自杀。于是萧望之仰天长叹，说："我曾距将相仅一步之遥，现在年过六旬，老来入狱，如果苟且偷生，不是很鄙陋吗！"说罢便呼唤朱云："游，快把药和好，不要延长我的等死时间。"说罢喝下鸩酒之后死去。

元帝接到奏报，大为震惊，拍着桌子说："之前我就怀疑萧望之不会去坐牢，果然逼死了我的师傅！"这时元帝本来应该吃饭，但元帝却不肯吃，大哭不止，左右都为之动容。于是召来石显等人责问，石显等人承认之前的判断有误，磕头认罪，后来过了很长时间，事情才算是告一段落。元帝追思萧望之，每年都派使臣去萧望之的坟前祭扫，直到元帝驾崩为止。

写到这里连宋代名臣司马光都看不下去了，他在《资治通鉴》中评论此事时说："元帝作为国君，竟如此容易被欺骗，却又难以醒悟！弘恭、石显诬陷萧望之，他们的邪说诡计，诚然一时难以辨别。可是他一开始就怀疑萧望之不肯坐牢，弘恭、石显认为他一定不会自杀，不久，萧望之果然自杀了，那么弘恭与石显的欺诈不就很明显了吗？即使对一个中等智慧的国君来说，能不愤怒进而处罚奸邪之徒吗？但元帝则不然，虽然哀痛落泪不肯进食地悼念萧望之，但终究不能诛杀弘恭、石显，只是让他们摘下帽子，叩头谢罪而已。像这样，奸臣又怎能得到严惩呢！这正是使弘恭、石显的邪恶之心得以更加肆无忌惮的原因。"

元帝岂止是没有处罚，就在萧望之自杀的同年，弘恭病逝，石显被提拔为中书令。这其实也证明了元帝离不开他。初元三年（前46），汉元帝又擢升周堪为光禄勋，并任命周堪的弟子张猛为光禄大夫、给事中，对二人很是信任。而石显还是一如既往，多次诋毁他们。这时已经被贬为平民的刘向看在眼里，急在心上，恐怕周堪等人再受陷害，于是再次上书，指出元帝即位以来，天灾不断，都是因为小人掌权，国家要想长治久安，就必须将一干小人绳之以法。

永光三年（前43），刘向这人可能是觉得自己问心无愧，无可避讳，因为按道理他不应该不知道他的奏章肯定是先由中书审阅，再上呈天子，当然很有可能被人扣下，因为此时的中书令正是石显，他看到这封奏章恨得牙根都痒痒，更加卖力地结交外戚集团，来壮大自己的声势。

另外不知是不是受了这份奏章的启发，在当年夏天，天气却异常凉爽，太阳发出青色的光，十分黯淡。石显和许、史两大外戚家族坚持认为，这都是由于周堪和张猛当权所引起的天象变化。元帝心里虽然很尊重周堪，但面对朝堂上猛烈的抨击，却又讲不出道理，于是他想到了杨兴，这个人是长安令，为人干练，很有能力，最关键的是他常常称赞周堪。

元帝召见杨兴之后，问："为何朝中总是有人反对周堪任光禄勋？"这个杨兴其实也和郑鹏、华龙之徒一样，是一个无耻的投机分子，他听元帝的话锋，感觉元帝已经不再信任周堪，于是杨兴果断站队，不但不维护周堪，反而对元帝说："周堪不但不适合在朝廷中做事，即使在地方上，也很难做好。臣以前看到众人说周堪与刘向等人合谋，离间陛下的骨肉亲情，认为当杀，所以臣以前上书说周堪不可诛杀，是为国家培养恩德。"

元帝一听，没了主意，又问："那么用什么罪杀他？又该怎么办呢？"

杨兴回答："以微臣愚见，应封周堪为关内侯，食邑300户，而不让他掌权，这样的话，陛下仍可以维持对老师的恩情，应为上策。"元帝从此也开始猜忌周堪和张猛二人。

之后又有一位叫诸葛丰的人上书告周堪和张猛。这件事的起因是诸葛丰在春夏之际逮捕犯人——古代认为，春夏两季是万物生长之时，不应抓捕犯人，因此诸葛丰被控违背天时，再加上他之前多次冒犯皇亲国戚，很多大臣都弹劾过他，所以诸葛丰被降作城门校尉。此次他告周堪和张猛，无疑是报复行为，元帝还专门下诏斥责其不思悔过，反而心生怨恨，将其贬为平民。

可此时元帝糊涂本性再次发作，在处理完诸葛丰之后，又下诏说："诸葛丰状告周堪、张猛没有忠贞守信的品德，朕心怀怜悯，不愿追究，但又痛心二人的才干没有全部用来报效国家，因此将周堪贬为河东太守，将张猛贬为槐里县令。"这两条圣旨前后矛盾，让人一头雾水，元帝既然都说诸葛丰的指控是报复之举，就应该不予理会才对，这样各打五十大板，双方都受到惩罚，实在是是非不分的昏庸做法。

永光四年（前40）夏六月三十日，发生日食。元帝想起三年前石显等人说天象是因为周堪、张猛当权所致，而此时周堪、张猛等人全都外放做官，还是发生了日食。于是召集石显等众人诘问，众人纷纷叩头谢罪。之后，元帝下诏称颂周堪的美德，征召他回京师长安，担任光禄大夫，并主管尚书事。又任命张猛为太中大夫、给事中，准备重新起用二人。

可此时的朝廷早已今非昔比，屡遭打击的儒臣集团已经无力再改变局面。中书令石显仍然兼管尚书，尚书五人都是他的党羽，周堪回朝之后，连皇帝都很难见到，有事常常要经过石显转奏，朝中一应事务的决定权都被石显控制。又正巧此时周堪得了失音病，说不出话，旋即去世。剩下张猛，又被石显找罪名诬陷，逼迫他在公车官署中自杀身亡。

这一阶段的斗争，以"儒臣集团"的全面失败而告终，汉朝迎来了第一个宦官当权的时代。

三、阉宦沉浮

中书令这个官职，最早的职责是整理皇家的图书档案，因为有机会接触皇帝，逐渐变得重要起来，有记载的第一位担任这个官职的人是司马迁。而尚书的职务则是帮助皇帝处理一些文字工作，职务很低。一切的改变都发生在汉武帝时期，为了平衡丞相的权力，武帝设置了内朝，因此尚书这一职务也变得逐渐重要起来，也是在武帝时，尚书的管辖权被交给了中书令，并设置了副长官仆射，这些官职虽说偶尔由士人担任，但大多数负责这一系列事务的都是宦官。宦官这一称呼，严格意义上说也有两种类型，一种是阉人，另一种则是受腐刑或入宦籍的士人，秦末的赵高虽然是宦官，但他或许就不是阉人，只是宦籍。

到了宣帝时期，霍光死后，为了架空霍家的权力，宣帝创造了"封事"制度，所谓"封事"，就是不经过尚书，直接向皇帝上书奏事，这样就可以避免奏疏被尚书扣下。后来霍氏覆灭，宣帝便任用宦官担任中书令和仆射的职务。石显和他的老上级弘恭都是这一时期上位的，弘恭熟知法令和典章制度，善于请安进言，石显则非常聪明，后来弘恭去世，石显接任中书令，并将5位尚书全部换成自己人，这些宦官互称"党友"，沆瀣一气，打压异己，欺下瞒上，制造了很多冤狱。

之前在元帝面前诋毁周堪的那位杨兴，有个好朋友叫贾捐之。贾捐之之前多次公开抨击石显，因此得不到官做，也很少有晋见皇帝的机会。杨兴刚刚得到信任，贾捐之便对他说："京兆尹的位置现在出缺，假如我能见到皇上，就推荐老兄您，您马上就可得到京兆尹的官位。"

杨兴听罢，马上说："您若下笔，言语妙绝天下，假若您成为上书令，将远远超过五鹿充宗（现任尚书令）。"

贾捐之附和道："我如果能取代五鹿充宗，您再当上京兆尹，首都之地，位居各郡跟封国之首，而宫廷机要，掌握天下官吏的根本。这样一来，天下一定太平，上下也不会再有隔阂。"说着说着，贾捐之又开始大骂石显。

杨兴劝道："石显权势，如日中天，皇上对他正信任，我们如果想往上爬，必须听我的，要站在石显一边，只要能让他称心如意，你我之事就可成功。"

二人白日梦做完，开始付诸行动，首先是巴结石显：二人联名上书，赞扬石显的美德，建议元帝封其为关内侯，又推荐石显的弟弟入宫充任诸曹。除此之外，二人又共同写好推荐杨兴的奏疏，想试着让杨兴去争取京兆尹的职位。

石显在任多年，为人聪明，耳目众多，很快洞悉二人的计谋，略施小技，便让元帝下旨，将二人逮捕下狱，并指派石显去审理此事。石显上奏为二人定案："杨兴、贾捐之心怀奸诈，互相推荐吹捧，想谋取高位。欺骗皇上，大逆不道。"最后贾捐之被斩首示众，而杨兴则被剃光头发，罚去做苦役。二人"曲线救国"的主张也就此破产。

虽然此时的儒臣集团已经几乎无法撼动石显的地位，可还是有人站出来反对石显。有个东郡人名叫京房，曾经跟随大儒焦延寿学习《易经》。焦延寿曾说："得到我的学问而失去性命的人，就是京房了。"焦延寿之所以这么说，有个重要的原因，就是京房最擅长的是用《易经》的卦象来解释天灾人祸，自从汉武帝独尊儒术以来，儒学受到"天人感应"学说的影响，往往带有一种神秘主义的色彩，京房被举为孝廉之后，担任郎官，多次上书谈论天象灾异，总是预测灵验，元帝多次召见他，向他请教各种灾难如何消除的问题。

京房说:"古代帝王凭功劳选拔贤能,所以万物顺利生成,祥瑞应运而生;衰亡之世以毁坏或赞誉取舍人才,所以功业尽废,而导致灾异的发生。现在应该对文武百官的才能进行考核,这样灾异便可止息。"元帝听了很赞同,便让京房着手落实这件事。京房后来弄出了一个《考功课吏法》,虽然当时很多人都认为京房的措施太烦琐,不宜实施,但最终元帝认为可以,京房这也算站稳了脚跟。

后来,随着儒生集团一个接一个地败下阵来,石显的权势也日益膨胀。石显自己做中书令,他的好友五鹿充宗做尚书令,二人狼狈为奸,共同执掌中书。有一次,在元帝举行的宴会上,京房向石显发难,他问了元帝一个问题:"周幽王、周厉王时,国家为何出现危机?他们所任用的都是什么人?"

元帝说:"为君不明,所任用的都是奸佞小人。"

京房又问:"您认为周天子是明知其奸佞、阿谀奉承,还依然重用他们,还是认为这些人有能力才重用他们?"

元帝又答:"是君主认为他们有能力。"

京房再问:"可后人又为何知道他们没有能力呢?"

元帝再答:"后人自然是看到当时国家混乱,天子危急而知道的。"

京房开始发难:"如果是这样,任用贤才,国家必然能治理得好,任用奸佞,则国家必然混乱,这是事物发展的必然规律。周幽王和周厉王为何不觉悟,而改用有才能的人?为什么一直任用奸佞,导致国家危亡呢?"

元帝说:"面临乱世的国君,认为所任用的都是贤能之人,如果能发现到自己的错误,天下怎么还会有亡国之君呢?"

京房说:"齐桓公、秦二世,也曾因周幽王和周厉王的昏庸而嘲笑他们。然而此二君也任用竖刁、赵高这样的佞臣,使得国家政治日益混乱,盗贼满山遍野,为什么不以周幽王、周厉王的事例作为教训,而觉醒过来呢?"

元帝此时还能回答京房,已是奇迹,不过想必元帝已经非常不快,说:"只有圣明的皇帝才能以往事为借鉴而预知未来。"

京房等的就是这句话,于是先脱下官帽请罪,再次磕头说:"《春秋》书中记载了242年间天灾变异,以警示后世君王。如今陛下即位以来,出现日食月食,星辰逆转,山崩泉涌,大地震动,陨石坠落,夏季下霜,冬季响雷,春季百花凋谢,秋季草木反盛,霜雪降而不杀害虫,水灾、旱灾、虫灾,百姓饥饿,瘟疫流行,盗贼猖獗,囚犯挤满监狱,《春秋》上所记载的各种灾异,能发生的都发生了。陛下看今天是治世,还是乱世?"

话说到这里,已然进入死局,元帝只好说:"自然已乱到极点,这还用说吗?"

京房还在说:"现在陛下任用的是些什么人呢?"

元帝替他拉回一点,说:"有幸而超过前代,而且朕认为,责任不在这些人身上。"

京房说:"前世的国君,也都是这种想法。我恐怕后世看今天,也犹如今天看古人。"元帝沉思了好一会儿,才问:"现在造成混乱的是谁啊?"

京房说:"明主自己应该知道。"

元帝反将一军,说:"朕不知道,如果知道,怎么还用他呢?"

京房此时已陷入被动,只好硬着头皮说:"皇上最信任,与他共同运筹帷幄,掌握天下用人大权的人就是他。"京房所指的当然就是石显,元帝也知道他说的是谁,便对京房说:"朕知道你的意思了。"京房退出,不过这番进言还是没有取得什么效果。京房这番话,可谓咄咄逼人,想必他自己也构思好久,他希望让元帝自己得出"石显就是奸佞之人"这个结论,可前提居然是将元帝比作周幽王和周厉王,而看元帝的反应,大概率元帝也被京房绕得够呛,还弄得很不愉快,这样的劝谏当然无法成功。

可是这样一来,京房可以说是对石显和五鹿充宗宣战了。不久元帝命京房推荐他的学生继续施行考功课吏法，而想让京房亲自下基层实践这一理论。石显和五鹿充宗发觉将京房赶出京城的机会来了，便添油加醋一番，元帝很快将京房任命为魏郡太守，让他用"考功课吏法"去治理本郡。

此时的京房开始害怕了，他自知得罪了石显一伙，害怕远离皇帝之后，更加受到打压，便上书请求元帝让自己在年终时能回京述职，元帝开始同意了。武帝时期设立了刺史制度，每个郡有郡守，也有刺史，刺史负责监察，向皇帝负责，而每年年终进京，是刺史的特权，此时的京房是郡守，本来并没有这个权力。可还没等京房出发，元帝便命阳平侯王凤通知京房，不准其年底回京。这下京房心里更没底了，出京的路上一再给元帝上书，但都没有回音。

可石显已经抓住了京房的把柄，淮阳王刘钦的舅舅张博品行恶劣，拿着刘钦的钱到京城活动，目的就是想让刘钦被征召入朝。张博过去曾经跟京房学习《易经》，后来还将女儿嫁给了京房。京房每次朝见天子，回府后都将与皇帝的对话告诉张博，二人还一起为刘钦想办法，让其进京。朝臣结交诸侯王，在哪朝都是重罪，石显知道此事后直接上奏元帝，京房、张博被斩首示众，妻儿都被流放边塞，连御史大夫郑弘，只是因为跟京房有些交情，也被从"三公"贬为庶人。

京房所用的这一套办法，是典型的儒家招数，所谓天降灾异，必是国中有变，天子失德。可是这些东西对统治者来说，实在是缺乏说服力，对付一些无足轻重的人或许有效，但如果想靠这样的办法扳倒像石显这种皇帝身边的亲信，显然是不现实的。而石显告京房的，则是实打实的罪责，这样的罪责无论哪朝，都是难以原谅的。这个道理从萧望之开始，一直到京房，都没有变过，御史中丞陈咸多次抨击石显，结果有人告槐里令朱云，陈咸在场，就把这件事告诉了好友朱云，结果石显指控陈咸泄露中书机密，陈咸和朱云一起被下狱，剃光头发，罚做苦工。就这样，石显的淫威和权势与日俱增，朝廷公卿百官都怕他，走路都不敢迈错脚。石显与中书仆射牢梁、少府五鹿充宗结为死党，凡依附他们的人都被重用。因此当时民间流传歌谣：

牢邪、石邪！五鹿客邪！印何累累，绶若若邪！

而石显自己专擅大权，也担心元帝听信身边人的言论而疏远自己，便时常向元帝剖白自己的心意，换取信任，以此来试探元帝对自己的态度，并且时常会耍一些手段来欺骗元帝。

一次石显出宫办事，他便先向元帝请求，如果自己回宫太晚，宫门关闭，就以元帝的诏命让相关人员开门，元帝也答应了。之后，石显故意到午夜才回宫，宣称奉圣上旨意，叫开宫门。事后果然有人上书状告石显"专擅皇命，假传诏命，叫开宫门"。元帝接到奏章，笑着把奏书拿给石显看，石显赶紧趁机装可怜，哭着说："陛下误而宠爱我这个小臣，朝中的事委任我去办理，上下群臣没有不嫉妒的，想陷害臣，类似这样的事不止一次，只有圣明君主才知道他们的阴谋。我出身微贱，实在不能让众人称心如意，只能承担天下的怨恨。我愿辞去中枢机要职务，只希望做个清扫后宫的差役，死而无憾，只求陛下哀怜裁决，以此保全小臣的性命。"

元帝见状，信以为真，更加可怜他，不断安慰勉励石显，又给予丰厚的赏赐，这些赏赐加上百官的贿赂，总计达一亿钱。当初，石显逼死前将军萧望之，坊间总有些流言蜚语，石显害怕天下的文人儒生毁谤自己，所以也主动结交一些士人，谏大夫贡禹学问精深，深明大义，石显多次派人向贡禹致意，与其深交，并向汉元帝推荐，将他提拔到九卿的高位，以礼相待，事事周全，所以舆论也有称赞石显的，认为他不会去加害萧望之。这就是石显的聪明之处：知道自己要什么，也懂得如何通过一些诈术，为自己解脱，达到目的。而元帝本来就糊涂，再加上对石显信任有加，所以从始至终，也都没有察觉石显的此类手段。

就像历史上绝大多数依靠蒙蔽皇帝掌权的佞幸一样，汉元帝一死，石显的风光日子也就到头了。竟宁元年（前33）五月二十四日，42岁的汉元帝在未央宫驾崩。一个月后，太子刘骜即位，史称汉成帝，而成帝即位后不到一年，石显便被调离了中书令的位置，改任长信中太仆。

石显离开中枢要职，有如池鱼出水，瞬间失势，朝堂上演了"痛打落水狗"的戏码。丞相匡衡、御史大夫张谭联名上奏，逐条列举石显过去的罪行，并提出弹劾。于是石显和他的党羽牢梁、陈顺均被罢官，之后，石显和妻子儿女又被遣送回故乡。石显忧郁成疾，不思饮食，死于途中。所有与石显结交任官的人，都被罢免。少府五鹿充宗降职调任为玄菟郡太守，御史中丞伊嘉被贬为雁门郡都尉，都去了边境苦寒之地。

石显集团覆灭之后，司隶校尉王尊上书弹劾丞相匡衡、御史大夫张谭，指责他二人明知石显擅权，却没有立刻报告皇帝，反而百般谄媚、曲意逢迎。此刻不但不反省自己，反而诋毁先帝任用奸邪之徒，气节有亏。

这位丞相匡衡是成语"凿壁偷光"的主角，很有学问，此时也自感惭愧，便脱帽请罪，交还自己乐安侯的印绶。汉成帝刘骜此时刚刚即位，不愿立即更换朝廷重臣，便下令将王尊贬作高陵令。但朝臣大多支持王尊，匡衡内心不安，以后凡是遇到天灾水旱之类的事情，就请求退休，成帝也多次安抚挽留，但最终，匡衡因为儿子醉酒杀人，加上别人告他侵占国家土地，还是被免官罢相，后来在家中去世。

汉成帝即位，西汉的政权也进入了倒计时，石显的覆灭，可以算是成帝为数不多的善政之一。

第十二章

帝国斜阳

汉宣帝甘露三年（前51），皇太子刘奭最宠爱的司马良娣去世，刘奭悲伤过度，卧床不起，宣帝心疼儿子，便命王皇后选择良家出身，年轻貌美的女子，就这样，元城人王政君被选中，送到太子宫中，太子刘奭接见了她，据说王政君貌美，当时就被太子临幸。不到一年，王政君便生下一个儿子，成为嫡皇孙，宣帝对这孩子十分疼爱，取名刘骜，小名大孙，经常带在左右，这也就是后来的汉成帝。

成帝即位之后，尊王政君为皇太后，并任命自己的舅舅阳平侯王凤为大司马、大将军，录尚书事，这个官职从霍光时代开始出现，只要谁担任这一职务，就意味着谁成为权倾朝野的人物。此时的朝堂之上，还有皇帝的岳父许嘉，而在建始三年（前30），成帝决定把朝政完全交给舅父王凤，所以将许嘉免职，准许其以"特进"侯爵的身份参加朝会。所谓特进，是指留在长安的侯爵，可以在朝会时，位居三公之下，所有侯爵之上，许嘉袭爵平恩侯，特进是一个荣誉头衔。年底，匡衡罢相，许嘉也在一年后去世，朝政基本上把持在王氏手中。

河平二年（前27），成帝将自己的五位舅父在同一天全部封侯——王谭封平阿侯、王商封成都侯、王立封红阳侯、王根封曲阳侯、王逢时封高平侯，世人称"五侯"。王氏的夺权之路，也从这里开始。

而汉成帝的爱好，似乎不在朝廷事务上。鸿嘉元年（前20），成帝举行宴会，邀请了自己的姑妈敬武公主的儿子张放，他是张安世的孙子。张放性格开朗，人很聪明，很受成帝的喜欢，后来成为成帝的男宠，还让他娶了许皇后的侄女为妻，在婚礼当日，未央宫和长乐宫的使者帮忙操办，冠盖云集，成帝一人就赏赐张放上千万钱。

同时，成帝还任命张放为侍中兼中郎将，负责平乐宫护卫，并允许张放设置幕府，与将军幕府一样。张放与成帝同寝同卧，一同微服出游，北边去过甘泉宫，南边去过长杨宫，二人还在长安闹市，与百姓斗鸡走马，一同胡闹。后来成帝的五位舅舅都看不下去了，一起上奏皇太后王政君。在太后的压力下，成帝才将张放贬出京，后来张放被屡次召回，又因为太后和朝臣的压力屡次被贬，每一次分手，成帝都流泪相送，而张放对成帝也可谓痴情，成帝驾崩后，他也因思念成帝，哀泣而死。

可成帝的荒淫却远不止此，更受他宠幸的，则是一对姐妹——赵飞燕与赵合德。

一、燕啄王孙

汉成帝做太子时，就以喜好女色闻名。等到即位之后，皇太后颁布诏令挑选良家女子充实后宫。武库令杜钦规劝大将军王凤，应按照古代礼仪，天子一聘九女，主要是为了多生儿子，继承祖宗基业，之后虽有空缺，也不要再娶，这样可以让天子延年益寿，也免得后宫争宠。王凤将杜钦的话转告太后王政君，太后认为宫廷没有娶九女的制度，王凤也不能自立法度，只有遵循惯例。但经过这件事以后，王凤更加器重杜钦，王凤掌权时的许多善政，都出自杜钦的建议和策划。

杜钦也经常就成帝宠幸后宫女子太多，上书谏言。建始三年（前30）十二月初一，发生了日食，当天夜里，未央宫大殿又发生地震。成帝便下诏，要天下推举贤良方正、能言直谏之士，杜钦和太常丞谷永上书，都认为是后宫中受宠的女子太多，心怀妒忌，都想专宠，才会发生这样的灾祸。

成帝确实喜好女色，他的第一位皇后姓许，当年宣帝那位"故剑情深"的许皇后被霍家害死，元帝感慨自己也险遭霍家的谋害，因此选了许嘉的女儿做太子刘骜的太子妃。刘骜非常宠爱她，即位后就将其封为皇后，许皇后熟读史书，专宠多年，后宫的嫔妃很难见到成帝。不过自从刚做太子妃时生下一子夭折后，许皇后便再无子嗣。因此太后王政君和王凤等人都很着急，多次借着各种灾异向成帝进言。

河平元年（前28）四月三十日，再次发生日食。成帝下诏令公卿百官指出朝廷的过失，不要有所隐瞒，同时又大赦天下。在石显死后再次被起用的光禄大夫刘向上书指出，此次日食的出现与汉惠帝时月份相同，与昭帝时的日子相同，此二主无嗣，所以这是危害皇帝后嗣的征兆。此时汉成帝24岁，没有子嗣的问题日益突出，所以朝臣都很着急，因此，借日食上书的官员很多，前面提到的杜钦、谷永也都谈到这一问题。成帝于是下诏减少后宫椒房、掖庭的费用，包括衣服、车马、轿舆的制造，以及对许皇后家族及后宫的赏赐，一律恢复成帝做皇帝前的规矩。

虽然许皇后有所辩解，但成帝将刘向等人的上书拿给许皇后看，许皇后知道自己得不到王凤等人的支持，也就作罢。后来时间一久，成帝对许皇后的宠爱渐渐衰减。之后，成帝又宠幸班婕妤，班婕妤熟读诗书，深晓女德。一次成帝在后宫游玩，想与班婕妤同乘一辆车，班婕妤推辞说："妾观看古代的画，贤圣的君王都有名臣在身旁，而三代末世的君王身边才有宠妃。今日陛下想和我同乘一辆车，岂不是有些相似吗！"成帝对她的回答很是赞赏，也就不再勉强。皇太后听说后，非常高兴，说："古代有樊姬，今天有班婕妤！"后来班婕妤还将侍者李平进献给成帝，也受到成帝的宠爱，被封为婕妤，成帝认为李平与武帝的皇后卫子夫同样出身微贱，因此赐李平姓卫，众人皆称她为卫婕妤。

在此之后，成帝宠幸男宠张放，经常微服出行，在路过阳阿公主家时，喜欢上了舞女赵飞燕，并将她召入宫内，百般宠爱。赵飞燕有个妹妹名叫赵合德，也一同被召入宫。赵合德的长相尤其美丽，天生丽质，如同无瑕美玉，连成帝左右的人看到她，都百般称赞。当时，有位汉宣帝时的披香博士叫淖方成，此时正站在成帝的身后，见到赵合德，骂道："此为祸水，一定会灭掉汉朝之火！"刘邦当年斩白蛇起义，被称为赤帝子，因此汉朝为火德，这也是"红颜祸水"一词的来历。

赵飞燕姐妹进宫，都被封为婕妤，并且受到的恩宠冠绝后宫，许皇后和班婕妤等人都失去了宠爱。此时许皇后的姐姐许谒为了让妹妹重新得宠，竟然用巫蛊陷害当时怀孕的王美人，以及大将军王凤等人，事情败露后，赵飞燕趁机添油加醋，又诬陷班婕妤行巫蛊之术，诅咒皇帝及后宫得宠之人。

鸿嘉三年（前18）十一月十六日，许皇后被废，移居昭台宫，皇后的姐姐许谒等人被杀，许氏宗亲都被遣送回原籍。同时，有司审问班婕妤，班婕妤回答说："我听说'死生有命，富贵在天'。我修持正道，都未曾享福，如果行邪道，又怎能有好的结果呢？假若鬼神有知，也不会接受叛臣的诽谤；假若鬼神无知，向他们诉说又有什么用呢？所以我不会做这种事的。"成帝觉得她的回答很好，就将班婕妤赦免，并赐给黄金百斤。赵氏姐妹更加骄纵嫉妒，班婕妤担心时间久了难逃陷害，便请求到长信宫去侍奉皇太后，汉成帝便同意了。

永始元年（前16）春正月，成帝准备立赵飞燕为皇后，太后王政君嫌其出身过于低微，所以不同意。当时太后姐姐的儿子淳于长担任侍中，常常往来于长信宫，与皇太后进行联系，经过一年多，太后才答应了这件事。

四月十五日，汉成帝先封赵飞燕的父亲赵临为成阳侯，谏大夫刘辅上书指出赵飞燕出身卑微，又无子嗣，不应受封为皇后。奏疏呈上，成帝便直接派侍御史收捕刘辅，关进掖庭的秘密监狱。群臣不知其中原委，集体上书为刘辅求情，成帝便把刘辅转移到少府监狱，减免其死罪，罚其做苦役三年。此后便无人敢再反对此事。

六月初七日，成帝立赵飞燕为皇后，大赦天下。不过赵飞燕被立为皇后之后，成帝对她的宠爱也渐渐衰减，而她的妹妹赵合德却受到空前的关注，成帝在皇后之下，婕妤之上，特设"昭仪"，封给赵合德，让其位列后宫其他妃嫔之上，住在昭阳宫。昭阳宫中庭全用朱红色，寝殿漆成黑色，铜做的门槛再用金片包裹。台阶由白玉砌成，壁带边缘，大都用黄金镶嵌，再用蓝田产的璧玉、明珠、翡翠作为装饰。自从汉朝建立以来，后宫还从来没有见过这么奢华的布置。

而赵合德得宠，赵飞燕虽说不妒忌自己的妹妹，但还是对自己皇后的地位感到担忧，不知是出于这个原因，还是空闺寂寞，赵飞燕开始和宫中的侍郎，以及那些生育能力强的宫奴私通，希望能生个儿子，赵合德知道后，还为姐姐打掩护，对成帝说："我姐姐性情刚烈，如果有人对她诬陷，赵家恐怕就要灭亡了。"说罢还梨花带雨，哭泣不止，成帝便相信了她的话，以后一旦有人状告皇后有奸情，成帝便直接将告发的人处死。从此以后，皇后几乎公开淫乱，但没有人敢报告了，但无论怎么折腾，赵飞燕还是没能生出孩子。

据说汉成帝曾经为了取悦赵氏姐妹，在皇宫的太液池中，造了一艘游船，称为"合宫舟"，赵飞燕经常在船上起舞，她身材轻盈，体态优美，成帝非常喜欢。一次在跳舞之时，忽然起风，合宫舟在湖面晃动，赵飞燕差点被吹进湖中，幸亏一位侍郎伸手相救，拉住了赵飞燕的双足，才将她救起。这个故事流传很广，后来以讹传讹，便说赵飞燕可做"掌中之舞"，或许身材瘦弱也是她难以怀孕的原因吧。

可后来赵飞燕的事传得满城风雨，光禄大夫刘向认为国家的教化应该自宫中到朝外，从皇帝的身边人开始。于是摘录《诗经》《尚书》中所记载的贤妃、贞妇让国家兴盛的故事，以及君王因宠幸妃嫔而亡国内乱的故事，按次序编成《列女传》，共八篇，呈献给成帝，以达到规劝的目的。成帝虽然心里赞成，可依旧我行我素。后来，成帝对于赵合德的宠爱，已经到了痴迷的地步，甚至不惜为了她杀死自己亲生的儿子。

元延二年（前11），宫中的许美人怀孕，十一月生下了一个男孩，这位许美人历史上并无过多记载，从言语中推测，她很有可能是已经遭到废黜的许皇后的亲戚，住在上林苑的涿沐馆，曾被成帝临幸多次，后来怀孕生子。

这件事，引起了赵合德与成帝大闹。据后来宫女宦官们回忆，赵合德边哭边与成帝争吵，说："你常告诉我是从中宫我姐姐那里来，既然每次都从姐姐那里来，那许美人的儿子是从哪来的？许氏难道又要重新当皇后了吗？"说罢，赵合德手捶酥胸，又用头去撞墙壁和门柱，还故意从床上跌到地下，大哭不止，不肯吃饭，说："你现在要怎么安置我呢，我要回家！"

成帝见状，无奈说："朕特地向你来说明，你怎么生这么大的气，真是不能理解。"于是成帝也不肯吃饭。

赵合德见成帝不肯吃饭，就说："陛下既然认为自己做得对，为什么不吃饭？陛下口口声声说不会辜负我，现在美人肚子里的孩子都爬出来啦，还说不辜负我，这又怎么说？"

成帝赶紧哄道："既然朕已经答应皇后，就不会再让许氏翻身，天下没有女人能超过你们赵氏姐妹，你不必担心。"后来成帝下令，命中黄门靳严从许美人那里将男孩抱走，装在箩筐中，放到昭阳宫门口南侧。成帝与赵合德同坐，御者于客子解开男孩的襁褓，还没有完全解开，成帝便命众人退下。

片刻之后，房门打开，成帝呼唤于客子，叫她包起襁褓。成帝还手写一张纸条，命中黄门吴恭拿给掖庭狱丞籍武，便条上写："告籍武：箩筐中有一男婴尸体，把他埋在偏僻之地，不要让他人知道。"籍武奉命，在掖庭诏狱的墙下挖了个坑，埋葬了死婴。

这一段内容来自成帝死后，司隶校尉解光的上书，这封上书中，所有的事件都有人证可查，基本是可信的。由此也就能看出，汉成帝对于赵合德，已经到了言听计从，近乎病态的地步。

成帝性情宽厚，喜好文辞，却沉溺于宴乐美色之中，这些都使皇太后与王氏的诸位舅父深感忧虑，因为是至亲，也难以反复劝说，所以推举谷永等人，趁天象变异时恳切地劝谏，希望成帝能够采纳。谷永自知宫内有人支持，所以无所顾忌，奏章非常直接，切中问题关键。以前他每次奏事，总能得到有礼的回答。而这次，成帝勃然大怒，卫将军王商暗中通知谷永赶快离开。成帝派侍御史搜捕谷永，不过还命令追过交道厩，就不要再追了；侍御史没有追上谷永便返回，成帝的怒气也消了下来，还颇为后悔。

元延四年（前9），成帝的幼弟中山王刘兴和成帝的侄子定陶王刘欣都到京师朝贺。刘兴只带了自己的老师陪同，而刘欣除了带了师傅，还带来了封国丞相和中尉。成帝有点奇怪，就问刘欣，刘欣回答说："朝廷规定，封国国君入朝，应有二千石官员陪同，而太傅、丞相、中尉都是两千石的官员，所以我将他们全部带来了。"成帝又叫这位侄子背《诗经》，刘欣不但能背，还能解释清楚。

另一天，成帝又问刘兴："你只带了太傅一人，这行为可有出处吗？"刘兴答不上来。成帝叫他背《尚书》，刘兴还是背不出来。兄弟二人吃饭，成帝早已放下筷子，这刘兴还在那慢慢吃，好不容易吃饱了，告辞下殿时，袜带松了也没有意识到。成帝由此判断，这位弟弟没有承继大统的能力，而对于侄子刘欣，则非常欣赏。

刘欣的祖母傅太后，这次也跟着来朝见。用各种珍宝贿赂赵飞燕与赵合德姐妹，同时又贿赂王家此时掌握实权的骠骑将军王根。这几人都觉得，既然成帝无子，倒不如做个顺水人情，也是为了今后的长远考虑，因此轮番称赞这位皇侄刘欣，建议成帝立其为太子。成帝本就喜欢这个侄子，于是亲自主持了刘欣的"加冠礼",然后才将他送回国,其实这一年刘欣才17岁,还不到加冠的年龄。转过年来,成帝自己也知道自己生子无望,便召集百官商议,之后立刘欣为皇太子。

绥和二年(前7)三月十八日,成帝在未央宫驾崩。成帝平时身体强壮,并没有什么痼疾。之前,楚思王刘衍、梁王刘立来京朝见,第二天早晨,当他们准备辞别回封国时,成帝住在白虎殿,陈设帷帐,还准备任左将军孔光为丞相,侯爵的印都已刻好,诏书也写好。黄昏至夜间都平安无事。清晨,成帝起床,弯腰穿衣裤鞋袜,直起身子时,忽然手臂麻痹,衣裳滑落,不能言语,天亮后不久便驾崩了。据说在成帝死前,民间曾流行这样一首童谣:

燕燕,尾涎涎,张公子,时相见。木门仓琅根,燕飞来,啄皇孙。皇孙死,燕啄矢。

这则童谣很明显是在说赵飞燕害死了汉成帝,面对民间"燕啄皇孙"的谣言,皇太后王政君下令大司马王莽跟御史、丞相、廷尉一同审理此案,查问皇帝日常起居和发病情况,不久,昭仪赵合德自杀。

20天后,本年19岁的太子刘欣即位,史称汉哀帝。哀帝尊太后王政君为太皇太后,皇后赵飞燕为皇太后,大赦天下。在哀帝刚刚即位的几个月里,厉行节俭,减少开支,收回大权,政事都亲自裁决,朝廷气象焕然一新,群臣都认为国家终于要恢复正常的秩序——但其实,最糟糕的局面才刚刚开始。

二、断袖之癖

除了为自己的祖母要尊号以外,哀帝做皇帝后的第一件事,便是同意了王莽的辞职。其实哀帝刘欣之所以能够顺利当上皇太子,王家也是出了力的,可等到哀帝即位,王家才发现问题的严重性。哀帝的祖母傅太后,本和王政君一样,都是汉元帝的后妃,此时的哀帝刘欣,从小就是傅太后亲自抚养长大的,与哀帝感情至深,所以刚一即位,哀帝便采纳大司空何武的建议,让傅太后住在北宫,北宫有复道直通未央宫。傅太后每日都去看望哀帝。

哀帝刘欣做皇太子,实际上承继了成帝刘骜的衣钵,所以不再和生父刘康有父子之情,所以刘欣即位,傅太后只能做定陶王太后,但傅氏不愿意,希望能改变称号,和王政君一样,也能让傅氏家族飞黄腾达,封妻荫子。

高昌侯董宏为了迎合祖孙二人的心意,便上书说:"秦庄襄王的生母本为夏氏,但后来过继给华阳夫人,庄襄王即位后,两个母亲都被尊为太后,所以当今应将定陶王太后尊为帝太后。"哀帝将奏疏拿给群臣讨论,大司马王莽和左将军师丹联名上奏弹劾董宏,说其援引亡秦的先例做比喻,贻误天子,大逆不道。哀帝刚刚即位,态度很谦逊,就采纳了王莽和师丹的建议,将董宏贬为平民。

傅太后得知此事后勃然大怒,要挟皇上,强迫哀帝给她太皇太后的尊号。皇帝不得已,禀告太皇太后王政君,王政君也算谦让,下诏尊称哀帝的生父定陶恭王刘康为恭皇,之后王政君又下诏,尊傅氏为"恭皇太后",设置左右詹事,食邑与长信宫皇太后和中宫皇后一样,还将傅太后和哀帝生母丁氏的一应亲属全都封侯。同时,王政君还命王莽辞职,将大权交给傅氏和丁氏家族，王莽便上书请辞。哀帝派上书令持诏书要求王莽出来任职。又派丞相孔光、大司空何武、左将军师丹、卫尉傅喜向王政君报告说："皇上听到太皇太后的诏书，十分悲痛！如果大司马不出来任职，皇上也不敢听政了。"王政君于是又命令王莽上朝处理政事。

六月，哀帝在未央宫设宴，内省令直接将傅太后的座位与太皇太后王政君并列，设在一起。宴会开始前，大司马王莽例行巡视，发现后斥责相关人员，说："定陶太后身为藩王妃，怎可与太皇太后比肩而坐？"旋即命人撤去座位，按礼制重新调整。傅太后听说此事，暴跳如雷，直接拒绝出席，并且表达了对王莽的抗议，王莽于是再次上书请辞。

这次哀帝批准了王莽的辞职，赐给王莽黄金500金，4马安车一辆，让其回府休养一段时间。此时的王莽在朝中经营多年，名声很好，在朝臣和士人中颇有人望，大家纷纷表达了对此事的关切，哀帝为了照顾其情绪，也给了他更多荣宠，包括派中黄门到王莽的家里服务，每隔十日，哀帝还安排赐餐一次。之后哀帝再次下诏，增加曲阳侯王根、安阳侯王舜、新都侯王莽、丞相孔光、大司空何武等人的食邑户数。并赐王莽为特进、给事中，每月初一、十五，可以上朝面圣，见面之礼一如当朝三公。

可终究大司马的位置出缺，需要安排一个人选。此时，傅太后的堂弟、右将军傅喜，便成了众望所归之人。但傅喜本人非常谦恭，之前哀帝加封傅氏，傅喜便称病推辞。对于傅太后干政，傅喜还多次劝谏，因此傅太后不喜欢傅喜，后来是左将军师丹继任为大司马，封高乡亭侯。而傅喜则被罚回家养病，只给了"特进"的称号。不过后来群臣联名上书为傅喜说情，哀帝也十分敬重傅喜，所以不到一年，就将其召回。但傅太后对哀帝的控制，仍然没有丝毫放松。

傅太后的堂侄傅迁在哀帝左右侍奉，行为不端，哀帝很讨厌他，下令将其免职，遣回故乡。傅太后听完很是恼火，哀帝不得已，只好再把这位表叔留下。丞相孔光跟大司空师丹上奏,说:"陛下前后所下诏书,内容相反,天下无不疑惑。长此以往,百姓对政府将无法信任。我们请求仍把傅迁送回故里,消除奸邪。"但傅迁最终还是在傅太后的权威下,留在了首都长安,并再任宫廷随从。由此可见,哀帝被傅太后控制到了什么程度。

太初元年(前5),傅太后再次要求自己和王政君的尊号应该一致,结果招来傅喜、孔光和师丹的联合反对。哀帝不愿和几位朝廷重臣发生冲突,但又不敢违背祖母傅太后的旨意,就只好使出"拖"字大法,事情拖了一年多,也没有个结果。

终于傅太后等得不耐烦,大发雷霆,哀帝不得已,只好先将师丹免职,希望这样能说服傅喜,但傅喜仍然坚持原来的立场,所以傅喜也被免职回府,但傅太后还嫌不够,亲自给丞相下诏,希望立即将傅喜遣返回他的封地去。之后孔光也被罢免,这样一来,似乎就没有人能阻止傅氏获得她想要的封号了,最终,傅太后终于获得了"帝太后"的封号。

傅太后取得尊号以后,更加骄横无礼,跟太皇太后说话的时候,甚至称她为"妪"。当时,丁、傅两家族的势力在几年之间迅速膨胀,被封为公卿列侯的人非常多,然而哀帝不太给予他们实权,因此他们的势力还比不上当年王氏家族在成帝时期的势力。

哀帝刚开始即位时,还颇有些雄心壮志,想成就一番事业,可是后来,他遇到了一个人,这个人几乎改变了历史对汉哀帝的评价,在他在位的短短6年里,和这个人的关系,成为后世对这位皇帝唯一的印象,这个人名叫董贤。

董贤字圣卿,是云阳县人,他的父亲董恭担任侍御史,董贤最初也在太子家中担任舍人,但这时的董贤年纪还小,并没有引起哀帝的重视,后来哀帝即位,董贤也以太子旧属的身份做了郎官。直到两年之后,一次董贤在殿下奏报时,哀帝见到董贤容貌俊美,惹人怜爱,再加上原来又算半个相识,就问:"这是太子舍人董贤吗?"左右将董贤接引上殿,哀帝任命他为黄门郎,两人的故事也就此开始。

西汉皇帝有男宠的很多,汉文帝时有邓通,传说中贾谊就是被邓通排挤,才离开京城。汉成帝有男宠张放,这些还都是正史中有记载的,而至于野史传说,那更是比比皆是,但所有男宠,都不曾达到董贤受宠的程度。

自从宠幸董贤之后,哀帝对董家可谓百般照顾,董恭此时在云中县任职,当天就被哀帝下旨,调回京城附近的霸陵县做县令,并升任光禄大夫。而董贤的地位更是火速上升,哀帝任命董贤为黄门郎后几天,就提拔他做了驸马都尉兼侍中,哀帝每次出宫,都要和董贤同乘一辆车,入宫也让董贤随侍左右,十天之内,董贤得到的赏赐就数以千万计,其贵宠程度令朝野震动。

此时的董贤常与哀帝睡在一起。有一次午觉时,董贤侧身睡压住了哀帝的袖子,哀帝想起身,但董贤睡得正香,哀帝不忍打扰他,便将自己的袖子割断,再起床。从此之后,"断袖之癖"也成为同性恋者的代名词。

为了方便董贤在宫中陪伴自己,哀帝将董贤的妹妹召入宫中,封为昭仪,地位仅次于皇后。还下诏让董贤的妻子可以在通报后进入皇宫。从此董昭仪与董贤夫妇日夜在哀帝左右陪伴。同时,哀帝又下诏将董贤的父亲董恭提拔为少府,赐爵关内侯。

这还不算,哀帝还亲自命令将作大匠,在未央宫的北门外,为董贤兴建一座豪华的宅邸。为了修这座宅邸,大兴土木,极尽精巧,而且这座宅邸十分宽敞,有前后大殿,殿门宽阔,哀帝还将皇家武器库里专用的兵器和上等珍宝全都送进了董贤的家里,而哀帝自己使用的东西都是次一等的,甚至连皇家丧葬的棺木,珠玉金缕制成的金缕玉衣,都预先赏赐给董贤,一应需要,无所不齐。

除此之外,哀帝还下令在自己的义陵旁为董贤修建墓园,墓室内部也是极尽奢华,光是墓园之外警界的道路就有数里之远,十分威严壮观。朝臣郑崇因为董贤荣宠过度,劝谏哀帝,却深深地得罪了哀帝,哀帝经常借口其他事情,责备郑崇,郑崇幽愤成疾,脖子上生了疮,就打算辞职,但又不敢提出。尚书令赵昌素来与郑崇不睦,便趁机诬告郑崇家里门庭若市,图谋不轨。

哀帝听罢,马上召见郑崇,问他说:"你家里热闹得如集市一般,为何却要求天子不能交友?"

郑崇回答:"臣家中固然热闹,但臣心如止水,任凭调查。"面对这样公然的顶撞,哀帝暴怒,直接将郑崇交给廷尉审判。司隶校尉孙宝是郑崇的好友,赶紧上书求情。强调郑崇冤枉,结果被哀帝直接免职,理由是欺上瞒下。郑崇最后死在了狱中。

建平四年(前3)三月,哀帝觉得寻常的荣宠已经配不上董贤,就想封董贤为侯,但苦于没有机会。这时侍中傅嘉为哀帝献计,将息夫躬、孙宠告发东平王刘云谋反的奏章,去掉首告宋弘的名字,改成是由于董贤的告发,皇上才知晓的。哀帝想利用这个功劳给董贤封侯,为了顺理成章,哀帝先将所有告发的有功之人全部封为关内侯。没多久,哀帝准备正式册封董贤为侯,但又怕丞相王嘉反对。哀帝就先派孔乡侯傅晏将诏书拿给丞相王嘉与御史大夫贾延过目,二人果然上书反对,哀帝不得已,只好搁置此事。

不过封侯这件事并没有到此为止,这一年八月十九日,哀帝直接来硬的,下诏斥责公卿百官不能恪尽职守,这才有了贼人谋反的机会,并指出这次之所以安全,全赖董贤举告,才使奸人伏法,所以哀帝直接封董贤为高安侯。

此时哀帝对董贤的宠爱已经到了没有原则的地步,前后多次派中黄门去皇家武器库取兵器,再送到董贤和哀帝乳母王阿的住处。执金吾毋将隆上书劝谏,而之后谏大夫鲍宣上书,言辞激烈地抨击傅氏外戚和董贤的过失,但母将隆曾经上书成帝推举哀帝当太子,而鲍宣本人是有名的大儒,哀帝虽然内心不快,但也并没有治二人的罪。

不过此时朝中对于哀帝宠幸董贤的反对声浪越来越大。元寿元年(前2)春正月,丞相王嘉上密奏,再次劝谏哀帝要节制对董贤的宠爱,并强调这也是为了董贤好,以免树大招风。但哀帝听不进去,还因此对王嘉不满。甚至董贤的贵宠,已经超过了丁、傅两家外戚,不过外戚集团还没来得及动作,就在这一年的正月十七日,傅太后去世,哀帝下令将其与元帝合葬。

之后,汉哀帝假托傅太后的遗诏,请太皇太后王政君下令丞相、御史大夫,给董贤增加食邑两千户,同时赏赐给孔乡侯傅晏、汝昌侯傅商、阳新侯郑业三人食邑若干。丞相王嘉直接将诏书封起驳回——按规定,汉代丞相有封驳谏诤之权,只是在具体的操作中,丞相很少使用这一权力,因为一旦行使,无异于与皇帝站在了对立面上,此刻王嘉不但驳回诏书,还上密奏强调董贤等人无功不可封侯,而且又劝谏哀帝应当爱护身体,不能沉溺于男色之中。

在这之前,哀帝已经对王嘉很有看法,当初东平王谋反被告发——其实东平王刘云只是拜谒了一个突然立起来的大石头,谋反的事情是息夫躬几人诬陷的。廷尉梁相在审理东平王刘云一案时,还有二十天就到了新年,冬天就要过去,梁相觉得这个案子许多证词语焉不详,很可能有冤情,就上奏哀帝,请求将案子转到长安,改由公卿复审。尚书令鞠谭、仆射宗伯凤认为可行,应予准许。但哀帝却认为,梁相等人是见自己身体有恙,心怀不轨,妄图侥幸将刘云一案拖过冬天,没有为天子除贼的忠心,直接罢免了梁相等人的官职,贬为平民。后来过了数月,天下大赦。王嘉便趁机举荐,说:"梁相等人颇有才干,圣主对臣下都是计其功劳、不计过失的,臣个人实在为朝廷惋惜这三个人才。"奏书呈上,哀帝看了依旧愤愤不平。

过了二十多天,王嘉这次又封还了董贤增加食邑的诏书。哀帝忍无可忍，召王嘉到尚书那里，责问他说："梁相等人之前犯了对天子不忠的大罪，罪无可赦，人所共闻，当时你也曾自我弹劾。现在却又推举他们，说什么为朝廷怜惜人才，这是什么意思？"王嘉只好脱下官帽谢罪。

哀帝把这件事交给百官讨论，光禄大夫孔光等人弹劾王嘉欺君罔上，大逆不道，应移交廷尉，严加处置。又有人建议褫夺王嘉爵位，贬为平民。虽然也有零星的为王嘉求情的声音，但哀帝都不予理会。三月，哀帝命使者持符节，将王嘉投入廷尉诏狱。

传旨的使者到达，丞相府的各级官员纷纷痛哭，一起将调制的毒药呈送到王嘉面前，希望王嘉服下，避免入廷尉受辱，但王嘉严词拒绝。相府主簿说："凡举朝廷卿相，从不面对廷尉的狱官。这已是我朝惯例，丞相应该自尽，以留清白。"此时传旨的使者也在相府门外等待，说完，主簿再次将毒药递到王嘉面前，没想到王嘉拿起毒药杯在地上摔碎，对相府的属官们说："我有幸位居三公，如果陛下查我渎职，应在闹市处决，让天下尽知，为何要我要服毒自尽！"说罢，王嘉整理官服，出来拜见使者，接受圣旨诏书，脱去官帽以示有罪，乘小车随使者到了廷尉府，廷尉依律收缴了王嘉所佩戴的丞相和新甫侯的印绶，捆绑下狱。

哀帝听说王嘉没有自杀而是活着去诏狱投案，暴跳如雷，下诏命五位二千石官员共同审讯。审讯中，王嘉据理力争，但已无济于事，最后王嘉说："前丞相孔光、大司空何武这样的贤臣，我无法力荐，像高安侯董贤这样的奸佞，我也无法罢黜，实在有负国家，死有余辜。"之后王嘉绝食，20天后，吐血而亡。

这一年的十二月，哀帝下诏封侍中、驸马都尉董贤为大司马、卫将军，并在策命的诏书中写道："上天赐你为大汉王朝的辅臣。朕一向知道你的忠心，盼望你领导国家，择善而用，持心公正。"此时董贤只有22岁，却已位列三公。但实际上董贤只在宫中服务，主管尚书机要事务，文武百官必须通过董贤才能见到皇帝，呈上奏章。

董贤的父亲董恭，本来官居卫尉，但儿子位列三公，董恭不能再居九卿的位置，所以升任为光禄大夫。董贤的弟弟董宽信，接替董贤的驸马都尉一职，董氏家族的亲属们都任侍中、诸曹、奉朝请等官员，此刻的荣宠已在丁氏和傅氏家族之上了。哀帝为了提升董贤的荣耀，让其去丞相孔光家中拜访，孔光心里明白哀帝的用意，对董贤百般礼遇，毕恭毕敬，之后哀帝果然满意，立即加封孔光的两个侄子为谏大夫和常侍。董贤此刻的权势已与皇帝差不多了。

而此时的王氏家族早已衰落，之前王莽辞去大司马之位以后，又被送回封地新都，虽然后来又被允许回京，但一直赋闲在家。王家在朝中担任官职的只有平阿侯王谭之子王去疾，也仅为侍中，他的弟弟王闳担任中常侍。王闳的岳父中郎将萧咸，是前任将军萧望之的儿子。董贤的父亲董恭很仰慕萧咸，想让儿子董宽信娶萧咸的女儿为妻，于是请王闳出面说媒。

萧咸非常惶恐，不敢答应这门婚事，并且私下对王闳说："董贤现在位居大司马，册封诏书上说'允执其中'，这是尧舜禅让时说的话，可不是封三公那么简单。长者老臣们看到这话没有不害怕的。这婚事岂是我们这样平民所能承受得起的！"王闳聪颖又很有谋略，听了萧咸的一番话，心里也明白了，于是回报董恭，着重转达了萧咸深感卑微不敢允婚的意思。董恭叹息着说："我家有什么地方对不起天下，而被人怕成这个样子！"心里很不高兴。

后来哀帝在麒麟殿设宴，招待董贤父子和亲属，侍中、中常侍都在旁伺候。酒过三巡，哀帝有些醉意，温柔地看着董贤，不紧不慢地说："朕想效法尧让位给舜的故事，你看怎样？"王闳在旁，赶紧上前进言说："天下是高祖打下的天下，并非陛下所有。陛下既已继承了刘氏宗庙的香火，就应传位于子孙万代，以至于无穷，国家大业至尊无上，陛下不可以随便开玩笑。"哀帝沉默，心里很不高兴。此刻宴会大厅鸦雀无声，大家都很惊恐，随后哀帝直接把王闳轰出宫去，回到郎属。后来还是太皇太后王政君出面求情，王闳才被召回。

可是眼前的一切都随着哀帝的死烟消云散。元寿二年（前1）六月二十六日，哀帝在未央宫驾崩，享年25岁。太皇太后听闻消息，立即赶到未央宫，收取皇帝印信，并在东厢召见大司马董贤，询问丧葬后事。此时的董贤惊吓过度，不能回答，只有脱帽请罪。于是王政君派使节召王莽进宫，并下令尚书，所有军队符节、百官奏疏、中黄门、期门侍卫全归王莽调度掌握。

王莽遵照王政君指示，命尚书弹劾董贤，禁止其进入司马门。董贤此刻六神无主，只有脱帽赤脚，在未央宫门外请罪。第二天，王莽派谒者带着太皇太后的诏书，在宫门外向董贤宣布收回其大司马的印绶，免职归家。当天，董贤和妻子双双自杀。董家又悲又惧，不敢声张，连夜将董贤埋葬，王莽还怀疑其诈死，命相关部门开棺验尸，确认是董贤后，又草草埋葬在监狱之中。

董贤的父亲董恭和弟弟董宽信都被流放合浦郡（今广西壮族自治区合浦县东北）。民间听说董氏覆灭，奔走相告，大快人心，长安城中一些百姓借吊丧为名前往董家的府邸，偷取财物，朝廷变卖董家财产，共获43亿钱。

董贤生前的部属朱诩，购买衣服鞋帽，只想收敛董贤的尸体安葬，王莽立即找了个罪名，将朱诩处死。曾经辉煌的董氏家族，至此完全覆灭，而西汉王朝，也迎来了它的掘墓人。

三、王莽篡汉

处理完董贤的事情，太皇太后与王莽开始商议继承人的问题。汉成帝和汉哀帝都没有子嗣，继承人只好从汉元帝的后嗣中找，元帝共有三子，长子成帝刘骜，次子定陶恭王刘康，刘康只有一个儿子，就是哀帝刘欣。三子便是之前成帝看不上的中山孝王刘兴，刘兴在哀帝被立为太子那年就死了，他有一个儿子，名叫刘箕子，也就成了皇位的合法继承人。秋七月，王莽派刚刚任命的车骑将军王舜及大鸿胪左咸持符节迎接年仅9岁的中山王刘箕子入朝即位，史称汉平帝。

董贤死后的第二天，太皇太后王政君下诏任命王莽为大司马，领尚书事。经过哀帝的改革，三公已经不叫原来的名字，其中丞相改名大司徒，太尉改名大司马，御史大夫改名大司空，成为新的三公，但根据之前的惯例，"大司马录尚书事"这样的官职，还是基本相当于朝政的实际掌握者，跟当年霍光相似——但王莽可不是霍光，他是一个虚伪的儒生，他之所以有今天，基本上是表演的结果。

王莽，字巨君，是王政君的侄子。王政君的父亲阳平侯王禁一共七儿两女，其中王莽的父亲王曼是次子，但很早就去世了。所以，在王禁的长子王凤袭爵阳平侯，出任大司马，以及王家"一日五侯"时，只有王莽这一支没有封侯。

成帝在位时，王莽的叔伯兄弟都是五侯之子，生活奢靡，互相攀比，以声色犬马来比试高低。只有王莽家境贫苦，因此王莽十分注意礼让，生活俭朴，拜师沛县人陈参，学习《周礼》和《易经》，颇下了一番苦功，那时的王莽读书勤奋，总是穿着儒生的服饰，王莽的大哥很早去世，王莽不但独自侍奉母亲，还养育着寡嫂和侄儿，行为恭谨，彬彬有礼，很受大家的称赞。

成帝阳朔年间，王莽的大伯王凤生病，王莽在病床前殷勤伺候，亲自尝药，长达几个月的时间，衣不解带，蓬头垢面，王凤见了深受感动，在去世前，将王莽托付给了太后王政君和汉成帝。成帝就任命王莽做了黄门郎，后来又提拔为射声校尉，王莽从此便步入仕途。

王凤去世之后，堂兄王音继任为大司马，录尚书事。王莽的叔父成都侯王商上书成帝，愿意把自己的封地分出一部分，封给王莽为侯，朝中很多名流也一致为王莽求封。成帝见状，觉得王莽肯定是位贤者，于是封王莽为新都侯，并任其为骑都尉、光禄大夫、侍中。

王莽的官越做越大，但态度却越来越谦恭。做侍中，要在宫廷值班，王莽总是小心翼翼，还经常把自己的车马、皮裘等贵重物品分发给贫穷的宾客，家中几乎没有积蓄，王莽的钱全都拿来礼敬名士，结交朝廷官员，满朝文武无不交口称赞，很多帮闲的门客更是到处吹嘘他的美德，所以王莽声名鹊起，已经超过他的那些叔父。

其实王莽这一切都是装的，但他可以做到撒谎而面无愧色。王莽曾经偷偷买过一个婢女——这本是最寻常不过的事情，但王莽一向表现得超凡脱俗，所以兄弟们知道后纷纷议论，王莽为了立住自己的人设，赶紧进行危机公关，对外宣称是因为看到后将军朱博没有儿子，自己看这位女子颇有能生儿子的体态，并且当天就把婢女送到朱博的府上。王莽就是靠这样的手段来博取名声。

永始二年（前15）正月，王音去世，史书上说，王家只有他忠心正直，也因为他并非王禁的儿子，所以行事谨慎。三月时，王商接任大司马、卫将军，这时，王莽人生的第一位政敌淳于长正在崛起。

其实淳于长也算半个王家人，他的母亲叫作王君侠，受封为广恩君，是太后王政君的亲姐姐。淳于长的发迹过程跟王莽相似，都是在照顾病重的王凤时尽心竭力，之后被王凤推荐的。但不一样的是，王莽是个伪君子，动辄以儒家圣贤的标准要求自己，而淳于长是个浪荡公子，他与成帝的男宠张放关系很好，经常陪着成帝一起饮酒作乐，甚至在一些野史当中，他也是成帝的男宠之一，最重要的是他攀上了当时最重要的一支力量——赵氏姐妹，赵飞燕得以顺利当皇后，离不开他在成帝与太后间的两头传话。

不过其实淳于长是个酒色之徒，许皇后被废以后，淳于长和许废后寡居的姐姐许嬷通奸，后来许嬷做了淳于长的小妾。淳于长便向许废后许诺，自己要在太后王政君面前为她说话，将来封她做左皇后，此时许废后已经被废十年有余，眼见抓到救命稻草，就抓紧贿赂淳于长，据说二人通信时言语颇为淫荡失礼，这件事后来也成为淳于长噩梦的开始。

元延元年（前12），王商去世，"五侯"中年纪最小的王根继任大司马。本来王根还有个哥哥红阳侯王立，但之前王立犯过错误，他通过自己的"白手套"南郡太守李尚，侵占了少府开放给百姓耕种的良田数百顷，然后再将这些本就是政府财产的田地卖回给朝廷，获得数亿的地价款。丞相司直孙宝上书检举，李尚被下狱处死。王立虽然没有被追究什么责任，但这件事让他错失了大司马的位置，也间接地改写了历史。

王根身体不好，屡次请辞，成帝也批准过，但朝政还是在王根的手中。王莽此时仍在表演自己的"圣贤"人设，在王根身边待奉汤药，十分殷勤。但此时的淳于长正是春风得意之时，官居九卿，风头一时无两，很多人都认为他有可能成为王根的接班人。

王莽看着自己这位小叔王根的身体一天不如一天，自己不能坐以待毙，一旦淳于长接班，王莽便没有机会了。于是王莽找准时机，将许废后的事告诉了王根，王根大吃一惊，道："竟有这等事，为何不早告诉我？"

王莽回答："臣不知将军的意思，不敢直言。"王根让王莽将事情告诉了太后王政君，详细说了淳于长的骄奢淫逸，还打算替代王根，并与许皇后姐姐通奸的事情，王政君大怒，直接让王莽去告诉成帝。此时的成帝还不知道淳于长和许废后的事情，听罢之后，觉得淳于长毕竟是自己的表兄弟，并没有重责他，只是将其免职后，遣送回封国而已。

但事情还没完，红阳侯王立觉得自己没能做大司马辅政，中间一定有淳于长破坏，对其恨之入骨，这一点成帝也知道。等到淳于长被遣回封国，王立的嫡长子王融就去向淳于长讨要车辆马匹，淳于长不但答应，还加送了许多贵重的珍宝。这下王立转忧为喜，竟然上书请求成帝将淳于长留在京师。成帝见王立为淳于长求情，满腹狐疑，就命有关部门调查此事。办案人员上门逮捕王融，王立惊慌失措，逼着王融自杀灭口。这一下成帝疑心更大了，认为其中必有内情。就下令逮捕淳于长，投入诏狱，淳于长一进诏狱，便将自己如何调戏许皇后等事情全部交代。最后淳于长被以"大逆不道"的罪名处死，其子流放，母亲广恩君王君侠被送回故乡。廷尉孔光持符节前往长定宫，逼许废后服毒自尽。

这件事，王莽成了最大的赢家。成帝认为其揭发奸恶，忠直可嘉，再加上之前本就对王莽印象颇佳，而此时的王根已经病入膏肓，也上书推荐王莽接替自己。就这样，王莽被成帝任命为大司马，领尚书事。此时的王莽深知，还远没有到松劲儿的时候，于是他继续表演自己的"人设"，将封国新都的赋税尽数分给有才之士，生活节俭清贫，王莽的母亲患病，群臣来慰问，王莽的妻子亲自开门，迎来送往，衣着朴素，以至于贵妇人们还以为她是奴婢，询问之下才知道是大司马夫人，纷纷大吃一惊。王莽的名声也一日高过一日。

其实从王莽后来的表现来看，他爱财，爱女人，更爱权力，只不过对于当下的王莽来说，王家人口众多，只有他无父无兄，没有依靠，只有维持好的名声，才有机会，这样的表演帮助他走上仕途，攀上高位，还将指引他到更远的地方。正当王莽踌躇满志的时候，成帝驾崩了，继任的哀帝用了不到4个月的时间，就将王莽从大司马的职位上请了下去，一年多之后，还将其送回了封地新都。

王莽回到新都后，依然表演，他闭门谢客，深居简出。二儿子王获杀了一名家奴，被王莽严厉斥责，并责令其自杀。在封国的三年，经常有官吏上书为王莽鸣冤，先后多达百人，最后哀帝不得已，又将王莽召回京城，但依然让其闲废在家，不予授官。

再后来哀帝驾崩，诛灭董贤，王莽重新回到了权力的中枢，不过这次，他找到了自己的搭档——三朝元老孔光。孔光是当世大儒，又在成帝和哀帝朝都当过丞相，特别是太皇太后王政君非常尊敬孔光，孔光在天下也广有才名。

于是王莽毕恭毕敬，前往结交，并任命孔光的女婿甄邯为侍中，兼奉车都尉。王莽对平常所不喜欢的人，统统给他们加一个罪名，然后写好弹劾奏章，叫甄邯拿给岳父孔光，告诉他那是太皇太后的意思。孔光一向胆小怕事，不敢不用自己的名字呈递。之后王莽再在王政君面前，支持孔光的建议。这一番双簧下来，王政君没有理由不批准。而对待不配合的大臣，王莽则一律予以打击，甚至诛杀。

而此时的朝中，正在形成一套属于王莽的秩序：凡是亲附王莽的，全都得到升迁，反之则一律诛杀。王莽用王舜、王邑为心腹；甄丰、甄邯主持司法机关；平晏主管宫廷机要；刘歆负责文字宣传；孙建总管军队。这一套班底也大体上成为王莽日后做皇帝时的群臣。

王莽本人，此刻仍在维持他的人设。凡是遇到提拔自己的时候，他一定会磕头流泪，坚决推辞。对上迷惑太皇太后，对下则仍然展现他"圣贤"的美德。元寿二年（前1）九月初一，9岁的小皇子刘箕子即位称帝，太皇太后王政君临朝听政，而大司马王莽则统率百官，主持政务，此时的朝廷大权已经都在王莽一人之手。

得到至高无上的权力之后，王莽已经不满足于表演自己"圣贤"的人设，而是开始进军"导演界"，首先的尝试是，王莽偷偷命益州郡去发动边境之外的越裳国，向朝廷进贡一只白野鸡和两只黑野鸡，这种事情叫做"祥瑞"，据说当年周公旦获得白野鸡，这样一来，百官自然明白，纷纷上书称赞王莽，希望他能像周公一样，所以应提拔新都侯王莽为公爵，加封其为安汉公。

王莽此时再次切换回演员角色，上书推辞，再三拒绝，拒绝不了就直接称病不上朝，事情闹到最后，王莽表现得诚惶诚恐，感觉是在群臣及太皇太后的逼迫下，才勉强接受了太傅和安汉公的封号，而所有的采邑都被王莽拒绝，王莽强调，要等天下人民都过上好日子以后，再受封赏。

一番闹剧过后，王莽希望进一步攫取权力，那么就需要架空太皇太后。好在理由好找，自己这位姑妈王政君已经72岁了，王莽就教唆其他官员上书，强调太皇太后玉体重要，不要再去管一些小事。王政君此刻已然被王莽的表演欺骗，于是下诏说，以后除了封爵一类的大事之外，剩下的都交给王莽等朝臣处理。

从这时开始，朝廷所有官员的考核基本由王莽负责，王莽在考察这些人时，态度谦恭诚恳，与之促膝长谈，临行再送厚礼，但对于不能迎合自己意思的人，就直接奏报王政君，予以免职处理。此刻王莽的权力已经与皇帝没有差别了。

汉平帝元始二年（2）春，黄支国进贡犀牛。这件事又是"导演"王莽的第二季作品，他想让黄支国进贡，于是先送厚礼，再让其国王派使臣到长安贡献犀牛。之前的越裳国这时也来报告，说长江中有黄龙游动，下面的人再次上书，认为这都是王莽的功德所致，应将王莽的贤德禀告宗庙。

其实王莽的这些表演一直都有不同的声音，只是谁出声谁倒霉，因此大家都不敢说罢了。这次大司农孙宝看不下去了，但他也没有直接指责王莽，而是问了一个常识性的问题："像周公、召公那样的圣人，联合执政的时候还会有不和，儒家经典中都有记录，但这也没有损害二人圣贤的名声。而如今天下灾异不断，百姓衣食不足，然而每遇到一件事，大家都是交口称赞，难道就没有不赞美的人吗？"这话一出口，朝堂上鸦雀无声，大家都吓坏了，此时甄邯立即宣布群臣停止讨论，朝会解散。

之后便是秋后算账。孙宝派人去接母亲，但母亲在途中患病，就留在了他弟弟家里，只让孙宝的妻儿赶到长安。司直陈崇马上上奏弹劾孙宝不孝。此案交付三公立即审讯，孙宝在申辩时说："我年已七十，糊涂昏聩，供养母亲的恩义衰退，只知照顾妻儿，正如奏章所说。"孙宝因而获罪，被免去官职，寿终于家。这就是王莽的手段，秋后算账，谁说出不合自己心意的话，就会被在各种地方找麻烦，再以一个看起来无比正义的理由，将其处理掉。后来大司空王崇干脆称病假离职，只是为了避开王莽。

这一年九月，王莽想将自己的女儿立为皇后，但王氏的子孙繁盛，王莽怕别的王氏来竞争，便借口对太皇太后说自己德行不够，女儿就不参与竞争皇后了。太皇太后以为王莽出于挚诚，便下诏王氏子孙都不参选。王莽见目的达到，便发动群臣向太皇太后请愿，要立王莽女儿为后，太皇太后不得已，准备同意，王莽又出来谦让，说应该广选良家女子，后来在群臣的一再劝谏下，王莽才再次"勉强"同意。

元始五年（5），汉平帝此时已经15岁了，但平帝身体不好，这一年已经卧病在床。就在这一年，王莽又获得了比安汉公更高的头衔——"宰衡"，这个头衔还是伴随着各种祥瑞和表演，群臣认为商朝的伊尹为阿衡，周朝的周公为太宰，所以只有"宰衡"这样的称呼能配得上王莽。经过一番表演之后，王莽接受了这个称号。

在这一年的十二月，汉平帝驾崩。《汉书》上说平帝病死。《资治通鉴》上说是因为平帝不满王莽而被其毒死。《汉书》的作者班固的姑姑就是成帝的班婕妤，平帝死的时候班固的父亲班彪已经出生了，如果民间有流言可信的话，班固应该不会为王莽隐瞒，所以平帝应该是病死了。可是接下来就涉及继承人的问题了。

现在的继承人可不好找，平帝绝嗣之后，元帝的后裔没了，只能从宣帝的后裔中找，当时宣帝的曾孙辈还有五人在世，王莽觉得这些人年纪太大，不好控制，于是说兄弟不能作为后嗣，因此在宣帝的玄孙辈中，找了一个最小的孩子刘婴，此时只有2岁。王莽称这个孩子最为吉利，却并没有让他做皇帝，而是将其立为皇太子，而王莽自称"居摄"。至此，西汉王朝已经宣告灭亡，后来王莽又废黜了刘婴，自称"假皇帝"，直到最终走上了皇帝的宝座。

而此时的南阳郡，一支没落皇族家的小儿子刘秀已经10岁了，据说他出生时，稻田里生出了九穗嘉禾，未来，这个孩子将统一天下，成为复兴汉朝的光武大帝。

参考文献

[1]（东汉）班固：《汉书》，北京：中华书局，2012。

[2]（南朝宋）范晔：《后汉书》，北京：中华书局，2012。

[3]（北宋）司马光：《资治通鉴》，北京：中华书局，2011。

[4]（南宋）袁枢：《通鉴纪事本末》，北京：中华书局，2018。

[5]易中天：《易中天中华史》，杭州：浙江文艺出版社，2016。

[6]陈序经：《匈奴史稿》，北京：中国人民大学出版社，2007。

[7]彭信威：《中国货币史》，上海：上海人民出版社，1965。

[8]张向荣：《祥瑞：王莽和他的时代》，上海：上海人民出版社，2021。

[9]公孙策：《黎民恨：汉朝衰亡录》，海口：海南出版社，2016。

[10]王保顶：《汉代士人与政治》，南京：江苏人民出版社，2018。

[11]栾保群：《中国古代的谣言与谶语》，南京：江苏凤凰文艺出版社，2018。

[12]张文木：《气候变迁与中华国运》，北京：海洋出版社，2017。

[13]莲悦：《胡马北风啸汉关》，北京：生活·读书·新知三联书店，2019。

[14]辛德勇：《海昏侯刘贺》，北京：生活·读书·新知三联书店，2016。

[15] 辛德勇:《海昏侯新论》,北京:生活·读书·新知三联书店,2019。

[16] 谭其骧主编:《中国历史地图集》,北京:中国地图出版社,1996。

[17] [日] 西嶋定生著、顾姗姗译:《秦汉帝国:中国古代帝国之兴亡》,北京:社会科学文献出版社,2017。

[18] [日] 鹤间和幸著、马彪译:《始皇帝的遗产:秦汉帝国》,桂林:广西师范大学出版社,2014。

[19] [日] 三田村泰助著、吴昊阳译:《宦官:侧近政治的构造》,南京:江苏人民出版社,2021。